Fußball und Nationalstolz in Deutschland

Michael Mutz · Markus Gerke

Fußball und Nationalstolz in Deutschland

Eine repräsentative Panelstudie rund um die EM 2016

 Springer VS

Michael Mutz
Gießen, Deutschland

Markus Gerke
Gießen, Deutschland

Gefördert durch:

Bundesinstitut
für Sportwissenschaft

aufgrund eines Beschlusses
des Deutschen Bundestages

ISBN 978-3-658-22385-4   ISBN 978-3-658-22386-1   (eBook)
https://doi.org/10.1007/978-3-658-22386-1

Die Deutsche Nationalbibliothek verzeichnet diese Publikation in der Deutschen National-
bibliografie; detaillierte bibliografische Daten sind im Internet über http://dnb.d-nb.de abrufbar.

Springer VS ist ein Imprint der eingetragenen Gesellschaft Springer Fachmedien Wiesbaden GmbH
und ist ein Teil von Springer Nature
Die Anschrift der Gesellschaft ist: Abraham-Lincoln-Str. 46, 65189 Wiesbaden, Germany

Danksagung

In dem vorliegenden Buch fassen wir wesentliche Erkenntnisse aus dem Forschungsprojekt „Effekte des Hochleistungssports auf die kollektive Identifikation der Bürgerinnen und Bürger" zusammen. Das Forschungsprojekt wurde vom Bundesinstitut für Sportwissenschaft vom 1.1.2016 bis 31.5.2017 gefördert. Wir danken dem Bundesinstitut, namentlich Sabine Stell und Andreas Pohlmann, für die stets sehr gute und reibungslose Zusammenarbeit. Zudem sind wir für die Unterstützung dieser Publikation durch das Bundesinstitut dankbar.

In den letzten Jahren haben wir mit vielen Kolleginnen und Kollegen regelmäßig, sei es auf wissenschaftlichen Tagungen oder in informeller Runde, über die Bedeutung des Fußballs für Identifikation und Identität diskutiert, über einzelne Theoriebausteine oder über methodische Fragen. Solche Gespräche sind wichtig und hilfreich, weil sie die eigenen Ideen und Konzepte schärfen oder den Blick nochmal auf neue Aspekte eines Themas lenken. Wenngleich wir nicht alle erwähnen können, möchten wir besonders Ulrike Burrmann, Jürgen Gerhards, Sven Ismer, Henk Erik Meier, Christian von Scheve und Kathrin Wahnschaffe danken. Für die gründliche Durchsicht des Manuskripts bedanken wir uns bei Johannes Müller und Sandra Elisath, für die gute Betreuung des Buchs beim VS Verlag sind wir Monika Mülhausen und Katrin Emmerich zu Dank verpflichtet.

Gießen, Oktober 2018   Michael Mutz und Markus Gerke

Inhalt

Tabellenverzeichnis

Abbildungsverzeichnis

Einführung: Wer hat Angst vor Schwarz-Rot-Gold?

1

Fußballfans auf der Fanmeile – ‚Party-Patriotismus' ohne ideologische Grundlage?
Bildquelle: „Fans im Olympiapark München" von René Stark, lizenziert unter CC BY-SA 3.0.

Sportliche Mega-Events wie Olympische Spiele oder Fußballweltmeisterschaften erreichen in Deutschland ein Millionenpublikum. Vor allem der Fußball ist unangefochten die Sportart Nummer Eins, lockt Kinder in Sportvereine und fasziniert Millionen als Zuschauer und Fans. Während im Bundesliga-Alltag die Identifikation auf Vereine projiziert wird, ist im internationalen Fußball schwerer zu bestimmen,

© Springer Fachmedien Wiesbaden GmbH, ein Teil von Springer Nature 2019
M. Mutz und M. Gerke, *Fußball und Nationalstolz in Deutschland*,
https://doi.org/10.1007/978-3-658-22386-1_1

was eigentlich das ‚Identifikationsobjekt' ist: Handelt es sich ‚nur' um eine Verbundenheit zur deutschen Auswahl, die auf dem Platz steht oder stehen diese elf Spieler nicht fast automatisch für mehr: nämlich für ein ganzes Land, den Nationalstaat? Internationale Fußballturniere, wie die Fußballeuropameisterschaft, die im vorliegenden Buch im Mittelpunkt steht, sind ein Paradebeispiel für den „Nationensport" (Reicher, 2013). Sport und Nation sind dabei aufs Engste verflochten. Die Athleten und Mannschaften, die bei diesen Turnieren antreten, repräsentieren Nationalstaaten. Der Sport selbst ist eingerahmt in eine nationale Symbolik, die sich u. a. im Abspielen der Nationalhymnen oder der Präsenz von Nationalflaggen manifestiert. In der Medienberichterstattung über die EM steht ganz klar die deutsche Mannschaft im Mittelpunkt. Die meisten Zuschauer identifizieren sich mit ‚den Deutschen' und fiebern mit diesen mit. Siege ‚unserer' Sportler erzeugen bei der großen Mehrheit des Publikums Freude und Stolz, während Niederlagen mit Enttäuschung und Trauer verbunden sind. Die deutsche Nationalmannschaft verkörpert die Nation und wird für die Dauer eines wichtigen Fußballturniers zu einem herausragenden Ankerpunkt nationaler Zugehörigkeit.

Politisch ist der Nationensport ebenfalls relevant: Sportliche Großereignisse und sportliche Erfolge auf internationaler Ebene werden – ob zurecht oder nicht – immer wieder gleichgesetzt mit politischer Legitimität und Performanz sowie staatlicher Souveränität (Houlihan, 1997). Sie inszenieren die eigene Nation als erfolgreich, leistungsfähig, fair, mitunter auch als tolerant, innovativ oder demokratisch gefestigt. Beispiele für die Instrumentalisierung des Sports gibt es viele – von den Olympischen Spielen der Nazis in Berlin 1936 (Guttman, 2006), über den „kalten Krieg auf der Aschenbahn" (Balbier, 2006) zwischen der DDR und der BRD, bis zum Rugby World Cup 1995 in der neu gegründeten südafrikanischen „rainbow nation" (Farquharson & Marjoribanks, 2003). Dies alles sind Beispiele für eine nationale Identitätspolitik, die darauf abzielt, nach innen und/oder nach außen gerichtet, die eigene Nation darzustellen, zu positionieren und mit ganz bestimmten Werten, Images und Assoziationen aufzuladen.

Harmlos, normal oder gefährlich? Gesellschaftspolitische Fragen zum Fußballpatriotismus

In Deutschland ist diese potenzielle Bedeutung des Spitzensports für die Erzeugung nationaler Identität insbesondere seit der Fußballweltmeisterschaft 2006 in den Fokus öffentlicher und gesellschaftspolitischer Debatten gerückt. Zur WM in Deutschland präsentierte sich das Land als freundlicher, kosmopolitischer Gastgeber und erstmals zeigten die Menschen sehr offen ihre Verbundenheit mit der eigenen Nation: Flaggen, Fähnchen, schwarz-rot-goldene Schals, Perücken und Ketten prägten das Straßenbild, nicht nur auf den Fanmeilen und beim Autokorso auf dem

Berliner Ku'damm. Viele sprachen von einer längst überfälligen ,Normalisierung'
im Selbstverständnis der Deutschen mit den Symbolen der Nation, andere sahen
darin einen Party-Patriotismus ohne ideologische Grundlage, wiederum andere das
Aufkeimen eines neuen, womöglich auch gefährlichen Nationalismus (u. a. Dembowski, 2009). Letzten Endes lassen sich solche Debatten ohne handfeste empirische
Daten aber nicht konstruktiv weiterführen. Solide wissenschaftliche Studien zur
Frage, wie weit der Fußball tatsächlich in die Gesellschaft hinein ausstrahlt und
auf die Identifikation bzw. das Selbstverständnis der Menschen abfärbt, sind allerdings bislang Mangelware. Rittner und Breuer (2004, S. 89) resümierten in diesem
Zusammenhang vor einigen Jahren: „Die postulierten Identifikationsfunktionen
zählen zu den am schlechtesten untersuchten Funktionszuschreibungen des Sports."

Forschungslücken und Fragestellungen

Seitdem sind zwar einige Arbeiten, die sich auf Deutschland beziehen, publiziert
worden, die wir später resümieren (u. a. Hallmann, Breuer & Kühnreich, 2013;
Haut, Prohl, Emrich, 2016; Ismer, 2016; Kaelberer, 2017; Mutz, 2013; Mutz & Gerke, 2018; Schiller, 2015; Von Scheve et al., 2014), gleichwohl gibt es grundlegende
Forschungslücken. Viele dieser Arbeiten zeichnen sich durch kleine, nicht-reprä-
sentative Stichproben aus, sind im Querschnitt angelegt oder ihre Erhebungszeitpunkte sind nicht exakt auf ein bestimmtes Sportereignis abgestimmt. Darunter
leidet entweder die Verallgemeinerbarkeit von Aussagen oder die Robustheit und
Genauigkeit von Befunden. Vor allem aber lässt sich die Kausalitätsfrage so nicht
beantworten: Macht das Miterleben von sportlichem Erfolg stolz und patriotisch
oder schalten die „stolzen Patrioten" einfach nur öfter bei Fernsehübertragungen
des Nationensports ein?

Unsere Studie adressiert deshalb folgende Fragen: 1) Steigt die Identifikation
mit der Nation tatsächlich durch ein Fußballgroßereignis messbar an? Und wenn
ja, welche Bevölkerungsgruppen lassen sich von einem solchen Ereignis anstecken?
Über soziodemografische Differenzierungen weiß man bis heute wenig. 2) Zudem
wissen wir bislang kaum etwas darüber, auf welche Ebenen der Identifikation ein
Fußballereignis ,wirkt': Entsteht eine Bindung zur Nationalmannschaft? Sind die
Menschen stolz auf Deutschlands Leistungen im Sport? Oder erhöht sich auch
der allgemeine Patriotismus und Nationalismus? 3) Mit der Unterscheidung von
Patriotismus und Nationalismus ist zugleich die Frage aufgeworfen, ob der vom
Fußball ggf. ausgelöste Nationalstolz mit der Überhöhung der eigenen Nation und
der Abwertung anderer Nationen einhergeht oder nicht. 4) Schließlich soll geklärt
werden, wie genau Nationalstolz und Identifikation während eines Fußballgroß-
ereignisses erzeugt wird. Genügt es, dass ein Ereignis im Fernsehen verfolgt wird
oder muss man persönlich stärker involviert sein, z. B. in Rituale eingebunden

sein, positive Emotionen miterleben oder als „Fußball-Patriot" geschminkt und geschmückt zum nächsten Biergarten marschieren?

Das vorliegende Buch fasst zentrale Erkenntnisse der Studie „Effekte des Hochleistungssports auf die kollektive Identifikation der Bürgerinnen und Bürger" zusammen und gibt erste Antworten auf die aufgeworfenen Fragen. Im Zentrum des Forschungsprojekts stand ein repräsentativer im Längsschnitt angelegter Survey, der die Zeit vor, während und nach der Fußball-EM 2016 umfasste. Diese Daten bieten die Möglichkeit, Veränderungen im Nationalstolz und in der Identifikation mit dem Nationalstaat während der EM differenzierter zu beschreiben und diese Veränderungen mit der Rezeption der EM-Spiele systematisch in Beziehung zu setzen.

Aufbau des Buchs

In den ersten zwei Abschnitten stellen wir eine theoretische Rahmung vor. Nach einem kurzen, allgemein gehaltenen Teil zur sozialen Konstruktion von Nationen bzw. Nationalstaaten und den Grundlagen von individuellen Identifikationen mit Gruppen und Kollektiven (Kap. 2), erläutern wir, wie genau der Fußball auf Nationalstolz wirken kann (Kap. 3). Dabei greifen wir auf sozialwissenschaftliche und sozialpsychologische Theorien zurück. Anschließend beschreiben wir die Methodik der Studie (Kap. 4). Die Befunde sind in zwei umfangreiche Ergebnisteile aufgeteilt: wir berichten zuerst Ergebnisse aus der EM-Befragung (im Querschnitt), die über die Rezeption der EM, das Erleben von Emotionen und die Einbindung der Menschen in fußballpatriotische Handlungen informieren (Kap. 5). Darauf folgend stehen die Veränderungen im Zeitverlauf im Fokus, die wir im Längsschnitt auswerten: die Stärke der Identifikation mit der DFB-Auswahl, der Stolz auf Deutschlands Erfolge im Sport, die Befürwortung patriotischer und nationalistischer Aussagen und die Aufladung der Nation mit Werten und Idealen (Kap. 6). Das Buch schließt mit einem Resümee, einer Diskussion übergreifender Erkenntnisse und einem Ausblick ab (Kap. 7).

Nation und Nationalismus als (soziale) Konstruktionen

Das Brandenburger Tor in Berlin – *das* Symbol des wiedervereinigten Deutschlands.
Bildquelle: „Das Brandenburger Tor in Berlin am Abend vom Pariser Platz in Richtung Siegessäule" von Pedelec, lizensiert unter CC-BY-SA 3.0.

Nationen sind zentraler Bezugspunkt für soziale Identität in modernen Gesellschaften. Im Alltag erscheinen sie quasi natürlich und geschichtslos; die Nation als Phänomen und als Referenzpunkt scheint für die Individuen bereits immer dagewesen zu sein und ihre Existenz wird in der Regel nicht hinterfragt. Diesem Alltagsverständnis steht die sozial- und geschichtswissenschaftliche Forschung zu Nationen und Nationalismus gegenüber, die betont, dass das Konstrukt der Nation

© Springer Fachmedien Wiesbaden GmbH, ein Teil von Springer Nature 2019
M. Mutz und M. Gerke, *Fußball und Nationalstolz in Deutschland*,
https://doi.org/10.1007/978-3-658-22386-1_2

eben gerade nicht überhistorisch und gleichsam naturgegeben, sondern sozial konstruiert und ein dezidiert modernes Phänomen ist. Dies bedeutet jedoch nicht, dass die Nation nur in den Köpfen der Bürgerinnen und Bürger existiert. Sie ist real wirkmächtig, strukturiert das Leben und beeinflusst das Handeln, Denken und Fühlen der Menschen. Das Kapitel gibt einen Überblick über allgemeine Grundbegriffe und zentralen Debatten zur ,Konstruktion der Nation'. Viele dieser Konzepte und Argumente greifen wir an späterer Stelle mit Bezug zum Sport wieder auf. Darüber hinaus thematisieren wir am Schluss des Kapitels einige Besonderheiten, die bei einer Untersuchung zum Nationalstolz gerade im deutschen Kontext in Rechnung zu stellen sind.

Die soziale Konstruktion der Nation als modernes Phänomen

Benedict Andersons (2006 [1983]) Perspektive auf Nationen als „imagined communities" hat die Auseinandersetzung mit Nationalismus in den Sozialwissenschaften nachhaltig geprägt und – gemeinsam mit Werken anderer Autoren, die etwa zur gleichen Zeit erschienen sind – das Konzept der Nation als sozial konstruiert, anstatt als vormodern-ursprünglich, im wissenschaftlichen Diskurs endgültig verankert. Anderson begreift Nationalismus weniger als eine politische Ideologie, sondern vielmehr als eine grundlegendere Kategorie – die eher Konzepten wie Religion und Verwandtschaftsbeziehungen als Liberalismus und Sozialismus ähnele – und als Ordnung moderner Gesellschaften. Zugleich identifiziert er zentrale inhärente Spannungen im Konzept der Nation: Während Nationalismus einerseits einen spezifischen Universalismus beansprucht – in dem Sinne, dass jeder und jedem quasi natürlich eine Nationalität gleichsam in die Wiege gelegt wird – so ist er doch in seinen Erscheinungsformen partikular und zieht Grenzen der jeweiligen Mitgliedschaft nach je spezifischen Kriterien. Zweitens steht der welthistorischen Bedeutung und politischen Wirkmächtigkeit des Nationalismus und der Nation als Konzept eine gewisse philosophische Leere und Inkohärenz gegenüber (Anderson, 2006). Und drittens begreift Anderson die Nation als Artefakt einer spezifischen Epoche. Während für Nationalisten selbst die Nation subjektiv vormodern und antik erscheint, so ist sie doch objektiv und aus wissenschaftlicher Sicht ein genuin modernes Phänomen, das erst in den vergangenen Jahrhunderten entstanden ist.

Dieser Aspekt der Inszenierung der Nation als traditionell im Gegensatz zu ihrer tatsächlichen Modernität ist auch für Gellner zentral: „Nations as a natural, God-given way of classifying men, as an inherent though long-delayed political destiny, are a myth; nationalism, which sometimes takes pre-existing cultures and turns them into nations, sometimes invents them, and often obliterates pre-existing cultures: *that* is a reality…" (Gellner, 1983, S. 49). Smith (1981, 1991) weist die These der Erfindung der Nation – zumindest in einer starken Lesart – zwar zurück und argumentiert in seinem ‚ethnosymbolischen' Ansatz stattdessen, dass der Nationalismus verwurzelt ist in Gruppensolidarität, die der Nation historisch vorausgeht. Nichtsdestotrotz ist auch in seiner Konzeption, die oft als Gegenmodell zu den Theorien Andersons, Hobsbawms und Gellners gelesen wird, die Nation nicht vormodern oder die notwendige Realisierung einer objektiv existierenden Gruppe, sondern „a recent type of political formation utilizing an ethnic base and transforming the style and content of much older, and often dormant, ethnic ties" (Smith, 1981, S. 85). Stärker als andere Autoren betont Smith also, dass das moderne Phänomen der Nation in seiner Konstruktion gewissermaßen auf einem präexistierenden Fundament steht und sich Material bedient, das der Nation vorausgeht. Dennoch sind auch für Smith die Geschichten und Konzeptionen anhand derer sich eine Gruppe als Gruppe imaginiert keine objektiv wahren, sondern spezifische und selektive Interpretationen der Geschichte.

Für Anderson ist die Nation ihrem Wesen nach eine imaginierte Gemeinschaft[1], „an imagined political community – and imagined as both inherently limited and sovereign" (Anderson, 2006, S. 6), die zentral auf Basis kultureller Entwicklungen wie dem Buchdruck und der Standardisierung von Schriftsprachen ab dem späten 18. Jahrhundert seine Ursprünge findet. „Imaginiert" ist die Nation deshalb, weil ihre Mitglieder sich unmöglich gegenseitig persönlich kennen können, sie sich aber dennoch einander gegenüber verbunden sehen und fühlen. Nationalismus ist somit also eine Abstraktion von unmittelbar bekannten sozialen Gruppen und eine Imagination der Zugehörigkeit zu einem Kollektiv, das diese Gruppen transzendiert. Weiterhin wird die Nation als „limited", also begrenzt, verstanden. Nationen erzeugen Ein- und Ausschluss durch territoriale wie auch soziale Grenzen. Drittens ist die Nation „souverän", was bedeutet, dass sie über ihren Herrschaftsbereich bestimmt und sich damit von vormodernen Gesellschaftskonzepten unterscheidet. Und letztlich wird die Nation im Nationalismus zentral als Gemeinschaft (*community*) vorgestellt, was impliziert, dass ihre Mitglieder ihre Gemeinsamkeit über- und ihre Differenzen unterbetonen: "regardless of the actual inequality and exploitation that may prevail in each, the nation is always conceived as a deep, horizontal comradeship" (Anderson, 2006, S. 7). Die Nation wird also ideologisch und affektiv als egalitäre ‚Bruderschaft' verstanden, was es laut Anderson ermög-

---

1   Die deutsche Übersetzung von Andersons Hauptwerk spricht von der „Erfindung" der Nation und der Nation als „vorgestellter" Gemeinschaft. Demgegenüber halten wir den Begriff „imaginiert" für treffender, da Andersons Fokus weniger stark auf dem Gegensatz von authentisch vs. erfunden liegt, sondern vielmehr auf der Art und Weise, *wie* Gemeinschaft als Vorstellung verankert wird: „Communities are to be distinguished, not by their falsity/genuineness, but by the style in which they are imagined" (Anderson, 2006, S. 6).

licht, dass ihre Mitglieder im Extremfall im Namen der Nation töten und sterben. Der Nationalismus erzeugt so die Fiktion einer Gemeinschaft der Gleichen und miteinander Verbundenen. Diese Fiktion, das haben verschiedene Autoren betont, muss nicht nur einmal etabliert werden, sondern bedarf einer regelmäßigen Erinnerung, die sie wachhält.

Erfundene Traditionen, angeeignete Mythen

In seinem funktionalistisch geprägten Ansatz erklärt Gellner (1983) die Entstehung des Nationalismus im späten 18. Jahrhundert als Antwort auf und notwendige Voraussetzung für die veränderten Anforderungen in industriellen Gesellschaften. Die Transformation hin zu komplex integrierten Gesellschaften mit neuen Formen von Arbeitsteilung wird laut Gellner begleitet von und erst möglich durch eine Vereinheitlichung auf politischer und kultureller Ebene, die sich zwar aus vorher vorhandenen kulturellen Bezugspunkten bedient, aber gerade nicht eine lineare Entwicklung aus diesen darstellt. Koexistierten vorher verschiedene, sich überlappende Kulturen, so werde nun durch kulturelle Eliten und (Bildungs-)Institutionen eine relativ homogene Nationalkultur durchgesetzt: „nationalism is *not* the awakening of an old, latent, dormant force, though that is how it does indeed present itself. It is in reality the consequence of a new form of social organization, based on deeply internalized, education-dependent high cultures" (Gellner, 1983, S. 48). Nationalismus ist also ein dezidiert modernes Phänomen und die Nation gerade keine logisch-zwingende Folge vormoderner Proto-Nationen, die im modernen Kapitalismus ihren Ausdruck in Staatsnationen finden. Ein solcher Anschein von Kontinuität wird vom Nationalismus erst ex-post erzeugt, indem er nationale Mythen produziert und sich die präexistierenden Kulturen zu seinem Zwecke aneignet: „The cultures [nationalism] claims to defend and revive are often its own inventions, or are modified out of all recognition" (Gellner, 1983, S. 56).

Hobsbawm's Argumentation erweist sich hier als anschlussfähig, betont er doch auch das „element of artefact, invention and social engineering which enters into the making of nations" (Hobsbawm, 1990, S. 10). Eine zentrale Rolle in der Entstehung von Nationalismus stellt für ihn die Erfindung von Traditionen dar. Damit ist gemeint, dass Traditionen, die für sich in Anspruch nehmen alt und überliefert zu sein, oftmals recht jung im Hinblick auf ihre Ursprünge und manchmal geradezu ‚erfunden' sind (Hobsbawm, 1983, S. 1). Nationale Mythen, Geschichten und eben diese (erfundenen) Traditionen liefern so den Stoff mit dem Nationalismus begründet und die Nation rückwirkend als in der Geschichte verankert dargestellt werden kann. Literatur und Geschichtsschreibung, aber auch Medien und Popkultur sind daran beteiligt, solche nationalen Mythen in das Konzept der Nation einzuschreiben. Im Nationalismus zelebriert und verehrt sich die Nation offen selbst, indem sie vorgibt, Traditionen und quasi natürliche kulturelle Produkte zu bewahren. Auf diese Weise verschleiert der Nationalismus gerade seine Modernität und inszeniert sich als ursprünglich, „natürlich", kontinuierlich und lokal:

> "The basic deception and self-deception practised by nationalism is this: nationalism is, essentially, the general imposition of a high culture on society, where previously low cultures had taken up the lives of the majority, and in some cases of the totality, of the population. […] It is the establishment of an anonymous, impersonal society, with mutually substitutable atomized individuals, held together above all by a shared culture of this kind, in place of a previous complex structure of local groups, sustained by folk cultures reproduced locally and idiosyncratically by the micro-groups themselves. But this is the very opposite of what nationalism affirms and what nationalists fervently believe" (Gellner, 1983, S. 57).

Während das Narrativ des Nationalismus also gerade eines ist, das seine (persönliche, kulturelle und geographische) Verwurzelung, Gemeinschaftlichkeit und Konkretheit betont, ist die Realität eine gänzlich andere: Es ist gerade der Übergang von Gemeinschaft zu Gesellschaft, und die damit einhergehende Anonymität und Auflösung sozialer Identitäten, der im Nationalismus seinen integrativen Mythos findet. Obwohl er Gellners Argumentation weitgehend folgt, betont Hobsbawm aber auch, dass der Konstruktion der Nation „von oben" – also durch Eliten, Institutionen, Strukturen, historische, politische und wirtschaftliche Prozesse – auch ein „Unten" entgegensteht, nämlich die Perspektive der Mitglieder einer Nation (Hobsbawm, 1990, S. 10). Denn eine nationale Ideologie, wie sie von Staatsseite oder von politischen Bewegungen inszeniert wird, muss sich nicht notwendigerweise eins zu eins in den Überzeugungen der Individuen niederschlagen. So basiert Nationalismus zwar auf der Vorstellung, dass nationale politische Verpflichtungen vor anderen öffentlichen – und in Krisenzeiten sogar sämtlichen anderen – Verpflichtungen Vorrang haben, jedoch muss dies nicht zwangsläufig subjektseitig auch so akzeptiert sein. Stattdessen ist die Identifikation mit dem Nationalstaat nicht notwendigerweise die einzige oder wichtigste kollektive Identifikation der Individuen, sondern koexistiert neben anderen sozialen Identitäten, widerspricht diesen bisweilen und aktualisiert sich je kontextspezifisch.

Neben der Etablierung von nationalen Traditionen und Mythen ist der Nationalismus aber auch auf ein regelmäßiges (Re-)Aktivieren der Nation als Identitätskategorie angewiesen. Hogan beschreibt in diesem Zusammenhang fünf „techniques of nationalization" (Hogan, 2009, S. 66ff). Erstens muss die Nation immer wieder im täglichen Leben als Bezugspunkt an *Salienz* gewinnen, so dass das Konzept der Nation aktiviert wird bzw. aktiviert bleibt und nicht in Vergessenheit gerät. Dies geschieht u. a. durch die Präsenz nationaler Symbole und Artefakte, wie z. B.

Flaggen oder Denkmäler, im öffentlichen Raum. Wir gehen hierauf später noch genauer ein, wenn wir das Konzept des ‚banalen Nationalismus' beschreiben. Zweitens muss eine *Funktionalität* der Nation unter Beweis gestellt werden, die sich v. a. darin ausdrückt, dass durch die Nationalität der Zugang zu Rechten und Ressourcen eines Nationalstaats geregelt wird. So sind in der Regel Wahlrechte, wohlfahrtstaatliche Unterstützung, Zugang zu gesundheitlicher Versorgung und vieles mehr an die Staatsbürgerschaft gekoppelt, wodurch der Nationalstaat für die Bürgerinnen und Bürger einen Nutzen abwirft. Auch das Gewaltmonopol des Nationalstaats ist – in den meisten Ländern jedenfalls – insofern funktional als es das Zusammenleben in zivilisierte Bahnen lenkt. Drittens kommt ein Aspekt der *Polarisierung* hinzu: Die eigene Nation erhält eine besondere Bedeutung in der Abgrenzung zu anderen Nationen bzw. in der Angst vor anderen Nationen. Polarisierung geschieht besonders deutlich, wenn es um politische oder militärische Konflikte zwischen Nationalstaaten geht, findet sich in abgeschwächter Form aber auch im Wettbewerb der Nationen im Sport. Hogan geht davon aus, dass Polarisierung immer auch damit einhergeht, die eigene Nation (aber auch fremde Nationen) gedanklich zu vereinheitlichen, also uniform und homogen wahrzunehmen. Eine vierte ‚Technik' besteht Hogan zufolge darin, die *Dauerhaftigkeit* der Nation zu illustrieren, z. B. in Form eines auf die Nation bezogenen Geschichtsunterrichts, durch Feiertage, die sich auf bestimmte historische Ereignisse beziehen oder in Monarchien durch Krönungszeremonien. Die Betonung einer langen Geschichte erzeugt zugleich die Illusion, die Nation würde so auch in Zukunft immer Bestand haben. Schließlich spricht Hogan von der *Affektivität*, die die Nation als Konzept haben muss, um handlungswirksam zu sein. Nationale Heldengeschichten über Protagonisten, die die Menschen bewundern und die sie inspirieren – seien es nun Kriegshelden oder gefeierte Sportler, seien idealtypische Beispiel für das Aufladen einer Identitätskategorie mit Emotionen. Die Funktion dieser ‚Techniken' besteht nicht nur darin, die Identifikation mit dem Nationalstaat wachzuhalten, sondern sie sollen vielmehr die Nationalität als Identitätskategorie gegenüber anderen Kategorien priorisieren, d. h. sie führen möglicherweise dazu, dass sich Menschen *zuerst* als Angehörige einer Nation fühlen.

Die Nation als Bezugspunkt für Identifikation

Wenn wir bis hierhin festhalten können, dass Nationen einen Konstruktionscharakter haben, ist damit aber noch nicht die Frage geklärt, weshalb sich Menschen mit Nationen identifizieren und in ihrem Fühlen, Denken und Handeln häufig auf die Nation Bezug nehmen. Vor allem in der Sozialpsychologie ist die Identifikation mit Gruppen bzw. größeren Einheiten eine der Kernfragen.

Damit eine Zugehörigkeit zu einer Gruppe überhaupt Bedeutung und Handlungswirksamkeit erlangen kann, müssen sich Menschen mit dieser Gruppe bzw. einer bestimmten sozialen Kategorie *identifizieren*. Erst durch den Prozess der Identifikation wird eine soziale Kategorie Teil der Identität einer Person. Identifikation meint dabei ganz allgemein ein Gleichsetzen von Identifikationsobjekt und Selbst: „The more people perceive mental overlap between the self and an ingroup, the higher their social identification levels" (Van Veelen et al., 2016). Identifikationsobjekte können dabei nicht nur Dinge bzw. Objekte im engeren Sinne sein, sondern auch andere Personen, Gruppen, aber auch Werte und Ideale. Während Selbstkonzept- und Selbstkategorisierungstheorien den Fokus auf den bewussten, deklarativen und damit prinzipiell der Reflexion zugänglichen Anteil in diesem Identifikationsprozess legen, geht die psychoanalytische Tradition davon aus, dass ein substanzieller Anteil vorbewusst und nichtreflexiv bleibt. Identifikationen resultieren so gesehen mal mehr mal weniger auch aus unbewussten Vorstellungen, Wünschen und Phantasien, die auf das Identifikationsobjekt projiziert werden: „Entscheidend sind nicht unbedingt die realen Eigenschaften des Identifikationsobjektes, sondern die Vorstellung, die sich das identifizierende Individuum davon macht" (Berghoff, 1997, S. 53). Diese projizierten Vorstellungen werden in der Regel nicht reflektiert, bilden aber, begleitet von Empfindungen und Bedeutungen, das wesentliche Fundament für eine Identifikation.

Übertragen auf die Identifikation mit der Nation bedeutet dies, dass eine Verbundenheit zur Nation aus den Wahrnehmungen der Person und den diesen Wahrnehmungsprozesse begleitenden, in der Regel sehr subtilen und weitestgehend unbewussten Kognitionen, Imaginationen und Empfindungen entsteht.[2] Hierbei wird das Konzept der Nation mit spezifischen Eigenschaften, Wertungen und Affekten angereichert und mit Bedeutung versehen. Erst wenn diese Identifikation in den Vordergrund des Bewusstseins rückt, kann sie in das Selbstkonzept integriert werden und wird so Teil einer deklarativen Selbstbeschreibung. In dieser Perspektive lässt sich Identität als die Integration dieser Identifikationen in eine vergleichsweise stabile Struktur, wie z. B. dem Selbstkonzept, verstehen: „identity … is an attempt that each individual makes to organise these conflicting identifications in order to achieve an illusion of unity, which allows an individual to make the statement ‚I am this' (and not that)" (Perelberg, 1999, S. 31). In diesem kognitiven

---

2 Im Fall von Nationen kommt hinzu, dass diese gar nicht direkt über die Sinne erfahrbar sind, sondern von Anfang an über Informationen und Bilder vermittelt im Bewusstsein Resonanz finden. Vielleicht könnte man sagen, dass die kognitive Verarbeitung solcher Konzepte leichter und stärker durch kulturell vorgeprägte Urteile und Affekte verzerrt werden kann als bei Objekten, die für eine Person direkt sinnlich erfahrbar sind.

Organisationsprozess werden also einzelne Identifikationen möglichst kohärent und widerspruchsfrei zu einer (immer noch vielschichtigen) Identität integriert, die als „stories that people tell themselves and others about who they are, and who they are not" (Yuval-Davis, 2010) im Bewusstsein fester verankert sind. Identität ist in dieser Perspektive das Ergebnis einer kognitiven Konstruktionsleistung, die Kohärenz und Kontinuität des ‚Ich-Selbst' in einem dynamischen Prozess immer wieder (neu) herstellt. Da dies weitestgehend im Hintergrund des Bewusstseins abläuft, bleibt dieser Konstruktionsprozess verborgen, während das Ergebnis – die Identität – fest und kohärent erscheint und wie selbstverständlich ‚einfach da' ist.[3]

Eine Identifikation mit der Nation oder irgendeiner anderen sozialen Kategorie basiert somit immer auf einer Konstruktionsleistung, die mit der Kategorie Nation einen affektiven und evaluativen Wert verbindet. Erst dann, wenn sich Menschen mit einem Kollektiv verbunden *fühlen* und diese Zugehörigkeit für sie *bedeutsam* ist, lässt sich davon ausgehen, dass diese Gruppenzugehörigkeit in der Identität – also dem Bild, das die Person von sich selbst hat – grundsätzlich eine eher zentrale Stelle einnimmt und in vielen alltäglichen Situationen an Handlungsrelevanz gewinnt. Menschen handeln dann im ‚Wir-Modus'; sie verstehen sich in einer bestimmten Situation nicht mehr bzw. nicht mehr ausschließlich als einzelnes Individuum, sondern als Teil der Gruppe – sie sind mit der Gruppe identifiziert. Damit die Gruppenzugehörigkeit das Handeln beeinflussen kann, muss sie zuvor an Salienz gewinnen, d. h. eine Identitätskategorie muss sich in den Vordergrund des Bewusstseins schieben. Da Personen immer zugleich mehreren Gruppen angehören, sind es vor allem situative Stimuli, die eine bestimmte soziale Kategorie ‚einschalten' bzw. ins Bewusstsein heben. So kann es z. B. sein, dass sich ein und dieselbe Person bei einer Bundestagswahl vor allem über die Nähe zu einer Partei definiert, bei einem Streik als Mitglied der Arbeiterklasse und zu Ostern als Christ wahrnimmt, am Wochenende aber die Bindung an einen bestimmten Fußballverein im Vordergrund steht. Zugleich wird durch das häufige situative Aktivieren einer sozialen Kategorie diese auch grundsätzlich an zentraler(er) Position im Persönlichkeitssystem verankert (Cameron, 2004). Wer z. B. an jedem zweiten Wochenende zu ‚seiner' Mannschaft ins Fußballstadion geht, ist zwar besonders stark in diesen

---

3   Die Zustimmung zu einer Aussage wie z. B. „Ich mag Deutschland" bildet demzufolge die leicht zugängliche Oberfläche der Identifikation mit einem Land ab, also quasi die deklarative Seite der Identität. Diese lässt sich mit entsprechenden Skalen und Items per Fragebogen erheben. Die dahinterliegenden basalen und vorbewussten Momente der Identifikation mit der Nation entziehen sich der Verbalisierung und lassen sich auch mit Fragebögen in Surveys nicht erfassen. Eine Zustimmung zum Satz „Ich mag Deutschland" lässt aber auf eine tieferliegende Verbundenheit zur Nation schließen. Genauso werden wir Patriotismus und Nationalismus später messen.

90 Minuten mit dem Verein identifiziert, weil dieser Aspekt der Identität genau in dieser Zeit salient ist, zugleich kann durch die häufige Wiederholung diese Facette der Identität unter Umständen so zentral werden, dass sie eine hohe Bedeutsamkeit für das Denken und Handeln im Allgemeinen gewinnt und auch in vielen (Alltags-) Situationen außerhalb des Stadions im Vordergrund steht.

Kritischer Patriotismus, blinder Nationalismus: Formen der Identifikation mit der Nation

Fassen wir beide Perspektiven zusammen, können wir einen Konstruktionsprozess beschreiben, der sich aus zwei Richtungen entfaltet: Nationalstaaten entwerfen Vorstellungen des Nationalen in Form von Traditionen, Images, Mythen und Geschichten; Bürgerinnen und Bürger integrieren die Kategorie Nation in ihre Identität, sofern sie der Nation einen bestimmten evaluativen und affektiven Gehalt zuschreiben. Diese Identifikation des Individuums mit der Nation macht es möglich, sich der Nation als einem Kollektiv zugehörig zu fühlen, Gemeinsamkeiten mit den Mitgliedern dieses Kollektivs zu imaginieren und als bedeutungsvoll aufzuladen, obgleich dieses Kollektiv den eigenen unmittelbaren Erfahrungshorizont bei weitem übersteigt. Die Identifikation der Bürgerinnen und Bürger mit dem Nationalstaat ist aus Sicht des Staates wiederum funktional zur „politischen Mobilisierung und psychologischen Integration eines großen Solidarverbandes" (Salzborn, 2011, S. 9). Gleichzeitig kommt eine solche soziale Konstruktion und symbolische wie affektive Aufladung der imaginierten In-Group nicht aus ohne eine Grenzziehung nach Außen und Konstruktion der Out-Group als andersartig und bisweilen unvereinbar: „Die Konstruktion einer eigenen Nationalgeschichte mit Mythen, Tradition, Symbolen und Legenden macht die Exklusion all der Faktoren nötig, die das Bild vom eigenen (Kollektiv-)Selbst unterminieren können" (Salzborn, 2011, S. 10). Die Identifikation mit *einem* Nationalstaat impliziert also eine Abgrenzung von ‚den Anderen‘, wobei die Frage, nach welchen Kriterien und mit welcher Verbindlichkeit Zugehörigkeit und Ausschluss definiert werden, sich in verschiedenen Ausprägungen nationaler Identifikation fallspezifisch und historisch unterscheidet. In der empirischen Forschung ist dementsprechend eine Vielzahl an Operationalisierungen für Nationalismus (bzw. damit verwandte Konstrukte) vorgeschlagen worden.

Nationalismus selbst ist deshalb ein noch recht unscharfer Begriff, bei dem genauer zu klären ist, wie die Beziehung zwischen Individuum und Nation aussehen kann. So sind in der Forschung zahlreiche Begriffe bzw. Begriffspaare sowie entsprechende Skalen etabliert: neben Patriotismus und Nationalismus (Blank & Schmidt, 2003), auch u. a. „blind patriotism" und „constructive patriotism" (Schatz, Staub & Lavine, 1999) oder auch „smugness", womit eine Art nationale Arroganz gemeint ist (Kosterman & Feshbach, 1989). Im Grunde heben diese Differenzie-rungen auf die Qualität der Identifikation zwischen einer Person und der Nation ab, zum Teil aber auch auf die spezifische Gestalt der Nation an sich. Wir folgen später (vgl. Kap. 4) weitgehend dem Vorschlag von Blank und Schmidt (2003) und verstehen unter *Patriotismus* die emotionale Verbundenheit bzw. Loyalität zur eigenen Nation sowie zu den Werten und Institutionen, die für die Nation stehen, wobei diese Verbundenheit nicht die Abwertung von Fremden bzw. anderer Natio-nen beinhaltet. Im Gegensatz dazu bezeichnet *Nationalismus* die Glorifizierung der eigenen Nation, bei der andere Nationen zugleich als weniger wertvoll betrachtet werden. Nationalismus impliziert daher immer die Abwertung von Fremdgruppen (Blank & Schmidt, 2003; Kosterman & Feshbach, 1989). Nationalistische Einstel-lungen beschreibt Levinson (1950, S. 107) wie folgt: „blind attachment to certain national cultural values, uncritical conformity with the prevailing group ways, and rejection of other nations as out-groups". Wenn sich zur Verbundenheit mit der eigenen Gruppe die Abwertung „der anderen" gesellt, schlägt Patriotismus um in Nationalismus.[4]

Patriotismus wird nicht selten als Grundlage für Zusammenhalt und Solidarität in Nationalstaaten betrachtet: Freiheitsrechte und abstrakte Formen der Solidarität wie Steuern und Sozialabgaben allein würden nicht genügen, um Verbundenheit zwischen den Menschen eines Nationalstaates zu erzeugen und auf Dauer zu stellen (vgl. Calhoun 2005; Depenheuer 1995). Auch ein „nobler, distanzierter Verfas-sungspatriotismus", der die im Grundgesetz verankerten Werte in den Mittelpunkt rückt, bleibe „erlebnisarm" (von Beyme, 1998, S. 67) und habe deshalb nur begrenzte Integrationspotenziale. Vielmehr basierten Vergemeinschaftungsprozesse auf emo-tionalen Bindungen an die Gruppe bzw. ans Land, weshalb emotional aufgeladene

---

4   So ähnlich definieren auch Schatz und Kollegen ihre Konstrukte des blinden vs. kons-
     truktiven Patriotismus: „Blind patriotism is defined as an attachment to country cha-
     racterized by unquestioning positive evaluation, staunch allegiance, and intolerance of
     criticism. Constructive patriotism is defined as an attachment to country characterized
     by support for questioning and criticism of current group practices that are intended to
     result in positive change" (Schatz et al., 1999, S. 151). Hier wird die patriotische Liebe
     zum Land also danach qualifiziert, ob sie bedingungslose Loyalität erfordert oder – im
     Gegenteil – gerade auch das Aufzeigen und Kritisieren von verbesserungswürdigen
     Zuständen und Verhältnissen bedeutet. Allerdings ist die empirische Messung von
     konstruktivem Patriotismus ein schwieriges Unterfangen, weil das Konstrukt durch
     zwei aufeinander bezogene Aspekte definiert wird, die Kritik am Zustand des Landes
     aus Liebe zum Land. In der entsprechenden Skala kommen Items vor, wie z. B. „If I
     criticize the United States, I do so out of love for my country", die offenlassen, ob eine
     hierzu ablehnend eingestellte Person nichts an der USA zu kritisieren hat oder die Kritik
     nicht als Ausdruck der Liebe zum Land verstanden wissen möchte.

Ereignisse, durch die der Einzelne in symbolischer Form an der Nation teilhaben kann und wodurch die Nation als Gemeinschaft unmittelbar erlebt wird, von hoher Bedeutung seien. Solche Ereignisse werden als grundlegend für die Herausbildung patriotischer Verbundenheit angesehen.

Während also Patriotismus in der sozialwissenschaftlichen Debatte durchaus als funktional für den Zusammenhalt in Nationalstaaten betrachtet wird, erscheint Nationalismus als unerwünscht. Für Theodor W. Adorno und Kollegen hängt Nationalismus eng mit faschistischen, antisemitischen und ethnozentrischen Einstellungen zusammen (Adorno et al., 1950). Rorty (1998, S. 3) geht davon aus, dass der überzogene Glaube an die Überlegenheit der eigenen Nation Kriegslust und Imperialismus begünstige: „National pride is to countries what self-respect is to individuals: […] Too much national pride can lead to bellicosity and imperialism, just as excessive self-respect can produce arrogance". In diesem Zusammenhang wird eine gewisse Diskrepanz deutlich, die in den gesellschaftspolitischen Debatten selten reflektiert wird: Bei Patriotismus und Nationalismus handelt es sich de facto um eng benachbarte, quasi verwandte Konstrukte, nicht etwa um etwas grundlegend Verschiedenes. Diese konzeptionelle Nähe spiegelt sich aber kaum in den normativen Bewertungen wider, in denen Patriotismus gerne als funktional oder gar notwendig erachtet wird, während Nationalismus als gefährlich und unheilvoll beurteilt wird. Der Schritt von einer positiven Haltung zur eigenen Gruppe zur (damit implizit vielleicht schon mitgedachten) Abwertung all derer, die nicht zu dieser Kategorie gehören, ist aber tatsächlich eher klein.

Auch empirische Studien unterstreichen diese enge Verwandtschaft von Patriotismus und Nationalismus, etwa bezüglich der Frage ob und inwiefern patriotische und nationalistische Einstellungen mit der Abwertung von ‚Fremden' zusammenhängen. Während Studien aus verschiedenen nationalen Kontexten relativ eindeutig und wiederholt nachgewiesen haben, dass Nationalismus mit der Abwertung von Fremdgruppen einhergeht, ist der Zusammenhang zwischen Patriotismus und der Ablehnung von Fremdgruppen umstrittener. Einige Studien (z. B. Blank & Schmidt, 2003) kommen zu dem Schluss, dass Patriotismus mit einer größeren Akzeptanz von Fremden assoziiert ist. Eine repräsentative Längsschnittstudie zu Patriotismus, Nationalismus und der Abwertung von Fremdgruppen im deutschen Kontext stellt diese Schlussfolgerung jedoch infrage und zeigt auf, dass das Verhältnis von Patriotismus und Feindschaft gegenüber Fremdgruppen komplexer und problematischer ist (Wagner et al., 2012).[5]

---

5 Patriotismus korrelierte in der Studie von Wagner et al. (2012) nur dann mit einer geringeren Abwertung von Fremdgruppen, wenn das statistische Modell für Nationalismus kontrollierte. Ohne Berücksichtigung dieser Kontrollvariable zeigt sich dieser Effekt

In diesem Zusammenhang ist auch eine Serie von Experimenten von Mummendey und Kollegen (2001) von Bedeutung, die aufzeigen, wie leicht und schnell negative Bewertungen von Fremdgruppen allein aus Intergruppenvergleichen resultieren können. In ihren Studien wurden Probanden gebeten, die eigene Nation a) im Vergleich zu anderen Nationen, b) im Vergleich zu früheren Zeiten oder c) auf der Basis abstrakter, gesellschaftlicher Ideale zu bewerten. Anschließend beantworteten sie typische Items, mit denen Patriotismus und Fremdenfeindlichkeit gemessen werden können. Im Ergebnis lässt sich erkennen, dass eine positive Bewertung der eigenen Nation nur dann mit abwertenden und fremdenfeindlichen Einstellungen korreliert ist, wenn eine solche Bewertung auf einem Vergleich mit anderen Nationen basierte, nicht aber, wenn das eigene Land mit früheren Zeiten oder mit gesellschaftlichen Standards verglichen wurde: „What seems crucial here is that the very nature of intergroup comparisons implies a negative interdependence between positive evaluation of own group and devaluation of the other group" (Mummendey, Klink & Brown, 2001, S. 168). Für unsere späteren Analysen ist dies vor allem deshalb interessant, weil Bewertungen der Nation, die sich auf Erfolge und Misserfolge im internationalen Sport gründen, mit großer Wahrscheinlichkeit auf Gruppenvergleichen basieren bzw. diese implizieren, denn schließlich ergibt sich Sieg und Niederlage im Sport unmittelbar aus dem Abschneiden *im Vergleich zu anderen*. Nimmt man die eben referierte Studie zum Ausgangspunkt, wäre der Sport alles andere als ein ideales Setting, um Verbundenheit zur Nation zu produzieren ohne das damit gleichzeitig eine Abwertung von anderen Nationen einherginge.

Patriotismus bzw. Nationalismus in Deutschland: Historische und aktuelle Tendenzen

Deutscher Nationalstolz in Form von Patriotismus und Nationalismus ist regelmäßig – nicht zuletzt im Kontext von Fußballwelt- und Europameisterschaften – Thema medialer und feuilletonistischer Debatten. Darin fehlt selten der Verweis darauf, dass Patriotismus in Deutschland vergleichsweise gering ausfällt und die deutsche Bevölkerung aufgrund der kollektiven Erinnerung an Nationalsozialismus und Holocaust ein wahlweise ‚verkrampftes,‘ ‚distanziertes‘ oder ‚kritisches‘ Verhältnis zur eigenen Nation, ihren Symbolen und dem Konzept des Nationalstolzes habe. Und in der Tat finden sich empirische Belege für eine geringere Zustimmung zu

---

jedoch nicht. Dies deutet darauf hin, dass es nicht der positive Bezug auf die eigene Nation per se ist, der sich positiv auf die Bewertung von Fremdgruppen auswirkt, sondern eher positive Rekurse auf Demokratie und Wohlfahrtsstaat, die in den Patriotismus-Items der Einstellungsforschung mitabgefragt und als Indikatoren für Patriotismus verstanden werden, diesen Effekt zu Stande bringen.

Patriotismus, Nationalismus und Nationalstolz der deutschen Bürgerinnen und Bürger verglichen mit Staatsangehörigen anderer Nationen. Repräsentative Daten aus den Jahren 1995/96 und 2003/04 (Smith & Kim, 2006) zeigen etwa, dass Deutschland im Vergleich mit rund 20 anderen Staaten in der Rangfolge des allgemeinen Nationalstolzes auf den letzten Plätzen firmiert – wenn auch mit leicht ansteigender Tendenz.[6] Auf Basis derselben Daten halten Evans und Kelly (2002) fest, dass die deutschsprachigen Länder[7] im internationalen Vergleich eher im Mittelfeld oder am unteren Ende im Hinblick auf den bereichsspezifischen Nationalstolz liegen: Im Hinblick auf Leistungen der Wissenschaft, das Funktionieren der Demokratie, den politischen Einfluss des Landes und die Gerechtigkeit im Land rangieren sie im Mittelfeld; am unteren Ende stehen sie im Hinblick auf Leistungen und Erfolge in den Bereichen Sport, Kunst und Literatur, vor allem aber auch beim Stolz auf das Militär sowie die eigene Geschichte. Einzig im Stolz auf wirtschaftliche Errungenschaften sowie auf das Sozialsystem findet sich der deutsche Sprachraum in der Spitzengruppe. Smith und Kim (2006) ziehen aus diesen Daten den plausiblen Schluss, dass „war guilt that has been shown to suppress German national pride in the past is still operating" (Smith & Kim, 2006, S. 128). Diese These der „Kriegsschuld" – die sich aber auch als Verantwortung für Nationalsozialismus und Holocaust interpretieren lässt – als zentralem Auslöser für den relativ geringen allgemeinen und bereichsspezifischen Nationalstolz in Deutschland wird u. a. auch durch Smith und Jarkko (1998) bekräftigt: Sie begründen dies mit dem besonders niedrigen Nationalstolz in den Bereichen Militär und Geschichte und verweisen auf vergleichsweise stark ausgeprägte Kohorteneffekte beim Nationalstolz. Dies spricht dafür, dass die kollektive Erinnerung an Krieg und Nationalsozialismus – vor allem bei den in der Nachkriegszeit sozialisierten Generationen – der entscheidende Faktor für den geringen Nationalstolz in Deutschland ist.

In den vergangenen Jahrzehnten zeichnet sich jedoch ein Anstieg an nationaler Verbundenheit mit Deutschland und an Nationalstolz in der Bevölkerung ab, der z. B. in den ALLBUS-Befragungen und in verschiedenen Studien dokumentiert ist (vgl. Becker et al., 2009). Fleiner et al. (2010) berichten beispielsweise, dass 78 % ihrer Befragten angaben, stolz darauf zu sein, Deutsche bzw. Deutscher zu sein. Dieser

---

6 Platz 19 und 20 aus 21 im Jahre 1995/96 für West- und Ost-Deutschland, und Platz 17 und 19 im Jahre 2003/04. In einem Ranking, das allgemeinen und bereichsspezifischen Nationalstolz – Stolz z. B. auf künstlerische, wirtschaftliche oder historische nationale Errungenschaften – auf Basis der Daten des Jahres 2003/04 für 33 Staaten zusammenführt, finden sich das ehemalige West- und Ost-Deutschland auf den Plätzen 28 und 33 und damit ebenfalls auf den hintersten Plätzen wieder (Smith & Kim, 2006).

7 Die Autoren fassen in ihren Analysen zumeist West- und Ostdeutschland sowie Österreich zusammen.

positivere Bezug auf die Nation geht auch mit Diskursverschiebungen in öffentlichen und medialen Debatten spätestens seit der Jahrtausendwende einher, in denen ein offensiverer Rekurs auf Deutschland und deutsche Identität stattfand. Man denke exemplarisch an die Forderung nach einer Deutschquote im Radio zu Beginn der 2000er Jahre, an die mediale „Du bist Deutschland"-Kampagne im Jahre 2005/06 und nicht zuletzt an das „Sommermärchen" der Fußball-WM 2006 und die der WM vorausgehende sowie begleitende Medienberichterstattung, die verschiedentlich als Zäsur im Hinblick auf die Sichtweise auf die Nation gedeutet wurde (Schediwy, 2008). All dies konnte (und sollte vielleicht auch) das Deutschland-Bild verändern und die Nation mit modernen, positiven Images und Bedeutungen verbinden.

Einiges weist darauf hin, dass über diesen Zeitraum der inhaltliche Gehalt von deutschem Patriotismus sowie der spezifische Bezug auf die deutsche Vergangenheit entscheidende Transformationen vollzogen haben. Einerseits ist die Tendenz erkennbar, dass der Holocaust im kollektiven Bewusstsein und in der globalen Öffentlichkeit von einer spezifisch deutschen Schuld zu einem universellen Symbol des Schreckens geworden ist (vgl. Levy & Sznaider, 2002), was seinerseits zu einer ‚Entlastung' Deutschlands beigetragen haben dürfte. Andererseits lässt sich in gewisser Hinsicht auch davon sprechen, dass ein positiver Bezug auf Deutschland heutzutage gerade *wegen* der Auseinandersetzung mit der deutschen Vergangenheit und der festen Verankerung der NS-Zeit in der deutschen Erinnerungskultur stattfinden kann.[8]

Und auch auf Einstellungsebene geht der Wandel des Deutschlandbildes einher mit einer Ausdifferenzierung und partiellen Umdeutung von Nationalstolz. Empirische Ergebnisse weisen auf eine zunehmende Vielschichtigkeit des positiven Deutschland-Bezugs hin, der sich in unterschiedlichen Konfigurationen sowohl aus vermeintlich unpolitischen und emotionalen als auch aus rationalen, politik- bzw. demokratiebezogenen Momenten speist (Fleiner et al., 2010). Darüber hinaus betont Mader (2016), dass sich seit den 1990er Jahren Verschiebungen im Bedeutungsinhalt von deutschem Patriotismus und Nationalismus nachweisen lassen. So korrelierten im Jahre 1995 Chauvinismus und ein völkisches Verständnis der Nation stark positiv miteinander und beide Aspekte wiederum positiv mit patriotischem Nationalbewusstsein. In den Jahren 2004 und 2014 war der Zusammenhang zwischen Patriotismus und Chauvinismus weniger eng: Patriotismus und völkische Einstellungen waren im Jahre 2014 sogar gänzlich unkorreliert. Insgesamt hat sich

---

8   Beispielsweise rekurrierte etwa die Bundesregierung unter Kanzler Schröder explizit auf die Lehren, die Deutschland aus Auschwitz gezogen habe, um speziell die Beteiligung der Bundeswehr am NATO-Kriegseinsatz im Kosovo und ihr Eintreten für eine selbstbewusstere deutsche Außenpolitik insgesamt zu legitimieren.

innerhalb der Bevölkerung die Konfiguration von Nationalstolz, Chauvinismus und völkisch-kulturalistischen Konzeptionen verschoben. Seit etwa 1995 hat sich eine Bevölkerungsgruppe herausgebildet, die patriotischen Nationalstolz nicht (mehr) mit völkisch-kulturalistische Haltungen verbindet (Mader, 2016). Und auch im Bereich des medialen und öffentlichen Diskurses war über die vergangenen Jahrzehnte eine Entkopplung von Patriotismus und völkisch geprägten Deutschland-Definitionen klar erkennbar. Auf Basis ihrer Analyse öffentlicher Debatten um nationale Identität argumentiert Piwoni (2013), dass sich eine Konzeption der Nation als staatsbürgerschaftliche „civic nation" statt als Volksnation in Deutschland in den vergangenen Jahren zunehmend durchgesetzt habe. Die nationalsozialistische Vergangenheit ist deshalb im Diskurs um deutschen Nationalstolz weniger salient als in früheren öffentlichen Debatten, bleibt jedoch latent und wird genau dann als warnende Lehre reaktiviert, wenn antipluralistische und völkische Entwürfe Deutschlands angerufen werden.

Es lässt sich damit festhalten, dass die Verschiebung auf der Ebene des öffentlichen Diskurses hin zu einem Verständnis von Deutschland als „civic nation" zeitlich zusammenfällt mit einer Entkopplung von Patriotismus und völkisch geprägten Einstellungen in der Bevölkerung. Das, was Menschen mit der Nation verbinden, was ihrer Ansicht nach die Nation konstituiert, und das, wodurch sie positive Bezüge zur Nation knüpfen, ist in Bewegung und wird von gesellschaftspolitischen Debatten auch kontinuierlich in Bewegung gebracht und gehalten. Der in den letzten Jahren zu beobachtende Aufschwung des Rechtspopulismus in Deutschland als Reaktion auf die Zuwanderung der vergangenen Jahre stellt offensichtlich und erklärtermaßen eine Gegenbewegung gegen die Tendenzen dar, Deutschland vor allem als „civic nation", als Staatsnation, zu verstehen und hat völkisch-kulturalistische Deutschlandkonzepte wieder in die Öffentlichkeit hineingetragen und erstarken lassen. Die Frage der deutschen Identität – was Deutschland ist und sein soll – wird in diesem Zusammenhang so emotional aufgeladen, unnachgiebig und extrem polarisierend wie selten zuvor verhandelt. Welche Lager und Strömungen sich in diesen Kontroversen durchsetzen werden, ist noch nicht abzusehen.

Umso wichtiger erscheint es, die Stärke der Identifikation mit dem Nationalstaat, die Inhalte bzw. den Gehalt des ‚Nationalen' und damit verbunden die Frage, was bzw. wen die Menschen eigentlich als ‚zu uns' zugehörend erachten, empirisch genau zu beschreiben und auch Tendenzen eines Wandels, sofern vorhanden, offenzulegen. Wir gehen davon aus, dass auch der internationale Sport und in Deutschland ganz besonders internationale Fußballturniere für diese Fragen Relevanz besitzen. So wird der nationale Fußball selbst immer wieder zum Thema gesellschaftspolitischer Identitätsdebatten: Ist die deutsche Nationalmannschaft mit ihrem hohen Anteil an Spielern mit Migrationshintergrund Ausdruck eines gelungenen multikulturellen

Zusammenlebens? Finden es die Menschen befremdlich, wie der AfD-Vorsitzende Alexander Gauland vermutete, dass auch dunkelhäutige Fußballspieler Deutschland repräsentieren? Dürfen sich deutsche Nationalspieler mit türkischen Wurzeln mit dem türkischen Präsidenten ablichten lassen, wie vor der Fußball-WM 2018 im Fall von Mezut Özil und Ilkay Gündoğan? Losgelöst von solchen singulären Ereignissen, die für kurze Zeit öffentlich debattiert werden, interessiert uns aber vielmehr, wie Fußball und Nationalstolz *systematisch* in Verbindung stehen. Wir gehen davon aus, dass internationale Sportereignisse im Allgemeinen und Fußballturniere im Besonderen in Deutschland zu den Ereignissen gehören, die für die Erzeugung, Verstärkung und Aktualisierung der Identifikation mit der Nation und der damit verbundenen Solidaritäts- und Zugehörigkeitsgefühle bedeutsam sind. Wie genau der Nationensport dies zustande bringen kann, stellen wir im folgenden Kapitel vor.

Die Identifikationsfunktion(en) des Spitzensports

3

„America, the Beautiful" – die enge Verbindung von Sport und Nationalismus sticht vor allem in den USA ins Auge, wie hier bei der Eröffnungszeremonie des Superbowl.

Bildquelle: „Super Bowl 50 Blue Angels Flyover" von Brandon C. Dyer (gemeinfreies Werk).

© Springer Fachmedien Wiesbaden GmbH, ein Teil von Springer Nature 2019
M. Mutz und M. Gerke, *Fußball und Nationalstolz in Deutschland*,
https://doi.org/10.1007/978-3-658-22386-1_3

3.1   Internationale Sportereignisse und ihr ‚banaler' Nationalismus

Das Teilkapitel nimmt im Wesentlichen Bezug auf das Konzept des „banalen Nationalismus" (Billig, 1995) und begründet, weshalb internationale Sportereignisse Paradebeispiele für diese Form des hintergründigen, alltäglichen Nationalismus darstellen. Dies ist u. a. deshalb plausibel, weil Sportereignisse der Logik des „Nationensports" (Reicher, 2013) folgen, wo Sportlerinnen und Sportler nicht nur als Individuen antreten, sondern primär als Repräsentantinnen und Repräsentanten der Nation wahrgenommen werden. Am Beispiel verschiedener empirischer Arbeiten zur Mediendarstellung des Spitzensports lässt sich demonstrieren, dass die Sportberichterstattung fast immer einer klar erkennbaren nationalen Rahmung und Dramaturgie folgt. Dadurch, so die Schlussfolgerung, gewinnt die nationale Zugehörigkeit immer wieder an Salienz und der Glaube an die Selbstverständlichkeit der Nation wird fest(er) verankert.

Banaler Nationalismus

Der Begriff des „banalen Nationalismus" stammt aus dem gleichnamigen Buch von Michael Billig (1995), das seit seinem Erscheinen eine große Prominenz in der politik- und sozialwissenschaftlichen Debatte erhalten hat (vgl. zur Debatte u. a. Koch & Paasi, 2016; Skey, 2009). Der Begriff bezeichnet die hintergründigen, gewohnheitsmäßigen und ständig wiederholten Verweise auf die Nation im Alltag. Diese Verweise treten auf in Form von „beliefs, assumptions, habits, representations and practices" (Billig, 1995, S. 6) und sorgen dafür, dass die Menschen ihre Zugehörigkeit zur Nation nicht vergessen, sondern als Selbstverständlichkeit ansehen. Billig nennt zahlreiche Beispiele für banalen Nationalismus: das routinemäßige Hissen von Flaggen an öffentlichen Gebäuden; das tägliche Treuebekenntnis zur Flagge und zur Nation beim Morgenappell an amerikanischen Schulen; die Präsenz von Symbolen des Nationalstaats, seiner Kultur und Geschichte, auf Münzen, Banknoten oder Briefmarken; die Unterteilung der Nachrichten in die Rubriken ‚Inland' und ‚Ausland'. Wird im deutschen Fernsehen bei der Darstellung eines Unglücks oder eines Anschlags im Ausland z. B. besonders hervorgehoben, dass keine oder eben eine bestimmte Anzahl an Deutschen unter den Opfern seien, ist das ebenfalls banaler Nationalismus. Und selbst der Wetterbericht wird als *das* Wetter präsentiert und ist doch vor allem das Wetter eines *bestimmten* Landes. Solche Bezugspunkte auf die Nation sind tief in den Alltag eingelassen. Nicht das bewusste, leidenschaftliche Schwenken der Nationalflagge zu einem besonderen Anlass ist deshalb das Sinnbild für den banalen Nationalismus, sondern „it is the flag hanging unnoticed on the public building" (Billig, 1995, S. 8). Dieser banale Nationalismus fungiert als stille, leise, versteckte Erinnerung an den Nationalstaat.

Banaler Nationalismus ist für Billig eine Grundlage für den Fortbestand etablierter (westlicher) Nationalstaaten; er dient als eine Art ideologischer Klebstoff, durch den sich Nationalstaaten reproduzieren. Menschen werden alltäglich und wiederholt mit zahllosen Verweisen auf die Nation konfrontiert – eine bewusste Auseinandersetzung findet aber selten statt: „These reminders of nationhood hardly register in the flow of daily attention, as cititzens rush past on their daily business" (Billig, 1995, S. 38). Der banale Nationalismus liegt zu einem gewissen Teil unterhalb der Wahrnehmungs- bzw. Reflexionsschwelle vieler Menschen und ist gerade deshalb so effektiv, weil er beständig nationale Referenzpunkte für die Wahrnehmung und Deutung von ‚Welt' setzt, die nicht (mehr) hinterfragt werden, sondern ‚natürlich' erscheinen. In der Summe strukturieren die alltäglichen Verweise auf die Nation das Wahrnehmen und Denken, fördern und aktivieren die Ideologie der Nation unter den Bürgerinnen und Bürgern eines Staates immer wieder aufs Neue und erzeugen bzw. bestätigen eine Identifikation mit dem Nationalstaat, auch wenn diese Identifikation im Alltag in der Regel im Hintergrund liegt.

Billig bezeichnet diese Formen des Nationalismus auch deshalb als „banal", weil sie zunächst wenig mit den viel diskutierten extremen Formen des politischen Nationalismus zu tun zu haben scheinen, die in der Vergangenheit und Gegenwart Konflikte und Kriege ausgelöst haben, sei es zwischen Nationalstaaten oder innerhalb von Staaten, wenn dort Gruppen, die sich als eigene „Nation" verstehen, für ihre Unabhängigkeit kämpfen. Der banale Nationalismus operiert nicht nur an den Rändern des demokratischen politischen Spektrums, also im Dunstkreis nationalistischer Bewegungen und Parteien. Er ist kein Problem ‚an der Peripherie' des politischen Systems, sondern stellt in der heutigen Welt nationalstaatlich verfasster Gesellschaften etwas Wesentliches dar (Billig, 1995, S. 6). Allerdings erhält der politisch extreme Nationalismus einen Großteil der öffentlichen Aufmerksamkeit, während der banale Nationalismus wenig beachtet und oft auch völlig übersehen wird. Wenngleich Billig sehr darum bemüht ist, seine Vorstellung des banalen Nationalismus von politisch extremen und militanten Formen des Nationalismus auf einer konzeptionellen Ebene abzugrenzen, rückt er beides doch in ein Verhältnis zueinander: Der banale, alltägliche Nationalismus reproduziert die *Ideologie der Nation*, d. h. eine Denkweise und Weltsicht, deren Mittelpunkt die eigene Nation markiert, die als kostbar und wertvoll erachtet wird. Diese fest verankerte Vorstellung lässt sich jederzeit politisch mobilisieren: Sie ist „ready for use in battle" (Billig, 1995, S. 7), also zugleich Ausgangspunkt und Legitimationsgrundlage falls Auseinandersetzungen und Konflikte mit anderen Gruppen oder Nationen virulent werden.

So populär Billig's Diagnose des banalen Nationalismus wurde, ist sie doch nicht unwidersprochen geblieben: Kritisiert wurde unter anderem, dass die Beschreibungen zu sehr „top down" angelegt seien und damit quasi unterstellten, die Ideologie der Nation sei etwas von oben bzw. von Eliten Gelenktes, während die Bürgerinnen und Bürger dabei als gleichförmig, passiv und unkritisch dargestellt würden (zsfd. Skey, 2009). Mit Bezug auf den Anteil der Medien im banalen Nationalismus wurde kritisch vorgebracht, dass die Idee *einer* ‚nationalen Presse' abwegig ist, weil diese in demokratischen Ländern vielstimmig sei. Hierzu stellt Billig (2009) später aber klar, dass er weder einen passiven Rezipienten noch eine uniforme Presselandschaft in seiner Argumentation unterstellt. Das Konzept der Nation strukturiert die Selektion von Inhalten und Topoi, die von den Medien und den Menschen eines Landes als relevant angesehen werden, nicht aber die einzelnen Positionen zu bzw. Blickwinkel auf diese Inhalte. Das bedeutet zugleich, dass Bürgerinnen und Bürger mit vielfältigen Botschaften konfrontiert werden die in ihre Meinungsbildung eingehen: „the ‚ideological subject' by no means passively receives a single ideological message" (Billig, 2009, S. 348). Und dennoch fungiert der eigene Nationalstaat für die Inlandsnachrichten sowie die ‚Welt der Nationalstaaten' für die Auslandsnachrichten als unhinterfragter Rahmen, der (fast) immer vorausgesetzt wird. Und wie wir gleich noch zeigen werden, gilt das für den Sportjournalismus ganz besonders.

Der zweite zentrale Einwand, der auch medienwissenschaftlich begründet wird, bezieht sich auf genau diesen unhinterfragten Referenzrahmen, von dem Billig annimmt, dass er mit dem Nationalstaat eng korrespondiert. Dies mag aber je nach Land nicht ganz so selbstverständlich sein: So bezieht sich z. B. das deiktische ‚Wir' und die damit verknüpfte Identitätskategorie in der schottischen Presse manchmal auf Großbritannien und manchmal auf Schottland (Petersoo, 2007) und schottische bzw. regionale Bezüge erhalten ein größeres Gewicht (Higgins, 2004), während z. B. in der türkischen Presse eine klare, eindeutigere Fokussierung auf den Nationalstaat dokumentiert wurde (Yumul & Özkirimli, 2000). Anders als in der Berichterstattung über tagesaktuelle politische Ereignisse, dürfte in der Berichterstattung über internationale Sportereignisse aber der Bezug auf die Nation (und nicht auf die Region) dominant sind. Dies werden wir in den folgenden Abschnitten genauer illustrieren.

Banaler Nationalismus im Sport und in der Sportberichterstattung

Billig weist den Sport ebenfalls als Plattform für banalen Nationalismus explizit aus. Alle Zeitungen, unabhängig davon, ob sie eher politisch links oder politisch rechts orientiert seien, würden im Sportteil enthusiastisch und nahezu ausschließlich über die Erfolge der eigenen Nation und die Sportereignisse im eigenen Land berichten. Anekdotisch verweist er auf zahlreiche Beispiele, wie Zeitungen durch die Verwendung personaler Deiktika routinemäßig Bezüge zur Nation und zu einem national gefassten „Wir" herstellen: „We've done it", „Our new star", „Britain's rugby heroes" (Billig, 1995, S. 120f). Diese Form der Berichterstattung ist typisch für den „Nationensport" (Reicher, 2013). Dieter Reicher bezeichnet mit dem Begriff des „Nationensports" ein sportliches Wettkampfsystem, das internationale Begegnungen zwischen Ländern bzw. Nationen in den Mittelpunkt stellt. Die Sportlerinnen und Sportler, die in den Wettbewerben an den Start gehen, werden dabei stärker als Repräsentanten eines Nationalstaats statt als Individuen betrachtet. Verstärkt wird der internationale Nationensport durch die nationalen Medien, die den sportlichen Wettstreit als einen Wettbewerb zwischen Nationen besonders inszenieren und dramatisieren; durch ein nationales Publikum, dass die ‚eigenen' Athletinnen und Athleten loyal unterstützt sowie durch die nationale Politik, für die eine Teilnahme am Nationensport gleichbedeutend ist mit internationalem Prestige oder mit der Anerkennung staatlicher Souveränität – wie z. B. im Fall des DDR-Sports.

Aber nicht nur über den internationalen Sport wird aus einer nationalen Perspektive berichtet, sondern nicht selten sind auch inländische Sportereignisse von nationalen Bezügen durchzogen. Ein besonders markantes Beispiel kann man jedes Jahr miterleben, wenn der Superbowl in den USA ansteht: Nicht nur „The Star-Spangled Banner", die Nationalhymne der USA, sondern auch „America, the Beautiful" werden unmittelbar vor Spielbeginn vorgetragen, um – wie der Stadionsprecher dann mit viel Pathos ankündigt – „Amerika zu ehren". Während die Größen des Musikgeschäfts, zuletzt u. a. Pink oder Kelly Clarkson, die Hymne singen, blendet die Kamera die ehrfürchtig und respektvoll blickenden, manchmal auch in sich gekehrten Gesichter der Football-Stars ein, schwenkt über das Stadion und zeigt die Flagge in Großaufnahme. Seit einigen Jahren erfolgt während der Hymne auch eine Einblendung der im Ausland stationierten US-amerikanischen Streitkräfte und am Ende fliegt eine Flugstaffel der US Air Force in Formation über das Stadion. Es steht außer Frage, dass hier ein besonderer Moment inszeniert werden soll, der mehr sein soll als der stimmungsvolle Beginn eines Football-Spiels. Das Sportereignis wird zum Symbolträger des amerikanischen Nationalismus gemacht.

Die Besonderheit dieser Inszenierung darf aber nicht darüber hinwegtäuschen, dass das Singen bzw. Abspielen der Hymne oder eines anderen patriotisch getönten Songs in den USA eben routinemäßig zum Sport dazu gehört, und zwar schon seit Langem und nicht nur in den Profiligen. Seit dem Eintritt der USA in den 2. Weltkrieg 1942 wird die Hymne im Vorprogramm fast jedes Baseballspiels der US-Profiliga aufgeführt (Leepson, 2006). Insofern gehört die enge Verquickung von Sport und Nation eben auch zu den banalen Formen des US-amerikanischen Nationalismus. Als diese den Amerikanern vertraute Selbstverständlichkeit im

Herbst 2017 irritiert wurde, weil eine Reihe prominenter afroamerikanischer Football-Spieler der NFL beim Abspielen der Hymne sitzenblieben oder niederknieten, um dadurch ihren Protest gegenüber dem alltäglichen Rassismus in den USA zu üben, wurde ironischerweise den Spielern vorgeworfen, sie würden den Sport für politische Zwecke instrumentalisieren. Von Medien und Politik wurden diese Spieler für ihr unpatriotisches Verhalten und ihren vermeintlich mangelnden Respekt für die Streitkräfte kritisiert. Nicht die Aufladung des Sports mit der Symbolik des Nationalstaats, sondern die stille Nicht-Beteiligung an den damit verbundenen Routinen und Ritualen haben gesellschaftliche Aufmerksamkeit erlangt und wurden zum kontrovers diskutierten Politikum.

Für die deutschen Sportzuschauerinnen und -zuschauer wäre eine so stark patriotisch eingefärbte Rahmung des Sports sicher befremdlich. Schwer vorstellbar, dass vor dem DFB-Pokalfinale die salutierenden deutschen Streitkräfte im Ausland eingeblendet werden. Und doch ist auch die deutsche Sportberichterstattung als hochgradig nationalistisch beschrieben worden. Gunter Gebauer (1996) hat in einem kurzen Beitrag über die Olympischen Sommerspiele 1992, bei denen zum ersten Mal nach der deutschen Wiedervereinigung eine gesamtdeutsche Auswahlmannschaft an den Start ging, einen fundamentalen Wandel der Sportberichterstattung diagnostiziert. Er beschreibt einen Wandel von einer „aristotelischen" zu einer „nationalistischen" Logik der Darstellung. Die aristotelische Logik der Inszenierung – entlehnt aus Aristoteles' Dramentheorie – basiert auf der In-sich-Geschlossenheit einer Handlung und der Einheit von Ort und Zeit. Bezogen auf den Sport wäre der einzelne sportliche Wettkampf eine geschlossene Handlungsepisode, die vom Beginn bis zum Ende am gleichen Austragungsort präsentiert wird. Die Dramatik ergibt sich hier aus der steigenden Spannung, die dem sportlichen Wettbewerb inhärent ist, sich in der Regel von den Vorkämpfen bis zum Finale langsam aufbaut und sich ruckartig löst, wenn die Siegerin oder der Sieger am Ende feststeht. Diese Inszenierungslogik wurde, so Gebauer, durch eine nationalistische Dramaturgie abgelöst, bei der die Regie schnell zwischen verschiedenen Wettbewerben, Orten und Zeiten hin und her springt und zwar immer dorthin, wo gerade deutsche Sportlerinnen und Sportler an den Start gehen. Die Einheit der TV-Berichte sind nicht mehr einzelne sportliche Wettbewerbe, sondern die Einheit wird dadurch konstruiert, dass entlang der Nationalität berichtet und selektiert wird:

> „Es wird rücksichtslos gewechselt, von den Läufern zu den Pferden, dann zu den Gewichthebern und Kanuten, hier fährt ein deutsches Rad als erstes über den Zielstrich, dort boxt oder ringt einer, scheinbar ist alles durcheinander, aber alles geschieht entlang einem roten Faden: für Deutschland. Der am Sport interessierte Zuschauer wird, ob er will oder nicht, zu einem Schlachtenbummler gemacht, er muß mit zum nächsten Schauplatz, zum höheren Nutzen des deutschen Medaillenspiegels. […] Alle

Zuschauer sind in Bewegung: auf der Spur der Deutschen. Ohne erkennbare räumliche und zeitliche Konstruktion wird die Übertragung mit Hilfe einer anderen dramaturgischen Einheit konstruiert, einfacher und unfaßbarer zugleich. Es entsteht eine Art Bilderbogen, der von der Regie nach Belieben umgeblättert wird, wenn es opportun erscheint, sobald irgendwo ein Deutscher ins Spiel kommt. Das neue Darstellungsprinzip, die neue Einheit ist der deutsche Nationalismus" (Gebauer, 1996, S. 265).

Wenn in Gebauers Textauszug vielleicht noch etwas Verwunderung zwischen den Zeilen durchscheinen mag, wie „durcheinander" die Inszenierungslogik auf den ersten Blick anmutet, so haben wir uns 20 Jahre später längst daran gewöhnt, den Sport durch eine ‚nationale Brille' präsentiert zu bekommen. Egal ob ‚die Deutschen' gerade gewinnen oder verlieren, der Fokus wird durchweg auf ‚unsere' Athletinnen, Athleten und Teams gerichtet, aus deren Perspektive kommentiert und bewertet wird. Es sind die Deutschen und nicht die Anderen – wie großartig deren Leistungen auch immer sein mögen –, die das Publikum interessieren bzw. interessieren sollen. Und gerade diese Selbstverständlichkeit, mit der die Nation in den Mittelpunkt gerückt wird, ist es, die dem Spitzensport alle Merkmale eines banalen Nationalismus verleiht.

Globale Sportereignisse, nationale Berichterstattung

Deutschland ist hierbei aber kein Einzelfall. Die nationalistische Selektionslogik durchzieht die Berichterstattung über internationale Sportereignisse in den meisten Ländern, wie zahlreiche Forschungsarbeiten bereits haben zeigen können. Am besten erforscht scheint dabei die Sportberichterstattung rund um die Olympischen Sommer- und Winterspiele, wo zahlreiche empirische Studien, die wir im Folgenden kurz referieren, bereits zeigen konnten, dass die Sportlerinnen und Sportler der eigenen Nation – insbesondere, wenn diese aussichtsreich um die Medaillen mitkämpfen können – stark in den Mittelpunkt gerückt werden.

Diese grundsätzliche Fixierung auf die eigene Nation konnten z. B. Angelini, MacArthur, Reichart Smith und Billings (2017) am Beispiel der Berichterstattung über die Olympischen Winterspiele 2014 zeigen. In ihrer komparativ angelegten Analyse verglichen sie die Sendungen des US-amerikanischen Senders NBC mit den Berichten des kanadischen Programms CBC. Sie können an diesem Beispiel zeigen, dass im US-Fernsehen 44 % aller namentlich erwähnten Sportlerinnen und Sportler US-Amerikaner waren, während Kanadier zu 11 % und alle anderen Nationalitäten zu 45 % Erwähnung fanden. Im kanadischen Fernsehen rückte man erwartungsgemäß die Kanadier in den Mittelpunkt: 49 % aller erwähnten Sportlerinnen und Sportler kamen aus dem eigenen Land, 11 % aus den USA, der

Rest aus anderen Ländern. In der Liste der 20 am häufigsten genannten Personen bei CBC findet man sogar ausschließlich Kanadier.[9]

Bei den Olympischen Sommerspielen 2012 in London finden Billings und Kollegen sogar eine noch größere Dominanz der US-Athletinnen und Athleten im US-Fernsehen, die 56 % aller namentlich genannten Sportlerinnen und Sportler ausmachen (Billings, Angelini, MacArthur, Smith & Vincent, 2014). Basierend auf den namentlichen Erwähnungen lässt sich deshalb schlussfolgern, dass sich fast die Hälfte der gesamten Berichterstattung um die Athletinnen und Athleten aus dem eigenen Land – d. h. hier Kanada oder die USA – gedreht hat. Allein durch das Einschalten einer Sportübertragung der Olympischen Spiele werden die Zuschauerinnen und Zuschauer demnach kontinuierlich an ihre eigene Nationalität erinnert, weil durch die Auswahl der Inhalte und durch ihre Kommentierung durchgängig nationale Referenzpunkte gesetzt und nationale Perspektiven eingenommen werden. Internationale Fußballübertragungen bilden keine Ausnahme von diesem Muster, sondern folgen ebenfalls einer nationalen Selektions- und Deutungslogik. Die deutsche Mannschaft, ihre Spieler und ihr Trainer, stehen im Fokus der Berichte; Vorberichte und Reportagen transportieren spezifische Sichtweisen und Deutungen auf ‚uns‘ und ‚die Anderen‘ (Ismer, 2016). Wir werden dies in den nächsten Kapiteln noch genauer beleuchten.

Die Folgen des ‚banalen Nationalismus' im Sport

Während der nationale Bias in der Berichterstattung über internationale Sportereignisse gut erforscht ist, gibt es vergleichsweise wenig Literatur darüber, wie diese Berichte auf die Zuschauerinnen und Zuschauer wirken bzw. ob der ‚banale‘ Nationalismus in der Sportberichterstattung überhaupt einen messbaren Effekt auf die Einstellungen zum Nationalstaat bei den Rezipienten ausübt. Dies ist eigentlich erstaunlich, denn es erscheint allzu leichtfertig, davon auszugehen, dass die Zuschauerinnen und Zuschauer quasi automatisch ihre eigenen Haltungen und Einstellungen nahtlos an die medial präsentierten Perspektiven und Deutungsmuster anpassen.[10] Ein empirischer Nachweis, ob bzw. inwieweit die Medienberichte über Sport bzw. sportliche Erfolge eine Wirkung hinterlassen, ist deshalb unabdingbar.

---

9 Dies mag auch der Tatsache geschuldet sein, dass CBC besonders häufig Eishockeyspiele übertragen hat. So finden sich allein sechs Eishockeyspieler in der Top 20 der am häufigsten erwähnten Sportlerinnen und Sportler.

10 Belegt ist, dass sportbezogener Nationalismus" – also der Stolz auf den Erfolg von Athletinnen und Athleten aus dem eigenen Land in Deutschland und vielen anderen Ländern stark ausgeprägt ist (Seippel, 2017; Meier & Mutz, 2016). Gleichzeitig verweist Seippel (2017) auf der Basis von Umfragedaten aus 25 Ländern auf Abstufungen: So sind Personen aus osteuropäischen Staaten tendenziell ‚sport-patriotischer‘ als Befragte

Zumindest auf einer korrelativen Ebene ist gut belegt, dass der Konsum von TV-Berichten über große Sportereignisse, bei denen die Athletinnen und Athleten des eigenen Landes erfolgreich abgeschnitten haben, mit einem stärker ausgeprägten Gefühl der Zugehörigkeit zum Nationalstaat einhergeht. In einer in mehreren Ländern durchgeführten Befragung haben abermals Billings und Kollegen (2013) herausgefunden, dass Personen, die einen größeren Anteil der Berichterstattung über die Olympischen Spiele 2012 in den Medien ihres Landes verfolgt haben, von mehr Patriotismus und Nationalismus berichteten. Eine niederländische Studie zeigte Ähnliches: Personen, die Sportgroßereignisse, wie z. B. die Fußball-EM, die Olympischen Spiele oder die Tour de France, in den Medien verfolgt hatten oder die angaben, bei Erfolgen niederländischer Sportlerinnen und Sportler stolz empfunden zu haben, berichteten zu höheren Anteilen von Stolz und Verbundenheit zum Nationalstaat (van Hilvoorde, Elling & Stokvis, 2010). Interessant ist in diesem Zusammenhang, dass die TV-Zuschauer auch dann mehr Nationalstolz berichteten als die Nicht-Zuschauer, wenn bei dem Sportereignis gar keine herausragenden Erfolge durch niederländische Sportlerinnen und Sportler erzielt wurden, wie dies z. B. bei der Tour de France 2008 der Fall war. Auch wenn dies im Beitrag nicht so diskutiert wird, könnte man es als Indiz dafür werten, dass allein die an den niederländischen Sportlern ausgerichtete Berichterstattung genügte, um die Kategorie Nationalstaat stärker im Bewusstsein der Zuschauerinnen und Zuschauer zu verankern und Verbundenheit zur Nation herzustellen.

Grundsätzlich sind solche Querschnittdaten aber ungeeignet, um die Frage nach der möglichen Wirkung der Berichterstattung zu erschließen. Denn die Annahme, dass Rezipientinnen und Rezipienten von den Berichten beeinflusst werden und ihre Einstellungen in der Folge nationalistischer eingefärbt sind, ist in etwa genauso plausibel wie die gegenteilige Vermutung, dass sich Menschen mit einem höheren Grad an Nationalstolz eher für den „Nationensport" interessieren, also internationale Sportereignisse konsumieren, bei denen Sportlerinnen oder Sportler aus der eigenen Nation am Start sind. Die Korrelationen lassen sich also in beide Richtung deuten: Sportkonsum führt zu Nationalstolz oder Nationalstolz führt zu Sportkonsum. Um Anhaltspunkte zu bekommen, welche der beiden Deutungen eher zutrifft, sind im Längsschnitt angelegte oder experimentell angelegte Forschungsarbeiten vonnöten, die aber äußerst rar sind.

In einer der wenigen longitudinal angelegten Studien (Billings, Brown & Brown, 2013) konnte am Beispiel der Olympischen Spiele 2012 demonstriert werden, dass

---

aus Westeuropa. Und insgesamt ist sportbezogener Nationalstolz in demokratischeren, wohlhabenderen und stärker in kulturelle Globalisierung eingebunden Staaten weniger stark ausgeprägt.

Personen mit stärkeren nationalistischen Einstellungen auch zu größeren Anteilen die Sportberichte konsumieren, das Nationalismus-Niveau durch das Ansehen der olympischen Berichterstattung aber *nicht* signifikant ansteigt. Lediglich eine sehr spezielle Facette des Nationalstolzes wird diesen Befunden zufolge von den Sportübertragungen beeinflusst, nämlich „smugness". Dabei handelt es sich um ein Konstrukt, das den selbstgefälligen Glauben an die Stärke und die überlegene Leistung der eigenen Nation beschreibt (Kosterman & Feshbach, 1989).[11] Aus diesen Befunden lässt sich insofern noch kein eindeutiger Schluss ziehen, außer dass beide Wirkungsrichtungen auch empirisch vorzukommen scheinen: Die exzessiven Sportzuschauerinnen und -zuschauer sind bereits vor dem Sportereignis patriotischer und nationalistischer, zumindest bestimmte Einstellungen werden dann aber durch die medialen (Erfolgs-)Berichte (nochmals) verstärkt.

Angesichts dieser Befunde lässt sich bis hierhin Folgendes festhalten: Der banale Nationalismus durchzieht *erstens* nahezu idealtypisch die Berichterstattung über internationale Sportereignisse, die durch eine nationale Brille präsentiert und gerahmt werden. Hierbei folgt zum einen die Selektion des Berichteten einer nationalen Logik, zum anderen dessen Darstellung und Inszenierung. Das heißt, nicht nur ‚die Deutschen' stehen im Fokus, sondern über sie wird auch affirmativ und emotional berichtet. Hierauf kommen wir in den folgenden zwei Kapiteln noch genauer zu sprechen. Zweitens zieht der medial aufbereitete Nationensport nicht nur ein Fernsehpublikum an, das sich durch einen höheren Grad an Nationalstolz auszeichnet, sondern kann potenziell diesen Nationalstolz (bzw. bestimmte Facetten hiervon) auch verstärken. Hierzu ist aber weitere Forschung mit entsprechend passgenauen Designs notwendig. Die späteren empirischen Analysen werden dieses Forschungsdesiderat explizit aufgreifen.

3.2   Sportlicher Erfolg als Grundlage für Nationalstolz

Die Verbindung von Spitzensport und Nationalismus ist nicht nur auf die ‚banalen' routinemäßigen Darstellungs- und Präsentationsweisen des „Nationensports" (Reicher, 2013) beschränkt, sondern zeigt sich auch und gerade dann, wenn Siege errungen, Erfolge gefeiert und außergewöhnliche Leistungen erbracht werden.

---

11   Typischerweise messen Studien dieses Konstrukt mit Items wie z. B. „Mein Land ist das beste der Welt" oder „Die Menschen in meinem Land sind die besten der Welt". Gemeint ist also eine Art auf die Nation bezogene Arroganz, bei der die Abwertung von anderen implizit bereits mehr oder weniger mitschwingt.

Erfolg soll bekanntlich nicht nur sexy sein, sondern macht auch stolz. Die Besonderheit im Spitzensport besteht nun darin, dass es ja keine eigenen Leistungen sind, auf die die Menschen stolz sind, sondern die Leistungen anderer, die aber eine Gruppe repräsentieren (hier die Nation), mit der man sich selbst identifiziert. Die folgenden Abschnitte erläutern diesen Zusammenhang, geben einen Überblick über sozialpsychologische Perspektiven auf soziale Identität und begründen, wie genau das Miterleben von sportlichem Erfolg, Nationalstolz und die Identifikation mit der Nation beeinflussen kann.

Die sozialpsychologische Perspektive auf soziale Identität

Eine der prominentesten sozialpsychologischen Theorien zur sozialen Identität haben Henri Tajfel und John C. Turner entwickelt (Tajfel & Turner, 1979; Tajfel, 1982; Turner, 1982). Ihre Social Identity Theory (SIT) basiert auf der Grundannahme, dass Menschen sowohl sich selbst als auch andere Menschen nicht nur als Individuen wahrnehmen, sondern immer auch als Angehörige verschiedener sozialer Gruppen. Sie können sich selbst bzw. sich wechselseitig als Bürger eines Nationalstaats, Angehörige eines bestimmten Unternehmens, Mitglieder eines bestimmten Sportvereins, Anhänger einer Religion, Mitglieder einer politischen Partei oder auch ganz basal als Männer oder Frauen identifizieren. Diese Kategorisierungsprozesse markieren insofern Grenzen in der sozialen Welt, als sie jene Personen, die zur gleichen Kategorie zugehörend wahrgenommen werden, einschließen, während sie alle anderen ausschließen. In bestimmten Situationen, rückt eine bestimmte soziale Kategorie in den Vordergrund, so dass Menschen dann im ‚Wir-Modus' agieren: „individuals will not interact as individuals, on the basis of their individualistic characteristics or interpersonal relationships, but as members of their groups standing in certain defined relationships to members of other groups" (Tajfel & Turner, 1979, S. 35).

Gruppenzugehörigkeit und Gruppenverhalten haben, so die Kernannahme der SIT, eine rein kognitive Basis: „members of a social group seem often to share no more than a collective perception of their own social unity and yet this seems to be sufficient for them to act as a group" (Turner, 1982, S. 15). Damit lässt sich die SIT explizit von anderen Konzeptionen abgrenzen, die als Basis für Gruppenzugehörigkeit z. B. wechselseitige Sympathie, häufige Interaktionen oder geteilte Werte ansehen. Turner bemerkt hierzu: „What matters is how we perceive and define ourselves and not how we feel about others" (Turner, 1982, S. 16). Das heißt, man muss die anderen Gruppenmitglieder als Individuen weder kennen noch mögen; es reicht, sich und andere als zur gleichen sozialen Kategorie zugehörig wahrzunehmen bzw. einzuordnen. Für viele Menschen genügt das, damit ihre Wahrnehmungen, Bewertungen und ihre Handlungen gruppenspezifisch getönt sind. Und diese Tönung geht dann oftmals mit der Tendenz einher, die ‚eigene' Gruppe zu bevorteilen und andere, fremde Gruppen zu benachteiligen.[12]

Darüber hinaus lässt sich annehmen, dass neben der Selbstkategorisierung, also der Zuordnung, Teil einer sozialen Kategorie zu sein, noch mehr hinzukommen muss, damit von sozialer Identität gesprochen werden kann. Der Einzelne soll sich schließlich mit der entsprechenden Gruppe *identifizieren*. Identifikation meint ganz allgemein ein Gleichsetzen von Gruppe und Selbst (Van Veelen et al., 2016). Wie wir weiter vorne bereits allgemein erläutert haben, basiert Identifikation auf einer affektiven und einer evaluativen Komponente, d. h. einem Gefühl und aus spezifischen Bedeutungen, die sich an eine soziale Kategorie anheften. Es genügt also noch nicht, lediglich zu wissen, dass man Bürgerin oder Bürger eines National-staats, Mitglied einer Partei oder Teil einer Nachbarschaft ist, sondern die jeweilige

---

12 Die experimentelle Forschung zum sogenannten Minimal Group-Paradigma hat viel-fach nachgewiesen, dass allein die Wahrnehmung, Teil einer Gruppe zu sein, genügt, damit Menschen die Eigengruppe bevorzugen oder die Fremdgruppe diskriminieren. In den klassischen Experimenten von Tajfel (1970) wurden Schüler im Alter von 14 bis 15 Jahren auf Basis eines völlig nebensächlichen Merkmals, nämlich ihrer Präferenz für den Maler Klee oder Kandinsky, in zwei Gruppen eingeteilt und anschließend gebeten, den (angeblichen) anderen Mitgliedern der Klee- oder Kandinsky-Gruppe Auszah-lungsbeträge zuzuweisen. Eine direkte Interaktion mit anderen Gruppenmitgliedern fand dabei gar nicht statt, d. h. die Gruppenzugehörigkeit gründete sich ausschließlich auf die Wahrnehmung, Teil einer Gruppe zu sein. Während gleichaltrige Kinder, die nicht glauben, einer Gruppe anzugehören, ihre Auszahlungen relativ gleich verteilen, bevorzugen Schüler, die sich als Teil einer Gruppe wahrnehmen, die Mitglieder der eigenen Gruppe und benachteiligen jene der Fremdgruppe. Dies geht sogar so weit, dass nicht nur die Auszahlungsbeträge an die eigene Gruppe maximiert werden (ungeach-tet dessen, was die anderen bekommen), sondern die Differenz zwischen Eigen- und Fremdgruppe erhöht wird. Die Schüler waren bereit, geringere Auszahlungsbeträge für die eigene Gruppe zu akzeptieren, um den Abstand zur Fremdgruppe zu erhöhen. Tajfel schlussfolgert deshalb, dass eine starke Gruppensolidarität für Intergruppenbe-ziehungen dysfunktional ist, weil sie die Norm der Fairness untergräbt (Tajfel, 1970, S. 102). Der Intergroup-Bias zu Gunsten der eigenen Gruppe zeigt sich nicht nur bei der Verteilung von Auszahlungsbeträgen, sondern auch beim Hilfeverhalten, dem wahrgenommenen Vertrauen oder der wahrgenommenen Sympathie (Abrams et al., 2015; Plötner et al., 2015). Die entsprechenden Effekte wurden bereits oft repliziert, u. a. bereits bei 5-jährigen Kindern (Dunham, Scott Baron & Carey, 2011). Außerdem konnte demonstriert werden, dass Personen eine stärkere Verzerrung zu Gunsten der Eigengruppe und zu Lasten der Fremdgruppe haben, wenn sie unsicher sind oder sich bedroht fühlen (Grieve & Hogg, 1999; Harmon-Jones et al., 1996), während eine starke Befürwortung von Gleichheits- und Fairnessnormen diese Tendenz abschwächt (Jetten, Spears & Manstead, 1996). Nichtsdestotrotz gilt es als belegt, dass Menschen, die sich als zugehörig zu einer Gruppe kategorisieren, zu Gunsten dieser Eigengruppe auch diskriminierende Verhaltensweisen an den Tag legen.

soziale Bezugskategorie muss positiv erlebbar und wertgeschätzt sein, damit man von einer Identifikation sprechen kann. Wie wir gleich noch sehen werden, ist es dabei wichtig, welche Eigenschaften mit der Bezugskategorie verbunden werden.

Die Identifikation mit einer Gruppe führt weiterhin dazu, dass durch die Kriterien, welche die Zugehörigkeit zu einer sozialen Gruppe bestimmen, immer und unweigerlich eine Grenze zu all jenen gezogen wird, die nicht dieser Gruppe angehören, die also die Kriterien für die Zugehörigkeit nicht erfüllen. In vielen Situationen sind diese Kriterien sehr klar und unmissverständlich definiert, z. B. über Mitgliedschaften, Staatsangehörigkeit, religiöse Bekenntnisse, Vereinstrikots usw.; in anderen Fällen verlaufen die Grenzen unschärfer und diffuser. Dennoch lässt sich festhalten, dass immer dann, wenn sich eine Person als Teil *einer* sozialen Gruppe kategorisiert, zugleich alle anderen exkludiert sind, die nun als Fremde nicht dazu gehören. Diese Fremden bilden nicht zwangsläufig eine Art diffusen ‚Rest‘, sondern können nun wiederum auch unter bestimmten sozialen Kategorien als Gruppe klassifiziert werden, z. B. als Anhänger einer *anderen* Partei, Vertreter einer *anderen* Religion oder Fans eines *anderen* Fußballvereins. In den Situationen, in denen die entsprechende soziale Kategorie dann an Salienz gewinnt, werden stereotype Wahrnehmungen der Eigen- und der Fremdgruppe aktiviert. Hierdurch werden beide Gruppen als relativ homogen wahrgenommen und zugleich werden die Unterschiede zwischen Eigen- und Fremdgruppe stärker betont. Dies geht meist mit der Aufwertung der Eigen- und der Abwertung der Fremdgruppe einher (zum *intergroup bias* vgl. Hewstone, Rubin & Willis, 2002).

Das Streben nach positiver Distinktion

Eine weitere und vor allem für unsere Studie wesentliche Annahme der SIT besteht darin, dass Menschen nach positiver Distinktion streben – sie möchten sich positiv von anderen abheben. Das gilt für die personale Identität, also für die Frage was *ich* für besondere Fähigkeiten, Stärken und Charakterzüge habe, die mich von anderen positiv abheben, aber genauso auch für die soziale Identität. Je stärker die Identifikation, also die mentale Gleichsetzung von Selbst und einer sozialen Kategorie, desto mehr Selbstwertrelevanz hat diese: „the need for positive self-esteem should motivate a desire to evaluate that category positively" (Turner, 1982, S. 33). Menschen streben, so die leitende Annahme, nach positivem Selbstwert, und dieser wird auch aus der Gruppenzugehörigkeit abgeleitet (Turner, 1982, S. 33ff). Verfügt die Eigengruppe über besonders positive Eigenschaften, können Menschen aus der Gruppenzugehörigkeit Selbstwert schöpfen. Karolewski und Suszycki (2011, S. 45) sprechen hier von einem „self-esteem booster effect". Der Selbstwert einer Person ist also ein Stück weit angekoppelt an die Bewertung der sozialen Kategorien, mit denen sich die Person identifiziert. Hieraus ergibt sich einerseits eine Tendenz, die

Eigengruppe positiv verzerrt wahrzunehmen, d. h. ihr besondere Qualitäten und Tugenden zuzuschreiben, die allgemein als positiv bewertet werden. Andererseits suchen Menschen den Vergleich mit anderen (Fremd-)Gruppen. Die Eigengruppe soll *im Vergleich* zu den relevanten Fremdgruppen über möglichst positive Eigenschaften verfügen, z. B. besonders erfolgreich sein, besondere Integrität besitzen, über einen hohen Status oder über viel Macht verfügen.

Entscheidend dafür sind *soziale Vergleiche*, also Vergleiche mit Fremdgruppen, bei denen die Eigengruppe besser abschneidet, sodass sie als erfolgreich(er) wahrgenommen werden kann: „Positive social identity is based to a large extent on favorable comparisons that can be made between the in-group and some relevant out-groups: the in-group must be perceived as positively differentiated or distinct from the relevant out-groups" (Tajfel, 1982, S. 40). Allerdings kann die eigene Gruppe auch negative Assoziationen hervorrufen oder über unerwünschte Eigenschaften (im Vergleich zu Fremdgruppen) verfügen. In diesem Fall könnte auch der individuelle Selbstwert darunter leiden. In einem solchen Fall verfügen Personen über verschiedene Optionen (Turner, 1982, S. 34): Sie können einerseits versuchen, sofern das möglich ist, die Gruppe zu verlassen. Andererseits könnten sie sich weniger stark oder gar nicht mehr mit dieser Gruppe identifizieren, d. h. innerlich auf Distanz zu dieser Gruppe gehen. Als dritte Möglichkeit bliebe noch die Suche nach Vergleichsdimensionen, auf denen die eigene Gruppe besser abschneidet. Ein Fan einer Fußballmannschaft, die gerade eine besonders schlechte Saison spielt, könnte also z. B. versuchen, die Situation umzudeuten und möglicherweise auf den kleineren Etat des Klubs im Vergleich zu anderen Teams, die Fairness in der Spielweise oder die besondere Treue der Fans verweisen, um die schlechte Einordnung des Teams auf der Leistungsdimension zu kompensieren.[13]

„Wir haben gewonnen" – „sie haben verloren"

Oft entsteht aber auch eine Distanzierung von der Gruppe, sobald diese weniger erfolgreich abschneidet. Umgekehrt führt Erfolg auch zu stärkerer Identifikation. Diese beiden Mechanismen werden als „basking in refelected glory" (BIRG) und „cutting-off reflected failure" (CORF) bezeichnet. Das BIRG-Phänomen wurde zuerst in drei klassischen Experimenten von Cialdini und Kollegen (1976) untersucht: Sie konnten zeigen, dass Studierende US-amerikanischer Universitäten montags mit größerer Wahrscheinlichkeit in Kleidung mit Universitätsaufschrift und Universitätsemblem zur Vorlesung erschienen, wenn das Footballteam ihrer Universität

---

13 Grundsätzlich ist es mit der Bezugnahme auf die Social Identity Theory aber nicht gut erklärbar, weshalb z. B. die Anhänger eines dauerhaft erfolglosen Fußballvereins diesem dennoch über viele Jahre die Treue halten.

am Sonntag zuvor siegreich war. Der Erfolg des Teams steigert das expressive
Ausdrucksverhalten, mit dem sich die Studierenden im Glanz des Erfolgs sonnen,
auch wenn sie selbst an diesem Erfolg keinen Anteil hatten: „Students at our seven
monitored universities chose to wear school-of-attendance apparel after football
team victories in order to display their connection with the successful team and
thereby to enhance their esteem" (Cialdini et al., 1976, S. 369). Sollten die Studierenden in einem zweiten Teil der Studie über das Ergebnis des Footballspiels vom
letzten Wochenende berichten, sprachen sie eher in der Wir-Form, wenn das Team
erfolgreich abschnitt, hingegen eher in der Distanz erzeugenden Sie-Form, wenn
es eine Niederlage zu berichten gab. In der Sprache („Wir haben gewonnen", „sie
haben verloren") drückt sich also Identifikation und Distanzierung aus, und zwar in
Abhängigkeit vom Erfolg. Interessanterweise war diese Tendenz nochmals größer,
wenn die Probanden zuvor durch einen Interviewer eine negative Rückmeldung
über ihr eigenes Wissen erhalten hatten. Dieser Befund lässt sich so interpretieren,
dass Personen, deren Selbstwert bereits angekratzt ist – was man nach der negativen
Rückmeldung vielleicht unterstellen kann – besonders eifrig nach einem positiven
Bezugspunkt suchen, mit dem sie sich identifizieren und aus dem sie neuen bzw.
zusätzlichen Selbstwert ableiten können.

Umgekehrt tendieren Menschen dazu, sich von sozialen Gruppen zu distanzieren,
die unattraktive Eigenschaften aufweisen, z. B. wenig erfolgreichen Arbeitsteams
(Snyder et al., 1986), politischen Parteien und ihren Kandidaten nach einer verlorenen Wahl (Miller, 2009) oder eben auch von unterlegenen Sportteams (Bernache-Assolant et al., 2010; Boen et al., 2002). Neben dem Abwenden vom *aktuell*
unterlegenen Team („cutting off reflected failure") unterscheiden Wann und Kollegen
(1995) noch einen zweiten Mechanismus: So distanzieren sich Personen bereits
dann stärker mit einer sozialen Gruppe, wenn sie erwarten, dass diese *in Zukunft*
nicht mehr so positiv abschneiden wird, wie dies aktuell der Fall ist („cutting off
future failure"). Beide Strategien ergänzen die Perspektive der sozialen Identität,
indem sie deutlich machen, dass auch der Selbstwertschutz (durch Distanzierung
von Gruppen) und nicht nur die Selbstwerterhöhung ein Einflussfaktor ist, um die
Stärke der Identifikation mit einer Gruppe zu erklären.

Nationensport und die Nation als Identifikationsobjekte

Es liegt nahe, dass der Sport ein besonders geeignetes Feld für soziale Vergleiche
darstellt und insbesondere durch den Nationensport der Vergleich zwischen eige-
ner Nation und fremden Nationen auf die Spitze getrieben wird. Fast nirgendwo
sonst ist so klar und unzweifelhaft ablesbar, wer gewonnen und verloren hat, wie
im Hochleistungssport. Und dass der Kampf um den Sieg die Zwecksetzung bzw.
Sinndimension des Wettkampfsports ist, bestreitet auch niemand ernsthaft. Hierin

unterscheidet sich der Sport von anderen gesellschaftlichen Handlungssphären: Vergleiche zwischen Gruppen jenseits des Sports sind oft weniger eindeutig, weil die Kriterien diffus sind, die das Prestige einer Gruppe bestimmen. So werden sich viele Wähler nach einer Wahlschlappe nicht gleich von einer Partei distanzieren, solange sie davon überzeugt sind, dass die Ziele und Werte der Partei richtig und wünschenswert sind. Auch in anderen gesellschaftlichen Domänen, in Arbeitsteams, religiösen Gruppen, sozialen Milieus, Fanszenen im Bereich Musik usw., sind die relevanten Vergleichsdimensionen als auch die Erfolgskriterien nicht eindeutig, so dass viel Interpretationsspielraum bleibt, um jene positiven Qualitäten zu definieren, durch die sich die Eigengruppe von den ‚anderen' positiv abhebt. Im Sport ist es schwieriger und erfordert ein höheres Maß an Kreativität, die Niederlage eines unterlegenen Teams so umzudeuten, dass man diesem dennoch einen höheren Status und ‚bessere' Eigenschaften zuschreiben kann.

Ob ein Sieg der Fußballnationalmannschaft oder die Rangfolge im Medaillenspiegel bei Olympischen Spielen, der internationale Sport lebt von der Konkurrenz der Nationen, macht sportliche Leistungsunterschiede sichtbar, die sich in einer Rangfolge niederschlagen. Und trotz der Tatsache, dass die Sportlerinnen und Sportler des eigenen Landes bei internationalen Sportereignissen nicht durchweg gewinnen, werden Zuschauerinnen und Zuschauer medial in der Regel vor allem mit nationalen Erfolgsgeschichten versorgt, was wiederum an der selektiven Berichterstattung liegt – man denke z. B. an die Olympischen Spiele, wo sich die nationale Berichterstattung auf die aussichtsreichsten Wettbewerbe jeweils aus Sicht der eigenen Nation fokussiert. Insofern produziert der Spitzensport relativ beständig Narrationen nationaler Überlegenheit und Dominanz. Ganz besonders dramatische und eindrucksvolle Erfolge finden dabei mitunter den Weg ins kollektive Gedächtnis der Nation, werden zu Legenden und Mythen idealisiert. In Deutschland gehört ganz sicher der Erfolg bei der Fußballweltmeisterschaft 1954, das „Wunder von Bern", zu dieser Kategorie von Ereignissen. Bis heute ranken sich zahlreiche Anekdoten um diese WM – ein Stoff, der in Büchern, Autobiographien, Dokumentarfilmen, Spielfilmen und einem Musical verarbeitet wurde (vgl. im Überblick Jordan, 2005), die nicht dazu dienen sollen, das Ereignis historisch aufzuarbeiten, sondern dieses als bedeutenden Punkt deutscher Identitätsbildung und oft mit erkennbarem nationalen Pathos zu verewigen: als symbolische Geburtsstunde der Bundesrepublik, die ein Gefühl des „Wir sind wieder wer" auslöste (Blecking, 2015). Begleitfilme zur Fußball-WM 2006 („Deutschland – ein Sommermärchen") oder zum WM-Titelgewinn 2014 („Die Mannschaft") können ebenfalls als Beispiele angeführt werden, wie herausragende Ereignisse und sportliche Erfolge stilisiert und mit Bedeutung versehen als Erfolgsgeschichten für die Nachwelt konserviert werden.

Dabei steht nicht nur der Erfolg per se im Mittelpunkt, sondern auch eine spezifische Deutung über das Zustandekommen dieses Erfolgs: Am Beispiel der TV-Vorberichte vor den Spielen der FIFA Weltmeisterschaft 2006 in Deutschland hat Sven Ismer (2016) diese feinen Nuancen in einer qualitativen Analyse herausgearbeitet: Beispielsweise werden in Bezug auf die deutsche Mannschaft immer wieder Werte wie Teamgeist und mannschaftliche Geschlossenheit erwähnt, wo alle „Arm in Arm" für ein gemeinschaftliches Ziel einstünden und sich jeder Einzelne „heimlich, still und leise" in den Dienst der Mannschaft stelle (Ismer, 2016, S. 233 und 320ff). Andere Teams werden hingegen eher als zerstritten und ihre Spieler als exzentrische Stars porträtiert, so dass gerade im Kontrast hierzu, die an ‚die Deutschen' gerichteten Attribute als besonders positiv hervortreten. Vor dem WM-Viertelfinale der deutschen Mannschaft gegen Argentinien wurden z. B. Franz Beckenbauer und Diego Maradona als Repräsentanten ihrer Nation in einem kurzen Einspielfilm inszeniert. Der erste, Beckenbauer, wurde hierbei als vorbildhafte, würdevolle, fast übermenschliche „Lichtgestalt" und „Kaiser" mit natürlicher Autorität dargestellt; der zweite, Maradona, hingegen als charakterlich wenig integrer, wankelmütiger Lebemann in Szene gesetzt, der durch Alkohol- und Drogenexzesse auffällt und ein ums andere Mal mit dem Gesetz in Konflikt kommt (Ismer, 2016, S. 279ff). Letztlich erfüllen solche Clips die Funktion, spezifische Werte und Charakterzüge an zwei Einzelpersonen zu illustrieren, die zugleich als Merkmale einer Nation inszeniert werden, für die die ausgewählten Protagonisten ja stehen sollen.

Im Fußball steht in der Regel die Erzählung über Kameradschaft und mannschaftliche Geschlossenheit – die sprichwörtlichen elf Freunde – im Mittelpunkt, aber auch in anderen Sportarten und auch in den Live-Kommentierungen während des Wettkampfes sind entsprechende Verweise auf Werte und Tugenden weit verbreitet. Empirische Analysen der Arbeitsgruppe um Andrew Billings zeigen, dass die den ‚eigenen' und den ‚anderen' Sportlerinnen und Sportlern im Kommentar zugewiesenen Attribute sich signifikant unterscheiden. Dies wurde sowohl für das US- als auch das kanadische Fernsehen belegt. Zum Beispiel wurden bei den Winterspielen 2014 im kanadischen CBC die Erfolge kanadischer Athletinnen und Athleten überproportional häufig mit „Intelligenz" und „Einsatz", die Erfolge ausländischer Sportlerinnen und Sportler besonders häufig mit „physischer Stärke" in Verbindung gebracht (Angelini et al., 2017). In früheren Studien der Arbeitsgruppe wurden ganz ähnliche Tendenzen und Zuschreibungen im US-Fernsehen identifiziert, z. B. in der Berichterstattung über die Olympischen Sommerspiele in Athen 2004 (Billings & Angelini, 2007) und London 2012 (Billings et al., 2014) oder die Winterspiele in Vancouver 2010 (Angelini, Billings & MacArthur, 2012). Die Erfolge der US-Amerikaner wurden im Vergleich zu Nicht-Amerikanern fast jedes Mal besonders häufig auf Intelligenz und Cleverness, Konzentration und Hingabe zurückgeführt, aber seltener simpel als Ergebnis körperlicher Merkmale, wie z. B. größerer Kraft, angesehen. Der medial aufbereitete Spitzensport zeichnet sich also durch besondere Deutungen von Leistungen und Erfolgen aus, die bei den Repräsentanten der eigenen Nation besonders positive (Charakter-)Eigenschaften und ‚innere‘ Haltungen unterstellen, die als ausschlaggebend für den sportlichen Erfolg interpretiert werden. Durch diese positiven Wertungen und Deutungen wird die sportliche Erfolgsgeschichte, die sich in Platzierungen und Medaillen abbildet, mit zusätzlichen positiven Qualitäten angereichert, mit denen Zuschauerinnen und Zuschauer sich identifizieren können.

Der sozialpsychologische Ansatz geht, kurz zusammengefasst, also davon aus, dass Menschen sich als zu Gruppen zugehörig kategorisieren und sich mit diesen Gruppen identifizieren, d. h. sie ihrer Gruppenzugehörigkeit einen affektiven und evaluativen Wert beimessen. Die Suche nach positiver sozialer Distinktion führt dazu, dass soziale Vergleiche angestellt werden, die die eigene Gruppe im Vergleich zu Fremdgruppen ins rechte Licht rücken sollen. Der Sport bietet zahlreiche eindeutige Vergleichsoptionen und durch die national gefärbte Selektion *bestimmter* Sportereignisse bekommen die Zuschauerinnen und Zuschauer in der Regel mehr nationale Erfolgsgeschichten als Misserfolgsgeschichten präsentiert. Sport verleiht der Kategorie Nation insofern Positivität und Prestige: Wenn ‚wir‘ Erfolge erkämpfen, Tore schießen oder im Medaillenranking vorne platziert sind, können Fans „basking in reflected glory" praktizieren: Die Bindungen an die Sportlerinnen und Sportler, aber auch an die Nation, die sie repräsentieren, sollten dann ansteigen. Zugleich werden die Leistungen der eigenen Nation mit positiven Attributen versehen: Sie basieren auf außergewöhnlichem Fleiß, großem Kampfgeist, besonderer Leidenschaft, nicht ‚einfach nur‘ auf physischer Stärke. Dies alles verleiht der eigenen nationalen Kategorie Wert und Bedeutung, ermöglicht positive Distinktion, erzeugt Stolz und erhöht – wie nun anzunehmen ist – bei Vielen zugleich die Identifikation mit der Nation.

3.3   Die affektive Aufladung der Nation und ihrer Symbole

Während sich die vorherigen Teilkapitel dem ‚banalen‘ Nationalismus in der Sportberichterstattung sowie sportlichem Erfolg als Nährboden für Nationalstolz gewidmet haben, bezieht sich dieser Abschnitt auf eine weitere Facette des Spitzensports, nämlich seine Dramatik und die damit verbundenen Potenziale, starke Emotionen aufseiten der Zuschauerinnen und Zuschauer zu erzeugen. Sport besitzt ein ungemein großes Potenzial, Emotionen auszulösen und einen vornehmlich emotionalen Erlebniswert für das Publikum.[14] Und diese als angenehm reflektierten Spannungs- und Erregungszustände, die sich beim Sportkonsum oft einstellen, ziehen ein Millionenpublikum sowohl in die Stadien als auch vor die Fernsehschirme. Die dem Spitzensport immanente Dramaturgie ergibt sich aus der Zuspitzung auf Sieg und Niederlage. Diese Dramaturgie wird allerdings durch die mediale Inszenierung in der Regel nicht nur aufgegriffen, sondern nochmals besonders betont und verstärkt. In diesem Abschnitt werden wir deshalb argumentieren, dass kollektive Emotionen, die ihren Ursprung im sportlichen Wettbewerb, aber auch in einrahmenden Ritualen und medialen Inszenierungsweisen haben, *affektive* Bindungen an den Nationalstaat und an die Symbole des Nationalstaats generieren können. Wir knüpfen hierbei an klassische soziologische Theoriestränge von Emile Durkheim und Randall Collins sowie an empirische Forschungsbefunde an, die jeweils den Zusammenhang von kollektiven Emotionen und der Gemeinschaftsbindung betonen.

Das Gefühl der Verbundenheit zur Nation

Seinem Konzept des banalen, in die alltäglichen Routinen eingelassenen Nationalismus stellt Michael Billig den „hot nationalism" gegenüber (Billig, 1995, S. 43), womit er leidenschaftliche, emotionale nationalistische Ausbrüche meint, wie sie z. B. am extremsten in Kriegszeiten, in nationalistischen Bewegungen, an Nationalfeiertagen, bei Krönungszeremonien in Monarchien oder eben auch bei bedeutenden internationalen Sportereignissen vorkommen. Dabei handelt es sich um außergewöhnliche Momente, die wohl auch das Potenzial hätten, um dauerhaft eine Identifikation mit dem Nationalstaat zu erzeugen. Der Fortbestand des Nationalstaat wäre dann weniger gegründet auf den banalen Gewohnheiten und Ideologien, die weiter vorn beschrieben wurden, sondern eher auf dramatischen Emotionen: „A dramatic psychology of emotions, rather than a banal psychology of routines, might be evoked to explain identity in nation-states" (Billig, 1995, S. 44). Allerdings würden diese dramatischen, heißen Aufwallungen nationalistischer Gefühle zu selten vorkommen: „brief moments of nationalist emotion punctuate longer periods of settled calm, during which nationalism seems to disappear from sight" (Billig, 1995, S. 45). Gleichwohl erkennt Billig im gleichen Abschnitt die

---

14 Heinemann (1995, S. 178) stellt zum Erlebniswert des Spitzensports grundlegend fest: „Die Attraktivität des Wettkampfsports liegt in der Unsicherheit des Ergebnisses, ja man kann sagen, daß die Produkte, die im Wettkampfsport erzeugt werden, Unsicherheit und Spannung sind." Wir kommen darauf im empirischen Teil noch einmal zurück, wenn wir das Emotionserleben bei den Live-Übertragungen der EM-Spiele analysieren.

Funktionalität dieser seltenen Ereignisse und spricht davon, dass sie als „carnivals of surplus emotion" von den Menschen intensiv miterlebt werden, für längere Zeit für Gesprächsstoff sorgen und später besonders erinnert werden.

Michael Skey hat diese Idee weitergeführt und hierfür den Begriff „ecstatic nationalism" geprägt, der sich auf besondere Ereignisse bezieht, die dafür gemacht oder dafür genutzt werden, die Nation öffentlich zu ehren, zu feiern oder darzustellen (Skey, 2006). Für ihn sind solche besonderen Ereignisse aus mehreren Gründen bedeutsam: Erstens wird die Idee der Nation und die mit ihr verbundene imaginierte Gemeinschaft zu solchen Ereignissen *erlebbar*. Die abstrakte und hintergründige Vorstellung der Nation wird dann zu etwas Vordergründigem und Konkretem. Sie manifestiert sich in den Diskursen, Handlungen und Imaginationen, die sich rund um das entsprechende Ereignis drehen. Damit wird die Nation zweitens auch ein Stück weit reflektierbar, zumindest in dem Sinne, dass die mit ihr assoziierten Bedeutungen und Werte expliziert, betont und nachgezeichnet, ggf. aber auch in Frage gestellt werden können. Der banale Nationalismus ist auf solche Events und die von ihnen ausgelösten Gefühle und mit ihnen verbundenen Bedeutungen und Erinnerungen angewiesen, denn nur durch diese Ereignisse wird die Nation zu einer „concrete community that can be seen, heard and idealized" (Skey, 2006, S. 148).

Wenngleich diese Ereignisse selten sein mögen, sind sie doch wesentlich, um die Grundlagen der Identifikation der Menschen mit dem Nationalstaat besser zu verstehen. Wie wir weiter vorn bereits beschrieben haben, setzt Identifikation mehr voraus als nur das Wissen, zu einer bestimmten Kategorie dazu zu gehören, nämlich u. a. auch eine affektive Komponente: eine emotionale Bindung an die Nation und ihre Symbole, die den Nationalismus überhaupt erst wirkmächtig werden lässt. Insofern muss es Anlässe geben, zu denen die Nation als Kategorie affektiv und normativ ‚aufgeladen' wird. Eine Identifikation mit dem Nationalstaat kann zwar auch, wie es das Konzept der Staatsnation beschreibt, durch die Verfassung gefördert werden, die den Staatsbürgern Freiheits- und Grundrechte einräumt und so unter den Bürgern formale Gleichheit herstellt (Lepsius, 1982). Ein „nobler, distanzierter Verfassungspatriotismus", der die im Grundgesetzt verankerte Werte in den Mittelpunkt rückt, bleibe aber „erlebnisarm" (von Beyme, 1998, S. 67) und habe deshalb nur begrenzte Integrationspotenziale.[15] Erst durch emotional aufgeladene Ereignisse wird die Nation als Gemeinschaft unmittelbar erlebt. Solche Ereignisse,

---

15 Bei Gellner findet sich eine ähnliche Anmerkung, die ein Spannungsverhältnis konstatiert zwischen der Idee des Liberalismus, der universale Rechte für alle Individuen fokussiert, dadurch aber rational und kühl anmutet, und einem affektiv getönten Nationalismus, der partikular auf die eigene Nation gerichtet ist. Dieses Spannungsverhältnis könne man deshalb verstehen als „a tug of war between reason and passion" (Gellner, 1971, S. 149).

die ein Verbundenheitsgefühl hervorrufen, können äußere Bedrohungen sein, die Solidarität erzeugen (z. B. das „Jahrhunderthochwasser" der Elbe 2002), offizielle Festakte (etwa am Tag der Deutschen Einheit), aber selbstverständlich auch sportliche Spitzenleistungen. Herausragende Sportereignisse, ob das „Wunder von Bern" oder das „Sommermärchen", finden ihren Platz im kollektiven Gedächtnis der Nation. Aber auch weniger herausragende Sportereignisse können solche emotionalen Bindungen an die Nation erzeugen oder (re)aktivieren.

Rituale, kollektive Emotionen und soziale Bindungen

Die These, dass starke gemeinschaftlich erlebte Emotionen für die Erzeugung und Verstärkung kollektiver Bindungen ausschlaggebend sind, findet sich bereits bei den Klassikern soziologischer Theoriebildung. So argumentiert etwa Durkheim (1912/1981) in seinen religionssoziologischen Schriften, dass durch gemeinschaftlich ausgeführte Rituale kollektive Erregungszustände in einer Gruppe ausgelöst werden, die so stark sind, dass der alltägliche Bewusstseinszustand transzendiert wird und der einzelne Mensch vollständig in der Gruppe aufgeht. Diese außeralltäglichen kollektiven Emotionen übersteigen die gewöhnliche Erfahrungswelt der Individuen, sind Grundlage (quasi-)religiöser Gefühle und führen dazu, dass die Gruppe selbst und die Symbole, die die Gruppe repräsentieren, dem Bereich des Sakralen zugeordnet werden. Durch diese kollektiven Erregungszustände wird somit letztlich sozialer Zusammenhalt produziert, da die Gemeinschaft, die im Alltag abstrakt und unkonkret bleiben muss, in der kollektiven Emotion des Rituals erfahrbar wird. Die Gemeinschaftssymbole wiederum – etwa Totems oder Kruzifixe in religiösen Kontexten, Trikots, Wappen und Schals im Vereinsfußball, Flaggen im modernen Nationalstaat –, welche im Ritual affektiv aufgeladen werden, werden nicht nur zu Trägern von Bedeutungen, sondern auch von Emotionen. Sie bewahren die kollektiven Emotionen über das außeralltägliche Ritual bzw. Ereignis hinaus; die kollektiven Emotionen heften sich förmlich an sie an. Durkheim hat allgemeiner beschrieben, wie sich Gefühle auf ‚Dinge' übertragen, die dadurch zu Symbolen werden. Erst durch diese Übertragung können die erlebten Gefühle überdauern, denn dann werden sie durch die Präsenz dieser Symbole und Zeichen wachgehalten. Das Symbol wird dann „geliebt, gefürchtet und geachtet; ihm ist man dankbar; ihm opfert man sich" (Durkheim, 1981, S. 302). Das Symbol selbst wird also zum Repräsentanten der Gemeinschaft und zur Erinnerung an die eigene Hingabe der Gemeinschaft gegenüber.

Auch wenn Durkheim seine Einsichten primär aus einer Analyse der religiösen Riten in vorindustriellen Gesellschaften gewann, so lässt sich die Argumentation doch auch auf das Phänomen des modernen Nationalismus übertragen, wie es Durkheim selbst explizit in einem Beispiel tut: Die Nationalfahne, für die ein

Soldat zu sterben bereit ist, ist nicht nur abstraktes Symbol, sondern das konkrete Objekt, an dem die Idee der Nation und ihre affektive Aufladung greifbar wird (Durkheim, 1981, S. 302). In der zeitgenössischen soziologischen Debatte finden sich ähnliche Analysen in prominentester Weise bei Randall Collins (2004), der die Rahmungen und Effekte von Interaktionsritualen beschreibt. Laut Collins sind es die physische Co-Präsenz der Beteiligten, der gemeinsame und geteilte Fokus der Aufmerksamkeit und die kollektiven Emotionen, die während eines Rituals erlebt und durch das Ritual wechselseitig verstärkt werden, die zu Gruppensolidarität und zur Aufladung von Gruppensymbolen mit starken Affekten und bedeutsamen Werten beitragen. Diese Symbole werden in der Folge von Gruppenmitgliedern wertgeschätzt und mitunter gegen die Missachtung durch Außenstehende, aber insbesondere durch als verräterisch wahrgenommene abtrünnige Gruppenmitglieder, verteidigt (Collins, 2004, S. 49).[16]

Collins und Durkheims Theorien zum Zusammenhang zwischen Ritualen, kollektiven Emotionen und Bindung an die Gemeinschaft lassen sich auch durch eine Reihe aktueller Forschungsberichte plausibilisieren. So lässt sich mittels korrelativer, longitudinaler und experimenteller Studien zeigen, dass die Teilnahme an politischen Demonstrationen und folkloristischen Prozessionen die Identifikation Einzelner mit der Gruppe stärkt, dabei aber die „emotionale Synchronität" – d. h. das Fühlen von Gruppenemotionen („We felt a strong, shared emotion") und der Eindruck, in den Emotionen der Gruppe aufzugehen („We all acted as if we were one person") – diesen Effekt entscheidend beeinflusst (Páez et al., 2015). Je stärker die Teilnehmer und Teilnehmerinnen eine emotionale Ansteckung und ihre Teilhabe an kollektiven Gefühlszuständen einschätzten, umso stärker bekannten sie sich im Anschluss zur Gemeinschaft und zu den Werten der Gruppe. In einer ähnlichen Studie konnte darüber hinaus am Beispiel von Sportteams gezeigt werden, dass die gefühlte Synchronität in der Gruppe auch für die Einschätzung der kollektiven Handlungsfähigkeit der Gruppe bedeutsam ist (Zumeta et al., 2016). So glauben die

---

16 Der bereits erwähnte öffentliche Konflikt um die afroamerikanischen Footballspieler, die sich während des Abspielens der amerikanischen Nationalhymne nicht erhoben, mag als idealtypisches Exempel für dieses Phänomen gelten: Die Nichtbeteiligung am kollektiven Ritual des Singens der Nationalhymne wurde von Politik und Medien als Respektlosigkeit gegenüber Hymne, Flagge und damit der Nation insgesamt wahrgenommen und machte die protestierenden Spieler gleichsam zu Geächteten und Verrätern. Die emotionale Aufladung der Symbole der Nation etwa durch wiederholtes rituelles Singen der Hymne kann damit nach Collins und Durkheim sowohl die Gruppensolidarität derer, die sich am nationalen Ritus beteiligen, erklären, als auch die emotionale Vehemenz mit der die sich verweigernden Spieler als Nicht-Dazugehörige und Außenseiter markiert wurden.

Mitglieder von Sportteams eher daran, als Gruppe bessere Leistungen erbringen zu können und mehr Widerstände überwinden zu können, wenn sie ein hohes Maß an emotionaler Synchronität in der Gruppe erleben.

Die affektive Aufladung der Nation im medial vermittelten Spitzensport

Collins (2004, S. 59) selbst konstatiert, dass der Zuschauersport einer der sozialen Bereiche ist, in denen sich die Macht kollektiver Emotionen und die aus ihnen folgende Gruppensolidarität quasi in Reinform beobachten lassen. Denn strenggenommen ergibt sich eine Fangemeinschaft ausschließlich aus der affektiven Bindung an eine Mannschaft und den starken Emotionen, die beim Mitfiebern mit den Sportlern erlebt werden. Anders als in anderen gesellschaftlichen Sphären, in denen Mitgliedschaft in einer Gemeinschaft anhand objektiver Faktoren festgemacht werden kann, *konstituiert* beim Zuschauersport das kollektive und emotional aufgeladene Ritual die Gemeinschaft der Fans. Im Falle der Fans von Profiteams ist diese Annahme durchaus plausibel. Erst durch gemeinsam erlebte Emotionen stellt sich hier Solidarität mit den anderen Fans des eigenen Lieblingsvereins ein; ohne das gemeinschaftliche Mitfiebern im Stadion (oder z. B. in Sportbars oder Biergärten) existiert keine Fangemeinschaft, derer man sich zugehörig fühlen kann.

Im Kontext des internationalen Nationensports ist dieser Zusammenhang jedoch noch etwas komplexer. Zum einen ist das Bezugsobjekt für die Gefühle der Verbundenheit keine Mannschaft und keine konkrete Gruppe von Fans, sondern die Nation, was voraussetzt, dass die Sportlerinnen und Sportler vor allem als Repräsentation dieser Nation wahrgenommen werden und die Zuschauerinnen und Zuschauer die Emotionen und die daraus resultierende Solidarität und Bindung auf die abstrakte Idee der Nation (und eben nicht nur die konkreten Sportlerinnen und Sportler) projizieren. Das heißt, hierbei wird eine keinesfalls selbstverständliche Transferleistung mitgedacht. Zum anderen erleben die meisten Zuschauerinnen und Zuschauer solche Sportereignisse nicht live vor Ort im Stadion, sondern medial vermittelt vor dem Fernsehschirm, so dass einige der von Collins beschriebenen ‚Zutaten‘ des Interaktionsrituals ganz sicher fehlen. Gleichwohl gehen wir davon aus, dass dies durch mediale Darstellungs- und Inszenierungsformen, die Emotionen wecken und verstärken dürften, weitgehend kompensiert werden kann.

In ihrer Theorie der *„media events"* wenden sich Dayan und Katz (2009) genau diesem Phänomen der medialen Vermittlung von solchen außergewöhnlichen Ereignissen zu, die gerade in ihrer medialen Inszenierung die Qualität eines kollektiven Rituals erlangen. Neben quasi historischen Anlässen, wie z. B. der Beisetzung von John F. Kennedy oder der Hochzeit von Prinz Charles und Lady Diana, nennen die Autoren explizit internationale Sportwettbewerbe, wie die olympischen Spiele, als Beispiele für solche medialen Events. Sie gehen davon aus, dass das Erleben des Events am Bildschirm eine einzigartige (und neuartige) Form des kollektiven Rituals darstellt. Zwar unterscheidet sich die Erlebensqualität beim Mitverfolgen dieser Ereignisse vor dem Fernsehbildschirm von der Erlebensqualität beim live Dabeisein, gleichwohl ist diese nicht minder wirkmächtig. In ihrer Gestalt und ihren Folgen ähneln *„media events"* durchaus den von Durkheim beschriebenen religiösen Riten. Sie unterbrechen den alltäglichen Rhythmus des Lebens und fokussieren die individuelle und kollektive Aufmerksamkeit auf das gleiche Ereignis, das als bedeutend oder historisch angesehen wird. Nicht selten berichten mehrere Medien gleichzeitig live über dieses Ereignis, entsprechend groß ist dessen mediale Reichweite. Die Berichte sind – auch dank der dem Ereignis zugeschriebenen Bedeutung – oft emotional getönt und gerahmt, so dass sie die Menschen affizieren, sei es bei der Mondlandung, dem Papstbesuch oder dem WM-Finale im Fußball. Durch diese Eigenschaften erzeugen bzw. verstärken diese seltenen Events, verschiedene Formen von Sozialität, Gemeinschaftssinn und Zugehörigkeit:

> "The event creates an upsurge of fellow feeling, an epidemic of communitas. Family ties and friendships are reactivated. People telephone and visit each other to comment on the event; they make plans to view together. As in religious celebrations (or quasi-religious celebrations such as Thanksgiving), parties are organized, reuniting families, friends, and neighbors" (Dayan & Katz, 2009, S. 196).

Über unmittelbare Gemeinschaften hinausgehend, verstärkt ein mediales Event aber auch die Solidarität mit der Gesamtgesellschaft und offeriert und verstärkt Identifikationsangebote – in der Regel mit dem Nationalstaat. Und ähnlich wie kollektive Rituale laut Durkheim die Gemeinschaft und ihre Symbole mit Bedeutungen und symbolischer Macht aufladen, so übertragen mediale Events einen bestimmten Status und ein bestimmtes Image auf die Protagonisten und Institutionen, die in ihrem Zentrum stehen. Die mediale Inszenierung dieser Ereignisse verankert diese Akteure und Institutionen so auf eine bestimmte Weise im individuellen Gedächtnis der Zuschauerinnen und Zuschauern als auch im kollektiven Gedächtnis der Nation.

> "Media events endow collective memory not only with a substance but with a frame: they are mnemonics for organizing personal and historical time. To members of the same generation, media events provide shared reference points, the sense of a common past, bridges between personal and collective history. People who watched the moon landing can still tell you where they were and what they were doing when the broadcast took place. Olympics viewers associate events in their lives with different Olympic Games" (Dayan & Katz, 2009, S. 211).

Im Kontext des Spitzensportes in Deutschland mögen Final- und Ausscheidungsspiele der deutschen Fußballnationalmannschaft als Beispiele für dieses Phänomen gelten; weite Teile der deutschen Bevölkerung werden sich wohl daran erinnern, wo, wie und mit wem sie etwa die Halbfinalniederlage des deutschen Teams gegen Italien bei der Weltmeisterschaft 2006 in Deutschland, den 7:1 Halbfinal-Sieg über Gastgeber Brasilien bei der WM 2014 oder das entscheidende Tor in der Verlängerung des darauffolgenden Finales erlebt haben – und, was für die Argumentation hier entscheidend ist – wie sie sich dabei *gefühlt* haben.[17]

Zur immanenten Dramaturgie des Sports gesellt sich in der Regel eine Inszenierungsweise, die gezielt eine Emotionalisierung anstrebt. Dies spielt nicht nur bei medialen Events eine Rolle, sondern in jeder ‚normalen‘ Sportübertragung und findet sich auch in anderen Fernsehformaten. Die Ergebnisse zum Emotionserleben, die kommunikationswissenschaftliche Studien bei der Untersuchung anderer Sendeformate hervorgebracht haben, lassen sich gut auf die Live-Berichte über Spitzensportereignisse übertragen. Das Erleben von Emotionen als Folge davon, was medial repräsentierten Personen widerfährt, kann als Folge von Empathie und dem Aufbau „parasozialer“ Beziehungen verstanden werden. Das Publikum begibt sich in quasi-soziale Beziehungen zu Charakteren, welche nur medial und nicht persönlich bekannt sind. Es „hofft, bangt und leidet mit den realen oder fiktiven Personen", die als moralisch integer und sympathisch angesehen werden und empfindet Freude, wenn jenen Protagonisten Positives widerfährt (Bartsch, 2014, S. 212). Dieser Zusammenhang ist nicht nur für fiktionale Medienformate dokumentiert, sondern auch in einigen wenigen Studien, die sich mit Sportübertragungen befassen (Zillmann, Bryant & Sapolksy, 1989). Zentral für den Aufbau solcher affektiven Beziehungen zu den Protagonisten auf dem TV-Bildschirm ist die Personalisierung der Berichterstattung. Damit ist die Tendenz von Fernsehformaten gemeint, einzelne Akteure und ihre Schicksale sowie zwischenmenschliche Aspekte in den Vordergrund zu rücken (Winterhoff-Spurk, 2004). Über diese Prozesse wird Nähe zu den Protagonistinnen und Protagonisten hergestellt und „parasoziale“

---

17 Selbst die Weltmeisterschaft 1954 lässt sich als *„media event"* verstehen, auch wenn es damals kaum mehr als 40.000 Fernsehgeräte in Deutschland gab (Blecking, 2015). Die Art und Weise wie dieses Spiel *heute* erinnert wird, zeigt die Verquickung von Ereignis und medialer Vermittlung in direkter Weise auf. Denn im kollektiven Gedächtnis ist dieses Spiel selbst untrennbar mit dem Medium der Übertragung verbunden. Die Worte des Kommentators Herbert Zimmermann („aus dem Hintergrund müsste Rahn schießen – Tooooor!!! Tooooor!! Tooor! Tor für Deutschland" und später: „Aus, aus, aus, aus! Das Spiel ist aus! Deutschland ist Weltmeister") sind im kollektiven Gedächtnis synonym mit dem Ereignis selbst – und der Mehrheit wird dieser hochemotionale Kommentar geläufiger sein als etwa Spielverlauf oder Ergebnis des Finales. Zugleich ist die Erinnerung an den WM-Sieg 1954 ein Lehrbuchbeispiel dafür, wie ein Sportereignis symbolisch mit Bedeutung versehen wurde und als „Mythos" in der Gegenwart fortbesteht.

Beziehungen werden ermöglicht. Diese Emotionalisierung von Medienprodukten wirkt sich auch auf die emotionale Involvierung von Zusehenden aus, was sich sowohl in Eigeneinschätzungen als auch in physiologischen Indikatoren niederschlägt (Sukalla et al., 2016). Mit anderen Worten: Widerfahren den Protagonistinnen oder Protagonisten eines medialen Produkts emotionale Schicksalsschläge und kann sich das Publikum zugleich mit diesen Personen oder Charakteren identifizieren, taucht es stärker in die Handlung ein und erfährt stärkere Emotionen. Über den Akt des unmittelbaren Mitfühlens hinaus haben Emotionen aufseiten der Zuschauer jedoch wichtige Folgen: Sie gelten als zentral dafür wie Medieninhalte verarbeitet, gespeichert und erinnert werden, und sie haben Einfluss auf Urteile, Meinungen und Einstellungen (Bilandzic et al., 2015). Diese Folgen lassen sich auch für internationale Sportübertragungen empirisch aufzeigen.

Emotionen und die Verbundenheit zur Nation: Empirische Befunde

Dass Nationensport und seine mediale Darstellung in der Lage sind, Emotionen gegenüber dem Nationalstaat zu entfachen und patriotische Einstellungen hervorzurufen oder zu verstärken, dafür liegen einige Anhaltspunkte in der jüngeren Forschungsliteratur vor. Zwei in Deutschland durchgeführte Längsschnittstudien haben Veränderungen im Patriotismus im Kontext von WM- und EM-Turnieren im Fußball untersucht. Auch wenn es sich um Studien mit eher kleinen Fallzahlen und nicht-repräsentativen Stichproben handelt, geben die Befunde eine erste Orientierung: Sie lassen sich als Anzeichen dafür deuten, dass das Emotionserleben bei internationalen Sportevents bei der Erzeugung von Zugehörigkeitsgefühlen zur Nation und bei der affektiven Aufladung von nationalen Symbolen eine wesentliche Rolle spielt.

Die Arbeitsgruppe um Christian von Scheve testete u. a. anhand einer Längsschnittstudie, ob die Fußballweltmeisterschaft 2010 Auswirkungen auf die Identifikation mit dem Nationalstaat hatte (von Scheve et al., 2014). Vor und nach der Fußball-WM wurden Teilnehmende zu ihren patriotischen Einstellungen und zu ihrer Bewertung nationaler Symbole befragt. Die Ergebnisse der Studie verweisen auf eine zentrale Rolle von Affekten: Denn einerseits zeigte sich, dass diejenigen, die sich bereits *vor* der Fußball-WM stärker mit dem Nationalstaat identifizierten und die Symbole der deutschen Nation positiver bewerteten, während des Turniers emotional stärker involviert waren als jene Personen, die Deutschland und seine Symbole weniger positiv beurteilt hatten. Andererseits strukturierte die affektive Involvierung während der WM jedoch die Identifikation mit dem Nationalstaat nach dem Turnier: Befragte, die die WM stärker emotional erlebt hatten, identifizierten sich im Anschluss wiederum stärker mit Deutschland und bewerteten nationale Symbole positiver. In einer Folgestudie während der Fußball-EM 2012 konnten in einem ähnlichen Design die Ergebnisse repliziert werden (von Scheve et al., 2017). Im Unterschied zur ersten Studie wurden die Daten hier in drei Ländern parallel erhoben: dem EM-Ausrichter Polen und den klassischen Fußballnationen Deutschland und England. Auch wenn die Fallzahlen zum Teil gering und die Stichproben nicht repräsentativ sind, zeigte sich, dass über alle Länder hinweg bei Befragten mit einer stärkeren emotionalen Involvierung in das EM-Turnier, die Identifikation mit der Nation anstieg – am stärksten bei den Menschen im Gastgeberland Polen. Interessant ist zudem, dass sich eine bestimmte Facette der nationalen Identifikation besonders stark im Verlauf des Turniers veränderte, nämlich das Verbundenheitsgefühl zu den Menschen des eigenen Landes. Ebenfalls zur Fußball-EM 2012 untersuchte Mutz (2013) mit Hilfe einer studentischen Stichprobe patriotische und nationalistische Einstellungen. Die Ergebnisse zeigen auch hier, dass das Anschauen der EM-Spiele der deutschen Mannschaft mit einem Anstieg von Patriotismus im Vergleich zu einem Zeitpunkt etwa vier Wochen vor Beginn des Turniers und einem geringen Zuwachs von Nationalismus verbunden ist. Diese Veränderungen traten allerdings nur in dem Fall auf, dass Befragte von positiven Emotionen und der Einbindung in kollektive Rituale (z. B. Sprechchöre, Singen der Nationalhymne) während der EM-Spiele berichteten.

   Hinweise auf den Zusammenhang von Zuschaueremotionen, Spitzensport und patriotischen Einstellungen lassen sich auch noch zwei weiteren Studien entnehmen: Die erste Studie prüfte, ob bereits eine *einzelne* Sportübertragung eine Wirkung auf die Identifikationen mit dem Nationalstaat entfalten kann (Mutz & Gerke, 2018). Hierbei wurde der Effekt eines einzelnen Spiels der deutschen Fußballnationalelf bei der WM 2014 untersucht. In einem Längsschnittdesign beantworteten die Teilnehmenden zuerst wenige Wochen vor Beginn der WM einen Fragebogen zu Patriotismus und Nationalismus, bevor sie etwa drei Wochen später gemeinsam als Gruppe das erste Gruppenspiel des deutschen Teams anschauten – einen 4:0 Sieg der DFB-Elf über Portugal. Im Anschluss an das Spiel gaben die Teilnehmenden nochmals ihre Zustimmung zu patriotischen und nationalistischen Aussagen an; zugleich beantworteten sie Fragen zu ihrem emotionalen Befinden während des Fußballspiels. Die Ergebnisse zeigten, dass es bei den Teilnehmenden, die während der TV-Übertragung stark emotional involviert waren, zu einem signifikanten Anstieg von Patriotismus im Vergleich zur Erstbefragung kam, nicht aber bei emotional unbeteiligten Personen. Daraus lässt sich schließen, dass sich Emotionen, die während des gemeinschaftlichen Zuschauens von einigen Personen (aber eben nicht von allen) erlebt wurden, verstärkend auf die Identifikation mit der ‚imaginierten Gemeinschaft' der Nation ausgewirkt haben.

   Noch klarer verdeutlicht eine experimentelle Studie die Bedeutung von Emotionen für die Bindung an die Nation, wobei hier die mediale Darstellungsweise in besonderer Weise fokussiert wurde (vgl. ebenfalls Mutz & Gerke, 2018). In dieser Untersuchung wurde getestet, inwieweit die Emotionalisierung der Berichterstattung über einen sportlichen Erfolg zusätzliche patriotische Gefühle aufseiten der Zuschauerinnen und Zuschauer auslösen kann. Die teilnehmenden Studierenden sahen, zufällig aufgeteilt in zwei Gruppen, die Aufzeichnung eines Kajak-Finals der Olympischen Sommerspiele 2016, welches vom deutschen Boot gewonnen wurde. Der ersten Gruppe wurde die Übertragung der ARD gezeigt, während die Vergleichsgruppe einen Mitschnitt des Rennens vom österreichischen Kanal ORF2 präsentiert bekam. Während Fernsehbilder, Verlauf und Ausgang des Rennens für beide Gruppen identisch waren, lag der entscheidende Unterschied zwischen beiden TV-Übertragungen in der Audio-Kommentierung: Der ARD-Kommentator präsentierte das Rennen wesentlich emotionaler und parteiischer. So feuerte er die deutschen Sportler an, nannte sie beim Vornamen, sprach über die emotionale Anspannung aufseiten ihrer Familien, und freute sich enthusiastisch über ihren Sieg. Der ORF-Kommentator hingegen begleitete den Wettkampf neutraler, sachlicher und ruhiger, lieferte sportliche Hintergrundinformationen über fast alle Wettbewerber und sprach über renntaktische und technische Aspekte des Sports.[18] Nach dem Anschauen der Übertragung füllten die Teilnehmenden einen Fragebogen zum emotionalen Befinden und zu ihrer Identifikation mit dem Nationalstaat aus. Hierbei zeigte sich, dass diejenigen, die das Rennen im deutschen Fernsehen emotional und parteiisch präsentiert bekamen, nicht nur angaben, stärker mitgefiebert zu haben, sondern sich auch stärker Deutschland zugehörig fühlten und mehr Patriotismus und Nationalismus angaben, als die Personen, die die weniger emotionale ORF2-Übertragung des Rennens angesehen hatten. Zudem wurde in der ARD-Gruppe signifikant stärker „Stolz" und „Freude" mit Deutschland assoziiert als bei den Teilnehmenden in der ORF2-Gruppe. Diese Ergebnisse deuten darauf hin, dass es vor allem die emotionale Einfärbung der Fernsehübertragung eines (erfolgreichen) sportlichen Wettkampfes und die beim Zuschauen erlebten Emotionen sind, die eine verstärkte Identifikation mit Deutschland auslösten. Nicht der sportliche Erfolg allein führt zu erhöhtem Nationalstolz, sondern der *emotional miterlebte* Erfolg.[19]

---

18 Das war sicher vor allem deshalb der Fall, weil kein österreichisches Boot im Finale am Start war.

19 Wenn im Falle der Fußballnationalmannschaft der Männer noch eingewendet werden könnte, dass das Mitfiebern der Zuschauer zumindest in Teilen darin begründet liegt, dass sie die Spieler durch ihre kontinuierliche mediale Präsenz kennen, so lässt sich dies im Falle des Kajak-Rennens nicht annehmen. Denn hierbei handelt es sich um eine mediale Randsportart und die Athleten dürften den wenigsten Deutschen bekannt gewesen sein. Insofern war es erst die mediale Inszenierung der Sportler als Vertreter

Insgesamt deutet sich damit an, dass ein erhöhtes Nationalbewusstsein nicht *nur* Folge davon ist, dass die Menschen während internationaler Fußballturniere in den Medien und im Alltag fast ununterbrochen den deutschen Nationalfarben und anderen nationalen Symbolen begegnen und sie damit kontinuierlich an ihre Zugehörigkeit zur nationalen Gemeinschaft erinnert werden. Stattdessen identifizierten sich diejenigen am stärksten mit Deutschland, die starke Emotionen während des Turniers erlebt hatten. Der internationale Spitzensport dürfte durch die ihm immanente Dramatik und seine hohe mediale Präsenz eine der wichtigsten Gelegenheiten für „ecstatic nationalism" (Skey, 2006) sein – durch ihn kann sich ein Massenpublikum als Teil der ‚imaginierten Gemeinschaft' *fühlen*, die sonst abstrakte und im Alltag im Hintergrund des Bewusstseins liegende Kategorie der Nation wird konkret *erlebbar*. Zusammengefasst lässt sich also konstatieren, dass vieles darauf hindeutet, dass – über den ‚banalen' Nationalismus hinaus – dem Emotionserleben beim Konsumieren von Spitzensport eine zentrale Rolle im Erzeugen von kollektiven Bindungen zukommt. Speziell zeigt sich, dass durch das Mitfiebern mit deutschen Athletinnen, Athleten und Teams beim gemeinsamen Anschauen von internationalen Sportevents die nationale Gemeinschaft affektiv besetzt und dadurch Gefühle der Gruppenzugehörigkeit sowie Patriotismus und Nationalismus (zumindest kurzfristig) verstärkt werden. Gleichwohl sind diese Befunde aber noch mit Vorsicht zu genießen, als sie auf kleinen Stichproben in der Regel von (Sport-)Studierenden basieren und nicht die Bevölkerung repräsentieren. Gerade bei jüngeren und sportlich besonders interessierten Personengruppen könnten Effekte des Sports auf Patriotismus und Nationalismus besonders stark ausfallen und überschätzt werden. Die nachfolgenden Analysen mit repräsentativen Daten stellen diese Erkenntnisse auf ein solideres Fundament.

---

der Nation, bei deren Rennen etwas für die Nation ‚auf dem Spiel steht', was die Zuschauerinnen und Zuschauern emotional involvierte, was sich dann wiederum auf das Konzept der Nation – in Form von stärkeren Zugehörigkeitsgefühlen und patriotischen Einstellungen – übertrug.

Zur Untersuchung

4

Einstellungen zum Nationalstaat vor, während und nach der in Frankreich ausgetragenen Fußball-EM: Hat sich in der deutschen Bevölkerung etwas verändert oder nicht?

Bildquelle: „Public Viewing Euro 2016 Paris" von Falco Ermert, lizensiert unter CC BY 2.0.

Repräsentativer Bevölkerungssurvey im Längsschnitt

Im Mittelpunkt der empirischen Untersuchung steht ein repräsentativer Bevölkerungssurvey, der in Kooperation mit Infratest dimap, einem der führenden Meinungsforschungsinstitute in Deutschland realisiert wurde. Der Survey wurde als CAWI-Befragung (*Computer Assisted Web Interviewing*) im Rahmen eines existierenden Online-Panels durchgeführt. Dies war insofern sinnvoll und geboten, weil online durchgeführte Studien im Vergleich zu telefonischen Surveys eine deutlich niedrigere Panelmortalität aufweisen. Das heißt, der Anteil der Personen, die zu

© Springer Fachmedien Wiesbaden GmbH, ein Teil von Springer Nature 2019
M. Mutz und M. Gerke, *Fußball und Nationalstolz in Deutschland*,
https://doi.org/10.1007/978-3-658-22386-1_4

späteren Erhebungswellen erreicht werden und an diesen teilnehmen, liegt höher, so dass es leichter ist, eine ausreichend große und (noch immer) repräsentative Panelstichprobe zu generieren. Die Befragten erhielten zu mehreren Zeitpunkten Einladungen zur Befragung per Email und konnten dann in einem vordefinierten Zeitfenster selbständig, anonym und online den Fragebogen ausfüllen. Der Fragebogen selbst konnte auf mehreren mobilen Endgeräten (PC, Tablet, Smartphone) abgerufen und ausgefüllt werden. Die ersten Befragungswellen waren auf eine Befragungszeit von rund 20 Minuten ausgerichtet, wobei das Ausfüllen des Fragebogens auch unterbrochen und zu einem späteren Zeitpunkt fortgesetzt werden konnte. Die Längsschnittstudie zielte darauf ab, die erwachsene Bevölkerung ab 18 Jahren zu repräsentieren.

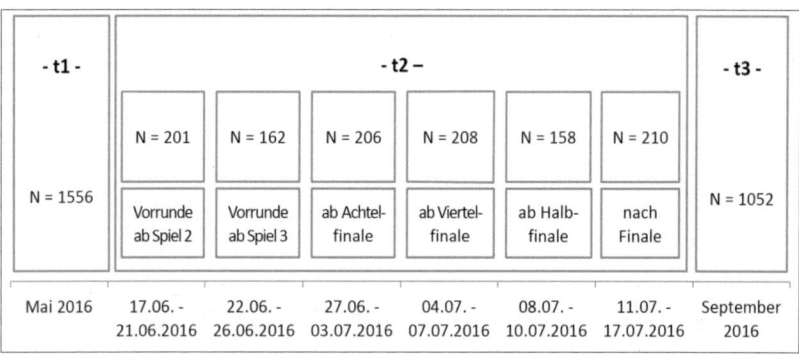

Abb. 4.1   Terminierung der Datenerhebung

Die Datenerhebung wurde über einen Zeitraum von Mai 2016 bis September 2016 angelegt und umfasste mehrere Erhebungszeitpunkte (s. Abbildung 4.1). Die erste Erhebung fand etwa einen Monat vor Beginn der Fußball-EM im Mai vom 09.05. bis 24.05.2016 statt (*t*1). Diese erste Befragung diente der Erhebung von Ausgangswerten, vor allem in den patriotischen und nationalistischen Einstellungen, um spätere Veränderungen abbilden und auf die Fußball-EM beziehen zu können. Die zweite Erhebung war für den Zeitraum der Fußball-EM 2016 bzw. die Woche direkt im Anschluss an die EM geplant und fand vom 17.06. bis 17.07.2016 statt (*t*2). Im Vergleich zu den Ausgangswerten wird hier der mögliche Effekt der Fußball-EM auf verschiedene Einstellungen erkennbar, insbesondere wenn die Personen, die die EM intensiver verfolgt haben, mit jenen verglichen werden, die eher wenig Interesse am Turnier hatten. Dabei wurde die Erhebung zu *t*2 auf verschiedene Zeitpunkte der EM gestreut, so dass manche Befragte noch während der Vorrunde, andere während der K.O.-Runde und wiederum andere direkt im Anschluss an die EM den Fragebogen erhielten. Dies wurde durch die Terminierung der Einladungs-mails sichergestellt. Zwei Monate nach dem Ende der Fußball-EM vom 19.09. bis 30.09.2016 wurde eine dritte und letzte Erhebung durchgeführt (t3). Diese fungiert als Kontrolle für die Nachhaltigkeit der möglichen Effekte auf die Einstellungen zur Nation und zum Nationalstaat.[20]

Ein nicht unerhebliches Risiko bestand in der genauen Terminierung der zweiten Erhebungswelle. Diese musste zwingend während der Fußball-EM durchgeführt werden, um den Einfluss der EM abbilden zu können. Zugleich geben einige der vorliegenden Arbeiten (z. B. Ahlheim & Heger, 2008; Mutz, 2013) vorsichtige Hinweise darauf, dass die Effekte eines solchen Turniers auf die Identifikation mit dem Nationalstaat bald abflauen, sobald die deutsche Nationalmannschaft aus dem Turnier ausgeschieden ist. Zum einen ist es daher wichtig, die zweite Befragung so zu terminieren, dass die überwiegende Anzahl der Personen befragt wird, solange die deutsche Mannschaft noch im Turnier vertreten ist. Zum anderen sind wir aber davon ausgegangen, dass die nationale Identifikation umso stärker ansteigt, je länger die DFB-Auswahl im Turnier verbleibt. Um beide Aspekte zu berück-sichtigen, wurde die Erhebung während der EM (t2) auf sechs Zeitpunkte verteilt (Abbildung 4.1): Sie begann während der Vorrunde (nach dem 2. Spiel). Jeweils eine weitere Teilmenge der Personen wurde nach dem 3. Spiel der Vorrunde, nach dem Achtel-, Viertel- und Halbfinale sowie nach dem Finale zur Befragung eingeladen. Jeweils N=250 Personen aus der 1. Welle wurden zu jedem dieser sechs Zeitpunkte eingeladen. Die Vorteile dieser Staffelung der Erhebung zu t2 liegen darin, dass die Dynamik des Turnierverlaufs angemessen abgebildet werden kann und die Interviews nicht alle durch ein möglicherweise singuläres Ereignis während der EM verzerrt werden. Das Risiko, einen Großteil der Interviews möglicherweise erst nach dem Ausscheiden der DFB-Auswahl führen zu müssen, wurde so nahezu umgangen.

Rücklaufquoten, Datenbereinigung und Panelmortalität

Basierend auf Erfahrungswerten bei früheren wissenschaftlichen Studien mit On-line-Erhebungen wurde kalkuliert, dass etwa 70 % der Befragten der ersten Welle

---

20 Der Vollständigkeit halber sei darauf hingewiesen, dass ein weiterer Erhebungszeitpunkt vom 05.08. bis 21.08.2016 während der Olympischen Sommerspiele in Rio de Janeiro stattfand. Die zu diesem Zeitpunkt erhobenen Daten sind für das vorliegende Buch aber nicht relevant. Wir werden hier ausschließlich die Paneldaten der Fußball-EM betrach-ten und über die Befunde zu den Olympischen Spielen an anderer Stelle ausführlicher berichten.

(*t*1) zur Wiederholungsbefragung in *t*2 und *t*3 bereit sind und erreicht werden können. Aufgrund dieser Annahme wurde die anfängliche Stichprobengröße zu *t*1 auf N=1500 festgesetzt.[21] Die Annahme über die Rücklaufquote hat sich als sehr realistisch erwiesen: In der Ausgangserhebung (*t*1) konnten 1556 Interviews generiert werden. Alle diese Personen wurden ebenfalls zur Teilnahme an der EM-Welle (*t*2) eingeladen, wovon insgesamt 1145 dieser Einladung gefolgt sind (74 %). Nach einer Datenbereinigung (s. folgender Abschnitt) blieben insgesamt 1100 Personen übrig, von denen verwertbare Angaben aus *t*1 und *t*2 vorliegen, was 71 % der Ausgangsstichprobe entspricht. Zum dritten Erhebungszeitpunkt im September haben 1052 Personen der ursprünglichen Stichprobe an der Befragung teilgenommen (68 %). Insgesamt 834 Personen haben sich zu allen drei Messzeitpunkten (*t*1, *t*2, *t*3) beteiligt, sodass auch ein hinreichend großer Paneldatensatz entstanden ist, der differenzierte Analysen im Längsschnitt über drei Zeitpunkte ermöglicht.

Insgesamt waren die Fragebögen auf 20 Minuten (*t*1, *t*2) und 12 Minuten (*t*3) Bearbeitungszeit angelegt. Die tatsächliche Bearbeitungszeit lag im Durchschnitt bei 18 Minuten (*t*1 und *t*2) bzw. 12 Minuten (*t*3). Wie bei Online-Erhebungen üblich, existiert ein geringer Anteil an Personen, die sich relativ schnell durch die Fragen geklickt haben, offenbar ohne diese genau zu lesen und sorgfältig zu beantworten – die so genannten „Speeder". Wir gehen auf Basis von eigenen Längentests davon aus, dass dies hier der Fall ist, wenn die Bearbeitungszeit in den ersten zwei Wellen bei unter 6 Minuten liegt. Gestützt auf dieses Kriterium wurden insgesamt 45 Personen als „Speeder" identifiziert, die in den folgenden Analysen nicht berücksichtigt werden und die auch in den oben angegebenen Fallzahlen der einzelnen Wellen bereits herausgerechnet sind.

Ein zentrales Problem bei jeder Längsschnitterhebung ist die so genannte Panelmortalität, d. h. der Ausfall von Personen in späteren Wellen der Erhebung. Diese Panelmortalität ist ein gravierendes Problem jeder Panelstudie, weil sie Fragen zur Repräsentativität der Panelstichprobe aufwirft und damit zur Verallgemeinerbarkeit der Befunde (Fitzgerald et al., 1998). Wenn sich die Ausfälle rein zufällig verteilen und nicht mit den erhobenen Variablen korreliert sind, ist das kein Problem. Rubin (1976) bezeichnet dies als „missing completely at random". Sollte die (weitere) Teilnahme an der Befragung aber systematisch z. B. mit bestimmten soziodemografischen Merkmalen („missing at random") oder mit den abhängigen Variablen, die im Fokus der Untersuchung stehen, korreliert sein („missing not at random") ist dies viel eher ein Problem.

---

21 So hätte sich rechnerisch eine Längsschnittstichprobe über zwei Messzeitpunkte (*t*1, *t*2) von ca. N=1050 und über drei Messzeitpunkte (*t*1, *t*2, *t*3) von mindestens N=735 ergeben, was für die geplanten differenzierten Analysen ausreichend ist.

Wir haben deshalb geprüft, ob nicht-zufällige Ausfälle in der Panelstichprobe vorliegen. Dabei haben wir wie üblich die Befragten, die im Panel vertreten sind, mit denen verglichen, die sich nicht an der Befragung zu $t2$ und $t3$ beteiligt haben. Da wir bereits in der ersten Erhebungswelle soziodemografische Angaben, aber auch für die Untersuchung zentrale inhaltliche Variablen, wie z. B. das grundsätzliche Interesse am Fußball oder die Stärke der Identifikation mit der deutschen Fußballnationalmannschaft abgefragt haben, können wir genau aufzeigen, ob bzw. inwieweit sich Abweichungen zwischen den Panel-Teilnehmern (in $t2$ und $t3$) und den Nicht-Teilnehmern ergeben. Im Hinblick auf die Merkmale Geschlecht, Bildung, Migrationshintergrund und Wohnregion (Ost- vs. Westdeutschland) ergeben sich keine nennenswerten Zusammenhänge mit der Beteiligung an der zweiten und dritten Survey-Welle, so dass man hier von rein zufälligen, also unsystematischen Ausfällen ausgehen kann. Allerdings korreliert die Beteiligung in den späteren Wellen mit dem Alter, wobei jüngere Altersgruppen schwerer erreicht wurden und im Paneldatensatz entsprechend leicht unterrepräsentiert sind (Tabelle 4.1). Weiterhin sind die Ausfälle systematisch mit dem Interesse am Fußball korreliert, was nicht überrascht, weil sich das inhaltliche Interesse am Thema einer Befragung bekanntermaßen auf die Teilnahmebereitschaft auswirkt (Schützenmeister, 2002). In unserem Fall sind im vollständigen Paneldatensatz ($t1$, $t2$, $t3$) etwas mehr Menschen mit höherem Fußballinteresse vertreten: Von den in $t1$ befragten Personen beteiligten sich 51 % mit niedrigem Interesse am Fußball an beiden späteren Erhebungswellen, bei Personen mit höherem Fußballinteresse sind es aber 59 %. Die dadurch entstandene Verzerrung lässt sich aber als eher gering einordnen. Gleichwohl korrigieren wir diese systematischen Ausfälle, indem wir eine Non-response-Gewichtung in den Analysen verwenden – der inverse Faktor der Wiederbefragungsbereitschaft (Kalton & Kasprzyk, 1986) –, welche die Selektivität nach Alter und Fußballinteresse ausgleicht bzw. an die ursprüngliche Verteilung in der ersten Welle (und damit bei den soziodemografischen Merkmalen zugleich auch an die aus dem Zensus bekannten Populationsparameter) angleicht. Der Einsatz der Gewichtungsfaktoren in den späteren Analysen führt aber nur zu marginalen Veränderungen der Ergebnisse.[22] Insgesamt ist der weit überwiegende Teil des Non-response zu $t2$ und $t3$ zufällig und nicht systematisch verteilt.

---

22 Die numerische Größe der personenspezifischen Gewichtungsfaktoren liegt zwischen Werten von min.=0.81 und max.=1,58, was auch im Vergleich zu anderen Erhebungen nur sehr geringen Korrekturen entspricht.

Tab. 4.1   Repräsentativität der Stichprobe nach Geschlecht, Alter, Bildung und
Wohnregion

	Grundgesamtheit laut Zensus	Ausgangsstich- probe (nur *t*1)	Panelstichprobe (t1+t2+t3)
Alter			
18-29 Jahre	16.7 %	15.9 %	10.9 %
30-44 Jahre	22.1 %	21.5 %	19.9 %
45-59 Jahre	28.5 %	27.8 %	31.3 %
> 60 Jahre	32.7 %	34.8 %	37.9 %
Geschlecht			
männlich	48.3 %	48.5 %	51.2 %
weiblich	51.7 %	51.5 %	48.8 %
Bildungsabschluss			
(Fach-)Abitur	30.6 %	30.2 %	31.0 %
Mittlere Reife	31.1 %	32.9 %	33.7 %
Hauptschulabschluss	38.3 %	36.9 %	35.3 %
Wohnregion			
Westdeutschland	17.5 %	17.3 %	17.6 %
Ostdeutschland	82.5 %	82.7 %	82.4 %

Anmerkung: Angaben zur Grundgesamtheit basieren auf Zensusdaten des Statistischen
Bundesamts (www.zensus2011.de).

In den folgenden empirischen Analysen werden wir drei verschiedene Datensätze
verwenden; welcher genau, ist jeweils unter den Abbildungen und Tabellen ausgewiesen: 1) Für die Analysen zur Rezeption der EM, dem Miterleben einzelner
Spiele und der Einbindung in fußballpatriotische Aktionen stützen wir uns auf
den Querschnittsdatensatz der Welle 2 (*„EM-Querschnitt"*, N=1100), wo dies
schwerpunktmäßig erfragt wurde. 2) In den Analysen zu Veränderungen in Einstellungen, die sehr wahrscheinlich durch das EM-Turnier bedingt sind, werten
wir den entsprechenden Paneldatensatz über die Wellen *t*1 und *t*2 aus (*„EM-Längsschnitt"*, N=1100). 3) Wenn die Nacherhebung im September 2016 zusätzlich auch
noch berücksichtigt wird, ist dies ebenfalls kenntlich gemacht (*„EM-Längsschnitt
mit t3"*, N=834).

Zentrale Indikatoren für Veränderungen über die Zeit (Erhebung im Längsschnitt)

Als zentrale Merkmale, bei denen im Verlauf der Fußball-EM Veränderungen erwartet wurden, wurde im Survey u. a. nach sportspezifischem Nationalstolz, sowie
allgemein nach Patriotismus und Nationalismus gefragt. Dabei wurde auf Erhe-
bungsinstrumente zurückgegriffen, die in der sozialwissenschaftlichen Forschung

gut etabliert sind und die wir im Folgenden kurz beschreiben. Zudem haben wir die Stärke der Identifikation mit der deutschen Fußballnationalmannschaft ebenfalls zu allen drei Messzeitpunkten erhoben. Auf diese Merkmale fokussieren sich die im Längsschnitt angelegten Auswertungen, die wir ab Kapitel 5.4 vorstellen.

1. Die *Stärke der Identifikation mit der deutschen Fußballnationalmannschaft* wurde als fußballspezifischer Indikator im Längsschnitt erhoben („Wie stark identifizieren Sie sich mit der deutschen Fußballnationalmannschaft"), wobei die Befragten ihre Antwort von „überhaupt nicht" bis „sehr stark" in vier Schritten abstufen konnten.

2. *Sportspezifischer Nationalstolz* wurde angelehnt an das Modul „*National Identity*" des International Social Survey Programme von 2013 erhoben. Dabei sollen die Befragten angeben, auf welche Leistungen und Erfolge ihres Landes sie stolz sind („Wie stolz sind Sie auf Deutschland hinsichtlich…"). Der Stolz auf Leistungen und Erfolge wird dabei differenziert nach sechs Bereichen erfragt: „der Art und Weise wie die Demokratie funktioniert", „der wirtschaftlichen Erfolge", „der sozialstaatlichen Leistungen", „der wissenschaftlichen und technologischen Leistungen", „der sportlichen Erfolge", „der Leistungen in Kunst und Literatur". Die Befragten konnten für jeden Bereich ihre Antwort von „sehr stolz" bis „überhaupt nicht stolz" in fünf Stufen variieren.

3. *Patriotische Einstellungen* wurden angelehnt an die „Wiener Nationalismus- und Patriotismus-Skala" von Weiss und Reinprecht (1998) erhoben. Patriotismus meint hierbei eine positive, affektive Bindung an die eigene Nation, die nicht mit der Exklusion und Abwertung von Fremdgruppen einhergeht. So verstanden, spiegelt sich Patriotismus in der Zustimmung zu Aussagen wie z. B. „Ich mag Deutschland" oder „Ich empfinde Deutschland als mein Land" wider. Die Skala basiert auf fünf entsprechenden Items, zu denen den Befragten eine fünfstufige Rating-Skala von „Stimme überhaupt nicht zu" bis „Stimme voll und ganz zu" präsentiert wurde. Die Reliabilität der Skala ist gut (α_{t1}=.85).

4. *Nationalistische Einstellungen* wurden ebenfalls angelehnt an die „Wiener Nationalismus- und Patriotismus-Skala" nach Weiss und Reinprecht (1998) abgefragt. Nationalismus bezeichnet hier eine übersteigerte, bedingungslose und kritiklose Bindung an die eigene Nation, die mit der Abwertung anderer Nationen und der Ausgrenzung von Fremden einhergeht. Solche Einstellungen kommen beispielsweise in Aussagen zum Ausdruck wie „Jeder Deutsche sollte Deutschland unterstützen, selbst wenn das Land im Unrecht ist" oder „Die Welt wäre besser, wenn die Menschen in anderen Ländern so wären wie die Deutschen". Die Skala basiert wiederum auf fünf Items, zu denen die Befragten

ihre Zustimmung von „Stimme überhaupt nicht zu" bis „Stimme voll und ganz zu" abstufen konnten. Die Skala hat ebenfalls eine gute Reliabilität (α_{t1}=.86).

5. Um die Frage zu prüfen, welche *Wertvorstellungen an das Konzept der Nation gebunden* sind, haben wir die Frage gestellt: „Die Menschen verbinden oft die unterschiedlichsten Dinge mit Deutschland. Wie ist das bei Ihnen: Welche Werte und Ideale verbinden Sie mit Deutschland?" Daran anschließend konnten die Befragten für eine Liste mehrerer Werte bzw. Ideale einschätzen, wie stark sie diese mit Deutschland assoziieren. Die Antwortkategorien reichten in fünf Stufen von „verbinde ich nicht mit Deutschland" bis „verbinde ich sehr stark mit Deutschland". Als Werte standen in der Liste u. a. Leistung, Zusammenhalt, Pflichterfüllung, Fleiß oder Gerechtigkeit. Diese Fragebatterie haben wir für das Projekt neu entwickelt, um die normative Aufladung des Nationalen abzubilden.

Da die Konstrukte Patriotismus und Nationalismus eine nicht unerhebliche Überlappung beinhalten, haben wir zur besseren Einordnung die hierfür herangezogenen Items in Tabelle 4.2 im Überblick dargestellt. Da die Originalskala für eine Befragung in Österreich konzipiert wurde, haben wir die Formulierungen entsprechend angepasst. Die Skala wurde in einer früheren Studie mit Studierenden im deutschen Kontext geprüft und hat sich dort bewährt (Mutz, 2013).

Tab. 4.2   Items der Patriotismus- und der Nationalismus-Skala

Patriotismus	Nationalismus
1. Ich lebe lieber in Deutschland als in irgendeinem anderen Land.	1. Die Welt wäre besser, wenn die Menschen in anderen Ländern so wären wie die Deutschen.
2. Wenn ich die deutsche Fahne sehe, fühle ich mich gut.	2. An den Deutschen und ihren Leistungen sollten sich andere Länder ein Beispiel nehmen.
3. Ich empfinde Deutschland als mein Land.	3. Es ist die unbedingte Pflicht eines Deutschen, die nationale Geschichte und Kultur zu ehren.
4. Deutschland kann stolz darauf sein, was es heute darstellt.	4. Deutschland sollte viel mehr Einfluss in der Welt haben.
5. Ich mag Deutschland.	5. Jeder Deutsche sollte Deutschland unterstützen, selbst wenn das Land im Unrecht ist.

Weitere Indikatoren (Erhebung im Querschnitt)

Darüber hinaus wurden zur EM-Welle (*t*2) Fragen zur Rezeption und zum Erleben der EM-Spiele gestellt. Es wurde erfragt, welche Spiele der deutschen Nationalmannschaft die Befragungsperson live und in voller Länge gesehen hat (vgl. hierzu Kapitel 5.1). Zur Unterstützung wurden den Befragten alle Spiele aufgelistet, die die deutsche Mannschaft zum Zeitpunkt der Befragung bereits bestritten hatte. Falls die Befragten mindestens ein Spiel nannten, wurde bezogen auf dieses Spiel nachgefragt, ob das Spiel „privat zu Hause" oder „in der Öffentlichkeit" angesehen wurde, wie viele andere Personen zugegen waren und welche Emotionen mit positiver oder negativer Valenz (Freude, Anspannung, Ärger, Trauer, Enttäuschung) die Befragten bei der Spielübertragung erlebt und wie intensiv sie diese Emotionen empfunden haben (vgl. Kapitel 5.2). Schließlich wurde in der EM-Welle auch die Involvierung in fußballpatriotische Handlungen, wie z. B. das Aufhängen der deutschen Flagge am Balkon oder am Auto, das Anziehen bzw. Schminken in schwarz-rot-goldenen Farben oder die Teilnahme an einem Autokorso, abgefragt (vgl. Kapitel 5.3).

Soziodemografische Merkmale wurden ebenfalls umfassend erhoben, so z. B. Alter, Geschlecht, Bildungsabschluss, Haushaltsnettoeinkommen, Migrationshintergrund, Wohnortgröße oder Wohnregion (d. h. Ost- oder Westdeutschland). Diese Angaben werden herangezogen, um die sozialstrukturellen Variationen der betrachteten Phänomene zu beschreiben und in den späteren multivariaten Analysen auch deren Einfluss kontrollieren zu können.

Ergebnisse der Studie im Querschnitt   5

Wer schaltet beim Fußball ein, wer nicht? Und welche Emotionen erlebt das Publikum?

Bildquelle (im Hintergrund): „Germany and Argentina face off in the final of the World Cup 2014“ von Danilo Borges/copa2014.gov.br, lizensiert unter CC BY 3.0 Brasilien. https://commons.wikimedia.org/wiki/File:Germany_and_Argentina_face_off_in_the_final_of_the_World_Cup_2014_-2014-07-13_(6).jpg?uselang=de.

© Springer Fachmedien Wiesbaden GmbH, ein Teil von Springer Nature 2019
M. Mutz und M. Gerke, *Fußball und Nationalstolz in Deutschland*,
https://doi.org/10.1007/978-3-658-22386-1_5

5.1   Die Rezeption der Fußball-EM in der Bevölkerung

Die späteren Analysen, die auf bestimmte Wirkungen der UEFA EURO in die
Gesellschaft hinein abheben, setzen voraus, dass sich die Menschen für die Europameisterschaft auch interessieren und die Spiele – zumindest die der deutschen
Auswahlmannschaft – im Fernsehen mitverfolgen. Auch wenn es im Grunde offensichtlich ist, dass in Deutschland die Fußball-EM von Öffentlichkeit und Medien
als Großereignis wahrgenommen wird und viele Menschen mit dem DFB-Team
mitfiebern, soll der folgende Abschnitt den Stellenwert der EM zunächst mit einigen
Zahlen untermauern. Dabei geht es um die grundsätzliche Frage, wie viele Menschen
sich die Spiele der deutschen Auswahl (live) im Fernsehen angesehen haben. Darüber
hinaus interessiert in diesem Zusammenhang die Verbreitung von ‚Public Viewing‘,
also dem Ansehen der Spiele an öffentlichen Orten, wie z. B. Kneipen, Biergärten
oder eigens hergerichteten Fanmeilen – welche seit der WM 2006 in Deutschland
und darüber hinaus zum Symbolbild der öffentlichen Ekstase zu großen Fußballturnieren geworden sind – sowie der soziale Kontext, in dem die EM-Spiele zu Hause
im Privaten angeschaut wurden. Dies ist zugleich vorbereitend für die Analysen
an späterer Stelle (Kap. 6), in denen Veränderungen der Einstellungen zur DFB-Elf
und zum Nationalstaat untersucht werden, weil dort u. a. argumentiert wird, dass
der soziale Kontext als Moderator der Effekte fungieren kann.

Live dabei: Die mediale Reichweite einzelner EM-Spiele

Die Fernsehübertragungen der UEFA Europameisterschaft waren Zuschauerma-
gnete, wie das für den Fußball im Allgemeinen gilt. Welche immense Reichweite
die Fußballübertragungen der EM hatten, illustriert ein Ranking der 20 quoten-
stärksten Fernsehsendungen des Jahres 2016 (AGF Videoforschung, 2016[23]): Dort
liegen die sechs EM-Spiele der deutschen Mannschaft mit jeweils zwischen 25
und 30 Millionen registrierten Zuschauern an der Spitze. Die höchste Sehbeteiligung wurde beim Halbfinale gegen Frankreich erreicht (29,9 Mio.), gefolgt von
den Spielen gegen Italien (28,5 Mio.), die Slowakei (28,1 Mio.), Polen (27,3 Mio.),
Ukraine (26,6 Mio.) und Nordirland (25,5 Mio.). Bemerkenswert ist, dass auf den
Folgeplätzen ebenfalls ausnahmslos Fußballsendungen der EM zu finden sind, z. B.
das Viertelfinale Frankreich gegen Island (19,0 Mio.) oder das Finale Frankreich
gegen Portugal (18.8 Mio.) – im Vergleich zu einem durchschnittlichen „Tatort",
sind das immer noch etwa doppelt so viele Zuschauer, die sich diese Spiele ohne

---

23 Vgl. AGF Videoforschung: https://www.agf.de/daten/tvdaten/hitliste/?name=hitliste_
    20jahre (16.08.2017).

deutsche Beteiligung live angesehen haben. Kein anderes TV-Format erreicht in Deutschland annähernd so hohe Einschaltquoten wie der Fußball.

Die von AGF Videoforschung berichtete Sehbeteiligung basiert auf einer repräsentativen Haushaltsstichprobe, in der das Fernsehverhalten je Fernsehgerät direkt elektronisch registriert wird. Unberücksichtigt bleibt dabei das Verfolgen der EM-Spiele über andere Endgeräte im Livestream sowie das Sehverhalten außerhalb des eigenen Haushalts, z. b. in Bars oder Kneipen, was gerade im Kontext der EM einen nicht unwesentlichen Anteil darstellen dürfte. Insofern lässt sich mutmaßen, dass die Daten die Rezeption der EM-Spiele unterschätzen.

Dieser Eindruck erhärtet sich bei einem Blick in unsere Daten. In der *EURO 2016 Panelstudie* wurden die Teilnehmenden gefragt, welche Spiele mit Beteiligung der deutschen Nationalmannschaft sie gesehen haben. Dabei konnten die Befragten angeben, ob sie ein Spiel „live und in voller Länge" gesehen haben, die Live-Sendung nicht vollständig, aber ausschnittweise gesehen haben, eine kürzere oder längere Zusammenfassung des Spiels oder gar keinen Fernsehbericht über das Spiel gesehen haben. Die Ergebnisse unterstreichen nochmals die öffentliche Bedeutung des Turniers (Tabelle 5.1): Die drei Vorrundenspiele gegen die Ukraine, Polen und Nordirland sowie das Achtelfinale gegen die Slowakei wurden jeweils von etwas mehr als der Hälfte der Deutschen live gesehen (52 %, 53 % bzw. 55 %). Die prestigeträchtigen und hochkarätigen K.O.-Spiele gegen Italien bzw. gegen Frankreich haben fast zwei Drittel der erwachsenen Deutschen live im Fernsehen verfolgt (63 %).

Tab. 5.1   Reichweite der TV-Übertragungen einzelner EM-Spiele

Turnierphase	Gruppen-spiel 1 Ukraine	Gruppen-spiel 2 Polen	Gruppen-spiel 3 Nord-irland	Achtel-finale Slowakei	Viertel-finale Italien	Halb-finale Frank-reich
Live-Übertragung	53 %	53 %	52 %	55 %	63 %	63 %
in Ausschnitten/als Zusammenfassung	20 %	21 %	22 %	20 %	19 %	17 %
Spiel nicht gesehen	27 %	26 %	26 %	25 %	18 %	20 %
Reichweite[1]	40 Mio.	40 Mio.	39 Mio.	41 Mio.	47 Mio.	47 Mio.
Min. Reichweite[2]	37.5 Mio.	37.5 Mio.	36.5 Mio.	38.5 Mio.	44 Mio.	43.5 Mio.

Anmerkungen: EM-Querschnitt (*t2*). [1]Hochrechnung der Live-Zuschauer auf die Gesamtbevölkerung, [2]Untergrenze 95 %-Konfidenzintervall.

Im Hinblick auf die Soziodemografie der Live-Zuschauer zeigen sich keine signifikanten Alters- oder Bildungsunterschiede. Die EM-Spiele werden also über alle Altersgruppen und Bildungsschichten hinweg gleichermaßen stark rezipiert. Allerdings zeigt sich ein so auch zu vermutender Geschlechtereffekt zu Gunsten der Männer, die alle sechs Spiele zu höheren Anteilen live angesehen haben als Frauen. Vergleichsweise stark und statistisch signifikant ist der Geschlechtereffekt in den Vorrundenspielen ausgeprägt, z. B. haben 61 % der Männer, aber nur 45 % der Frauen das Spiel Deutschland gegen Polen live gesehen (χ^2=29.1; df=2; V=.17; p<.01). Für die Top-Spiele der K.O.-Runde gegen Italien und Frankreich interessierten sich aber auch verstärkt Frauen, so dass die Prozentwertdifferenz zwischen den Geschlechtern schmilzt. Das Viertelfinale Deutschland gegen Italien haben z. B. 65 % der Männer und 61 % der Frauen live gesehen – ein nur noch geringer und statistisch nicht signifikanter Unterschied (χ^2=2.04; df=2; V=.06; p=.36). Darüber hinaus fallen Unterschiede nach Migrationshintergrund auf, die bei einigen Spielen statistisch signifikant sind: Im Vergleich zu Personen ohne Migrationshintergrund haben Migrantinnen und Migranten die Spiele der deutschen Nationalmannschaft zu geringeren Anteilen live gesehen. Die Prozentsatzdifferenz variiert dabei je nach Spiel zwischen 6 Punkten (gegen Polen) und 16 Punkten (gegen die Slowakei).

Insgesamt unterstreichen diese Ergebnisse die äußerst hohe Reichweite, die die Spielübertragungen der EM-Spiele in der Bevölkerung haben. Geht man davon aus, dass die Anteile bei älteren Kindern und Jugendlichen ähnlich hoch ausfallen, wie in der hier befragten erwachsenen Bevölkerung, lässt sich auf Basis der Ergebnisse hochrechnen, dass zwischen 39 und 47 Millionen Menschen die Live-Sendungen der EM-Spiele mit Beteiligung des DFB-Teams gesehen haben (Tabelle 5.1).[24] Selbst wenn etwas konservativer die Untergrenze des 95 %-Konfidenzintervalls für die Schätzung herangezogen wird, käme man immer noch auf Reichweiten zwischen 36.5 Millionen und 44 Millionen. Dies würde aber bedeuten, dass ein substantieller Anteil der Zuschauer in den Daten von AGF Videoforschung zur Sehbeteiligung nicht erfasst wurde, weil sie z. B. die Spiele nicht zu Hause, sondern bei Freunden oder an einem öffentlichen Ort gesehen haben. Dieser Vermutung lässt sich auf Basis der erhobenen Survey-Daten im Folgenden genauer nachgehen. Unter Kenntnis

---

24 Diese Rechnung basiert auf der Annahme, dass die für Erwachsene gemessenen Anteilswerte für die Rezeption der Live-Sendungen auch für 10- bis 17-Jährige gelten. Laut Statistischem Bundesamt (2017) leben in Deutschland 75 Mio. Menschen, die 10 Jahre oder älter sind. Dies wäre dann ein realistischer Grundwert, um auf Basis der prozentualen Anteile die Zahl der Menschen zu schätzen, die ein Spiel live gesehen haben. Da die Anstoßzeit der meisten Spiele 21 Uhr war, dürfte der Anteil der Kinder unter 10 Jahren, die die Spiele in voller Länge live gesehen haben, deutlich kleiner sein. Diese jüngeren Kinder sind in den ausgewiesenen Schätzwerten nicht berücksichtigt.

dieser Ergebnisse werden die Survey- und AGF-Daten dann später noch einmal vergleichend diskutiert.

Die Verbreitung von ‚Public Viewing' in der Bevölkerung

Die Befragten haben Angaben dazu gemacht, ob sie die Spiele der deutschen Nationalelf bei sich „zu Hause oder jemand anderem zu Hause" oder „an einem öffentlichen Ort (z. B. Bar, Kneipe, Public Viewing)" gesehen haben. Diese Angabe liegt von allen Personen vor, die mindestens ein Spiel live im Fernsehen verfolgt haben. Allerdings wurde im Survey – aus Rücksicht auf die Länge der Erhebung und das Erinnerungsvermögen der Befragten – nicht nach allen angesehen Spielen, sondern nur nach den *letzten zwei Spielen* mit Beteiligung der deutschen Mannschaft gefragt. Die folgenden Angaben für *einzelne* Spiele basieren deshalb auf etwas geringeren Fallzahlen – im Durchschnitt N=224 pro Spiel – und sind entsprechend mit etwas mehr Vorsicht zu interpretieren.

Tab. 5.2   Rezeption der Live-Übertragungen einzelner EM-Spiele an öffentlichen Orten

Turnierphase	Gruppen-spiel 1 Ukraine	Gruppen-spiel 2 Polen	Gruppen-spiel 3 Nord-irland	Achtel-finale Slowakei	Viertel-finale Italien	Halb-finale Frank-reich
privat	96 %	94 %	85 %	94 %	87 %	85 %
öffentlich	4 %	6 %	15 %	6 %	13 %	15 %
öffentlich[1]	1.6 Mio.	2.4 Mio.	5.9 Mio.	2.5 Mio.	6.1 Mio.	7.1 Mio.

Anmerkungen: EM-Querschnitt (*t*2). Prozentwerte beziehen sich auf die TV-Zuschauer.
[1]Hochrechnung auf die Gesamtbevölkerung.

Je nach Spiel schwankt der Anteil der Zuschauer, die die Spiele außerhalb der privaten vier Wände verfolgt haben beträchtlich (Tabelle 5.2): Der Anteil liegt zwischen 4 % (beim Ukraine-Spiel) und 15 % (Spiele gegen Nordirland und Frankreich). Hochgerechnet auf die Bevölkerung haben etwa 1,6 Millionen Menschen das Ukraine-Spiel und 7 Millionen Menschen das Frankreich-Spiel in der Öffentlichkeit gesehen. Dies sind erstens weniger Menschen als bei den WM-Turnieren 2006 oder 2014, wo Hochrechnungen zufolge zwischen 5,7 Millionen und 10,2 Millionen Menschen die Spiele der DFB-Auswahl in der Öffentlichkeit angesehen hatten (vgl. Geese, Zeughardt & Gergard, 2006; Gerhard & Zubayr, 2014). Zum anderen sind die Schwankungen zwischen den einzelnen Spielen beträchtlich. Diese Schwankungen dürften zum Teil wetterbedingt sein: So gab es bei den ersten zwei Vorrundenspielen gegen die Ukraine und gegen Polen in weiten Teilen Deutschlands starke, z. T. sogar unwetterartige Regenfälle, während die Wetterlage beim Viertel- und Halbfinale deutlich sonniger ausfiel. Folglich überrascht es nicht, dass die K.O.-Spiele gegen Italien und Frankreich von besonders vielen Menschen an öffentlichen Orten geschaut wurden. Insgesamt haben 88 % der TV-Zuschauer angegeben, das zuletzt gesehene Spiel des DFB-Teams bei sich oder bei Freunden „zu Hause" angeschaut zu haben; 12 % haben für dieses Spiel einen öffentlichen Ort aufgesucht.

Tab. 5.3   Verbreitung von „Public Viewing" in verschiedenen Bevölkerungsgruppen

	Anteil	Teststatistik
Alter		
18-29 Jahre	22 %	
30-44 Jahre	18 %	
45-59 Jahre	10 %	
> 60 Jahre	4 %	$V=.22$; $\chi^2=33.1$; $df=3$; $p<.01$
Geschlecht		
männlich	12 %	
weiblich	11 %	$V=.01$; $\chi^2=0.08$; $df=1$; $p=.78$
Bildungsabschluss		
(Fach-)Abitur	20 %	
Mittlere Reife	10 %	
Hauptschulabschluss	7 %	$V=.17$; $\chi^2=20.6$; $df=2$; $p<.01$
Haushaltsnettoeinkommen[1]		
> 2500 EUR	14 %	
1501 – 2500 EUR	11 %	
1001 – 1500 EUR	9 %	
≤ 1000 EUR	8 %	$V=.07$; $\chi^2=2.56$; $df=3$; $p=.47$
Migrationshintergrund		
Deutsche ohne Migrationshintergrund	12 %	
1./2. Migrantengeneration	8 %	$V=.04$; $\chi^2=1.29$; $df=1$; $p=.26$
Kind/er <14 Jahre im Haushalt		
ja	10 %	
nein	13 %	$V=.03$; $\chi^2=0.55$; $df=1$; $p=.46$
Wohnregion		
Westdeutschland	12 %	
Ostdeutschland	9 %	$V=.03$; $\chi^2=0.67$; $df=1$; $p=.41$
Wohnortgröße		
< 5.000 Einwohner	13 %	
5.000 – 20.000 Einwohner	15 %	
20.000 – 100.000 Einwohner	10 %	
> 100.000 Einwohner	10 %	$V=.07$; $\chi^2=3.84$; $df=3$; $p=.28$

Anmerkungen: EM-Querschnitt (*t*2). Prozentwerte beziehen sich auf die TV-Zuschauer. [1]Äquivalenzgewichtet. V=Cramers V. $\chi^2=Chi^2$. *df*=Freiheitsgrade. *p*=Signifikanz.

Besonders beliebt ist das öffentliche Fußballschauen in den jüngeren Altersgruppen: Mehr als jeder fünfte 18- bis 29-jährige TV-Zuschauer hat das letzte Spiel an einem öffentlichen Ort gesehen (22 %); bei den 30- bis 44-Jährigen sind es 18 % und bei den 45- bis 59-Jährigen 10 %. In der Altersgruppe ab 60 Jahren schaut nur ein geringer Anteil von 4 % die EM-Spiele außer Haus an. Der Alterseffekt ist hoch signifikant (Tabelle 5.3). Zudem zeigt sich ein signifikanter Bildungseffekt, der zu Gunsten der höher gebildeten Personengruppen ausfällt: 7 % der Personen mit Hauptschulabschluss, 10 % der Zuschauenden mit Realschulabschluss und 20 % der Abiturienten haben angegeben, dass sie das letzte EM-Spiel in der Öffentlichkeit verfolgt haben.[25] Alle weiteren betrachteten Zusammenhänge fallen nicht statistisch signifikant aus (Tabelle 5.3): Das Fußballschauen in der Öffentlichkeit wird also nicht systematisch vom Haushaltseinkommen, dem Migrationshintergrund, dem Vorhandensein von jüngeren Kindern im Haushalt, der Wohnregion oder der Größe des Wohnorts beeinflusst. Zwischen den Geschlechtern gibt es ebenfalls keine signifikanten Unterschiede: 12 % der Männer und mit 11 % auch fast genauso viele Frauen schauten das letzte EM-Spiel in der Öffentlichkeit.

Gemeinsam sieht man besser: Die Fußball-EM als soziales Event

Aber selbst dann, wenn die Spiele *nicht* an einem öffentlichen Ort angesehen werden, scheint die EM für viele Menschen dennoch ein soziales Event zu sein. Die Daten zeigen, dass die meisten Befragten, die die EM-Spiele im privaten Rahmen live anschauen, dies sehr wohl mit anderen gemeinsam und z. T. sogar in einer größeren Gruppe tun (vgl. Tabelle 5.4). So geben z. B. beim Halbfinalspiel gegen Frankreich 20 % der Befragten an, dass sie das Spiel mit drei bis fünf anderen Personen zusammen angesehen haben, und weitere 12 % haben ihren Angaben zufolge das Spiel sogar mit mehr als fünf anderen Personen zusammen verfolgt. Im Vergleich zur Haushaltsgröße – nur 2 % der Befragten leben in einem Haushalt mit mehr als fünf Personen – wird deutlich, dass die EM-Spiele für viele Menschen ein Anlass waren, um Freunde und Bekannte einzuladen oder diese zu besuchen. Das verbreitete Klischee von Zuschauergruppen, die gemeinsam auf dem Sofa bei Bier und Snacks oder im Garten beim Grillen die Spiele der deutschen Nationalmannschaft verfolgen, hat also durchaus eine empirische Basis im Verhalten von weiten Teilen der deutschen Bevölkerung; Familien, Mitbewohner, Freunde, Nachbarn und Bekannte haben sich in der Tat oft vor dem Fernseher versammelt, wenn die deutsche Nationalmannschaft aufgelaufen ist.

---

25 Alter und Bildungsniveau sind zwar konfundiert, jedoch fällt der Bildungseffekt auch dann signifikant zu Gunsten der Personen mit höherer Bildung aus, wenn das Alter kontrolliert wird.

Wird der soziale Kontext beim privaten Fußballschauen für verschiedene Bevölkerungsgruppen genauer analysiert, zeigen sich abermals signifikante Alters- und Bildungseffekte: Die 18- bis 29-jährigen Live-Zuschauer sahen das letzte Spiel besonders selten allein (8 %); stattdessen gaben 18 % an, das Spiel zusammen mit mehr als fünf anderen Personen gesehen zu haben. Umgekehrt haben in der Altersgruppe ab 60 Jahren 27 % das letzte Spiel allein gesehen und nur 3 % zusammen in einer Gruppe mit mehr als fünf Personen. Der Alterseffekt ist hoch signifikant (χ^2=65.5; df=9; V=.19; p<.01). Darüber hinaus verweisen die Befunde auf einen Zusammenhang mit dem Bildungsniveau: So haben z. B. 14 % der Befragten mit Abitur, aber nur 4 % der Befragten mit Hauptschulabschluss das letzte EM-Spiel in einer größeren Gruppe mit mehr als fünf Personen gesehen. Je höher der Bildungsabschluss eines Befragten ist, desto eher wurde die Live-Übertragung mit mehreren Personen gemeinsam angesehen (χ^2=26.5; df=6; V=.15; p<.01). Der Bildungs- und Alterseffekt sind unabhängig voneinander; sie bleiben auch dann signifikant, wenn jeweils für den anderen Einflussfaktor kontrolliert wird.

Tab. 5.4   Sozialer Kontext bei der Rezeption der EM-Spiele im privaten Rahmen

Turnierphase	Gruppenspiel 1 Ukraine	Gruppenspiel 2 Polen	Gruppenspiel 3 Nordirland	Achtelfinale Slowakei	Viertelfinale Italien	Halbfinale Frankreich
allein	19 %	23 %	22 %	17 %	18 %	15 %
mit 1–2 Pers.	61 %	58 %	53 %	60 %	54 %	53 %
mit 3–5 Pers.	14 %	13 %	17 %	15 %	17 %	20 %
mit >5 Pers.	6 %	6 %	9 %	9 %	11 %	12 %

Anmerkungen: EM-Querschnitt (*t2*). Prozentwerte beziehen sich auf die TV-Zuschauer.

Es lässt sich bis hierhin festhalten, dass rund jeder zehnte Zuschauer öffentliche Orte aufgesucht hat, um die Spiele des DFB-Teams zu verfolgen – bei schlechtem Wetter weniger, bei schönem Wetter deutlich mehr. Vor allem die Jüngeren gehen zum ‚Public Viewing‘, nicht selten auch geschmückt und ausstaffiert mit Deutschland-Accessoires, wie die späteren Analysen zum ‚Fußball-Patriotismus‘ in Deutschland noch zeigen werden (vgl. Abschnitt 5.3). Darüber hinaus haben sich auch im privaten Rahmen öfter größere Gruppen versammelt, um die EM-Spiele der deutschen Auswahl anzuschauen. Je weiter die DFB-Elf im Turnier kam, umso größer fällt der Anteil derer aus, die das Spiel gemeinsam mit anderen verfolgten.

Fernsehpanel oder Survey? Vor- und Nachteile verschiedener Datenquellen für die Einschätzung der Reichweite der EM-Spiele

Angesichts der vorgestellten Befunde lassen sich zumindest einige Anhaltspunkte generieren, wieso die Daten der AGF Videoforschung zur Sehbeteiligung von den Befunden des Surveys zur Rezeption der EM-Spiele abweichen, obwohl beide Datenquellen sich auf repräsentative Stichproben stützen. Zum einen können die AGF-Daten alle Personen, die die EM-Spiele nicht zu Hause ansehen, nicht abbilden, da diese das eigene Fernsehgerät nicht einschalten. Bei einer noch recht vorsichtigen Hochrechnung lässt sich davon ausgehen, dass dies je nach Spiel mindestens auf 1,6 Millionen Menschen (beim verregneten Ukraine-Spiel) und maximal auf 7,1 Millionen Menschen (beim sonnigen Halbfinale) zutrifft. Diese Anzahl liegt etwas niedriger als bei früheren WM-Turnieren (Geese, Zeughardt & Gerhard, 2006; Gerhard & Zubayr, 2014) und ist in jedem Fall zur ,offiziell' gemessenen Sehbeteiligung hinzuzuaddieren.

Darüber hinaus ist es für die Messgenauigkeit des Fernsehpanels sicherlich nicht zuträglich, wenn viele Menschen zusammen mit einem größeren Freundes- und Bekanntenkreis die Spiele verfolgen. Gerade die EM-Spiele sind aber – wie wir gesehen haben – ein soziales Event. Zwar können seit einigen Jahren die Gäste der Personen, die am Fernsehpanel teilnehmen, als Zuschauer registriert werden. Dies erfordert jedoch eine aktive Eingabe, weshalb es fraglich ist, ob bei größeren Gruppen jeder einzelne Gast tatsächlich extra angemeldet wird. Möglicherweise kann dies zu einer weiteren erheblichen Unterschätzung der Sehbeteiligung führen. Drittens konnten alle Spiele auf den Webseiten von ARD und ZDF im Livestream angesehen werden, waren also – jenseits des Fernsehgeräts – auch auf Handys, Tablets usw. abrufbar. Dies bedeutet für die Fernsehpanel-Daten eine weitere Quelle für Ungenauigkeiten, weil die Nutzer des Livestreams in der Fernsehquote nicht miterfasst werden. In Summe dürfte die Gesamtreichweite der EM-Spiele von den AGF-Daten deutlich unterschätzt werden. So ist es durchaus vorstellbar, dass statt der angegebenen 30 Millionen de facto mehr als 40 Millionen Menschen in Deutschland bei der Übertragung der Deutschland-Spiele live dabei waren.

Umgekehrt sind selbstverständlich auch die hier herangezogenen Survey-Daten nicht frei von Messfehlern: Auf die leicht überproportionalen Stichprobenausfälle in der EM-Welle bei fußballdesinteressierten Personen wurde bereits hingewiesen (Kap. 4). Dies wurde allerdings durch entsprechende Gewichtungsfaktoren korrigiert. Wahrscheinlicher ist es, dass ein Teil der Befragten, die im Survey angegeben haben ein Spiel „in voller Länge" live gesehen zu haben, womöglich einige Teile der Übertragung nicht angeschaut haben. So ist es bekannt, dass die Sehbeteiligung v. a. in der ersten Viertelstunde eines Fußballspiels deutlich ansteigt, weil etliche

Zuschauer erst kurz nach dem Anpfiff einschalten (vgl. Mutz & Wahnschaffe, 2016).[26] Bei den minutengenauen Fernsehpanel-Daten führt dieser Effekt dazu, dass die *durchschnittliche* Sehbeteiligung, die für ein Spiel ausgewiesen wird, leicht sinkt. Im Survey gibt es aber sicher einige Befragte, die in ihrer eigenen Wahrnehmung und Erinnerung ein Spiel „in voller Länge" gesehen haben, auch wenn sie vielleicht de facto einige Spielminuten verpasst haben. Wie hoch ggf. eine daraus resultierende Verzerrung sein kann, lässt sich aber nicht seriös einschätzen.

Festzuhalten ist, dass alle sechs EM-Spiele der deutschen Nationalmannschaft eine enorme mediale Reichweite entwickelten und selbst in der Vorrunde bereits mehr als die Hälfte der Befragten die Live-Übertragungen einschaltete, was hochgerechnet auf die deutsche Bevölkerung rund 40 Millionen Menschen entspricht. Bei den zwei K.O.-Spielen gegen Italien und Frankreich dürften der Schätzung zufolge etwa 47 Millionen Menschen zugesehen haben. Von denen, die die Live-Übertragungen nicht sehen konnten oder wollten, hat sich etwa die Hälfte mit Zusammenfassungen und Ausschnitten über die Spiele informiert. Nur eine Minderheit – je nach Spiel ca. 20 % bis 25 % der Befragten – war an den EM-Spielen gar nicht interessiert. Darüber hinaus zeigen die Befunde, dass die EURO ein soziales, Geselligkeit stiftendes Event ist: Neben den Personen, die außer Haus in Bars und Biergärten die Spiele verfolgen, schauten die Menschen die Spiele auch in den eigenen vier Wänden mit der Familie, ihren Freunden oder mit Bekannten an. Das Anschauen der Spiele in der Gruppe – egal ob privat oder öffentlich – war besonders stark verbreitet bei Jüngeren und höher gebildeten Personen und nahm generell bei den K.O-Spielen im Vergleich zur Vorrunde zu. Die wenigsten saßen allein vor dem Fernsehgerät. Der nächste Abschnitt stellt deshalb u. a. die Frage, ob bzw. inwieweit das Zuschauen im Gruppenkontext das emotionale Erleben mitbeeinflusst hat.

5.2 Emotionale Hochs und Tiefs: Erlebensqualitäten beim Zuschauen

Ein zentrales Motiv für den Medienkonsum von Sportereignissen im Allgemeinen und die Spiele der UEFA EURO im Besonderen ist das Erleben von Spannung

---

26 Auf Basis der im deutschen Free-TV ausgestrahlten Fußballspiele des Jahres 2012 zeigen Mutz und Wahnschaffe (2016), dass die Sehbeteiligung in der zweiten Viertelstunde eines Fußballspiels im Durchschnitt etwa um 15 % höher liegt als in der ersten Viertelstunde. Einen ähnlichen Effekt demonstrieren auch Alavy et al. (2010). Am Beginn eines Spiels, wenn der Ausgang noch offen ist, schalten also mehr Menschen ein als ab.

und intensiven Gefühlszuständen. Übertragungen von Fußballspielen kommen kaum aus ohne Bilder von jubelnden Zuschauern im Stadion nach dem Torerfolg, weinenden Fans nach dem Verlust wichtiger Spiele – ob Finalniederlage oder Bundesligaabstieg – und vermehrt auch Einspielfilmen von jubelnden Massen auf den Fanmeilen in der Vor- und Nachberichterstattung wichtiger Spiele. Sport besitzt einen besonderen emotionalen Erlebniswert für Zuschauer, denn das Verfolgen von Sportereignissen ist in der Regel mit Spannungs- und Erregungszuständen verbunden, die nicht etwa unliebsame Nebenwirkung von Sportkonsum sind, sondern im Gegenteil gerade von den Zuschauern gesucht und gewünscht werden. Heinemann stellt dazu grundlegend fest: „Die Attraktivität des Wettkampfsports liegt in der Unsicherheit des Ergebnisses, ja man kann sagen, daß die Produkte, die im Wettkampfsport erzeugt werden, Unsicherheit und Spannung sind" (Heinemann, 1995, S. 178).

Empirische Studien haben vielfach nachweisen können, dass das Spannungserleben in der Tat ein zentrales Motiv für den Konsum von bzw. die Nachfrage nach Sportereignissen ist (Wann, 1995; Wann et al., 2008). Zuschauer schalten vor allem dann vermehrt Sportübertragungen ein, wenn bzw. solange diese Spannung versprechen und der Ausgang des Wettbewerbs ungewiss ist (vgl. z. B. Alavy et al., 2010; Forrest, Simmons & Buraimo, 2005; Mutz & Wahnschaffe, 2016).[27] Darüber hinaus ist es gut belegt – aber im Grund auch fast trivial –, dass Fußballzuschauer von positiven Emotionen (z. B. Stolz, Dankbarkeit) berichten, wenn ihre bevorzugte Mannschaft siegreich war und von negativen Emotionen (z. B. Ärger, Missmut), wenn diese verliert (Kerr et al., 2005; Jones et al., 2012).

Der folgende Abschnitt thematisiert nun das emotionale Erleben bei den Fernsehzuschauern genauer: Welche Emotionen haben diese bei den Spielen der deutschen Mannschaft erlebt und wie lassen sich individuelle Unterschiede im Emotionserleben erklären?

Auf der Suche nach Erregung: Die EM als Ereignis der ‚mimetischen Klasse'

Unter den soziologischen Klassikern haben vor allem Norbert Elias und Eric Dunning (1993) wegweisende Überlegungen zur Suche nach Erregung in der modernen Gesellschaft angestellt. Moderne Gesellschaften sind ihnen zufolge durch einen hohen Grad an Routine, Sicherheit, Berechenbarkeit und Formalisierung geprägt sowie auf Seiten der Individuen durch komplexere soziale Interaktionen und wechselseitige Abhängigkeiten. Im Vergleich zu früheren Zeiten stellen sich

---

27 Einen guten und noch immer aktuellen Überblick über die Forschungslage zur „Uncertainty-of-Outcome"-Hypothese geben Borland und MacDonald (2003).

für die Menschen gewachsene Anforderungen an Vorausplanung, Rationalität und Affektkontrolle. Moderne Menschen haben weitestgehend die Norm verinnerlicht, ihre Gefühle und emotionalen Bedürfnisse kontrollieren zu sollen – vor allem gilt das in der Öffentlichkeit und dort besonders im Bereich der Berufsarbeit. Wutausbrüche, Panik, Trauer, ausgelassene Freude und andere starke Gefühlsausbrüche finden – wenn überhaupt – dann nur im Privaten statt. In der Öffentlichkeit wird ein solches Verhalten allenfalls bei Kindern toleriert. Von Erwachsenen wird eine weitreichende Kontrolle von Emotionen erwartet:

> „Um als normal klassifiziert zu werden, wird von Erwachsenen, die in Gesellschaften wie der unseren erzogen wurden, erwartet, die aufsteigende Erregung rechtzeitig zu beherrschen. In der Regel haben sie gelernt, anderen nicht zu viel davon zu zeigen. Häufig genug sind sie nicht mehr fähig, ihre Erregung überhaupt zu zeigen" (Elias & Dunning, 1993, S. 124).

Im Verlauf eines Lern- und Sozialisationsprozesses haben sich Menschen die Fähigkeit zur Affektkontrolle so gut angeeignet, dass die Regulation bzw. zumeist die Dämpfung von Emotionen quasi „automatisch" stattfindet sowie „permanent" und „allumfassend" geworden ist (Elias & Dunning, 1993, S. 124ff). An die Stelle der äußeren Norm der Affektkontrolle ist eine verinnerlichte Disposition bzw. in der Terminologie der Autoren ein „Selbstzwanggefüge" getreten, welches die Einhaltung der Norm u. a. dadurch absichert, dass Normverstöße unmittelbar von Scham, Schuld oder Gewissensbissen begleitet werden.

Die Konsequenz dieser Entwicklung ist ein wachsendes Bedürfnis nach Abwechslung, Unterbrechung der Gleichförmigkeit und lustvoll empfundener Spannung, das vor allem in den Bereich der Freizeit projiziert wird. Elias und Dunning (1993, S. 135ff) sprechen hier von mimetischer Erregung, die eine als angenehm reflektierte emotionale Valenz aufweist und die all den Aktivitäten innewohnt, die als Selbstzweck und zur Muße ausgeführt werden, wie z. B. dem Besuch von Konzerten, dem Anschauen von Filmen oder dem Sporttreiben. Diese Aktivitäten der mimetischen Klasse liegen komplementär zur Rationalität und emotionalen Monotonie der Arbeitswelt: Die Freizeit fungiert in der modernen Gesellschaft geradezu als emotionale Enklave, in der das Erleben und spontane Ausleben von Emotionen in stärkerem Maße sozial legitimiert ist. Sie stellt insofern einen Gegenpol zu einem von Routinen geprägten Alltag dar. Dies gilt, wie Elias und Dunning (1993) in ihren Arbeiten herausgearbeitet haben, auch ganz besonders für den Konsum von Sportereignissen. So bietet ihnen zufolge ein Fußballspiel unter bestimmten Bedingungen ein besonderes Vergnügen:

„ein längerer Kampf auf dem Fußballfeld zwischen Mannschaften, die einander an Geschicklichkeit und Stärke ebenbürtig sind. Ein Spiel, das von einer großen Zuschauermenge mit steigender Erregung verfolgt wird, wobei diese nicht nur von dem Kampf selbsterzeugt wird, sondern von dem Geschick, das die Spieler an den Tag legen. Ein Spiel, das hin und her wogt, in dem die Mannschaften einander so ebenbürtig sind, daß erst die eine und dann die andere trifft und in dem die Entschlossenheit beider, das entscheidende Tor zu erzielen, in dem Maße zunimmt, wie das Spiel sich seinem Ende nähert" (Elias & Dunning, 1993, S. 162).

Hochklassige und zugleich spannende Fußballspiele sind Paradebeispiele für Ereignisse der mimetischen Klasse. Momente der Freude und Erleichterung tragen dabei ebenso zum Vergnügen bei, wie Momente der Unsicherheit und Furcht. Während Emotionen also in vielen Bereichen der modernen Gesellschaft reguliert und unterdrückt werden, gehören Stadien, Kneipen oder das Fußballspiel vor dem heimischen Fernseher zu den verbliebenen Orten, an denen Emotionen bzw. Erregungszustände erfahren und spontan ausgelebt werden können.

Die Fußball-EM, die im Folgenden betrachtet wird, unterscheidet sich dabei nochmals in mehreren Aspekten von den ‚normalen‘, alltäglichen Fußballspielen, die über das Jahr hinweg im Fernsehen übertragen werden: Die Seltenheit des Ereignisses – die Fußball-EM findet ja nur alle vier Jahre statt – hebt es deutlich aus der Masse der Sport- und Fußballveranstaltungen heraus. Durch die Seltenheit, die Turnierstruktur – in der spätestens nach dem dritten Gruppenspiel tatsächlich jedes Spiel über Weiterkommen und Ausscheiden entscheidet – vor allem aber auch durch das mit dem Gewinn des Titels verbundene Prestige, hat die EM eine herausgehobene Bedeutung, so dass aus Sicht vieler Zuschauer bei einem solchen Turnier besonders viel ‚auf dem Spiel‘ steht.[28] Dies sollte grundsätzlich nicht nur zu der bereits beschriebenen hohen medialen Reichweite führen, sondern das Turnier auch zu einem besonders emotionalen Ereignis werden lassen, dem viele Fußballfans regelrecht entgegenfiebern. Zudem gibt es in Deutschland einen hohen Grad an Identifikation mit der Fußballnationalmannschaft (s. Abschnitt 6.1). Wie später noch begründet wird, ist dies eine weitere Voraussetzung dafür, dass die

---

28 Um die subjektive Bedeutung von sportlichem Erfolg bei internationalen Sportevents abzubilden, wird in der Sportökonomie auch auf den sogenannten „Willingness-to-Pay"-Ansatz zurückgegriffen. Dabei werden Menschen nach einem Geldbetrag gefragt, den sie bereit wären auszugeben, wenn sie dadurch in den Genuss eines sportlichen Erfolgs kämen. Einer Studie von Wicker, Prinz und von Hanau (2012) zufolge, wären die Deutschen bereit, durchschnittlich 26 Euro dafür auszugeben, dass Deutschland die Fußballweltmeisterschaft gewinnt. Sicherlich wäre der Betrag bei einer EM etwas niedriger als bei einer WM, gleichwohl unterstreicht dies nochmals die hohe Bedeutung, die diesen Fußballgroßereignissen in der Bevölkerung beigemessen wird.

Zuschauer besonders intensive Emotionen erleben und besonders stark vor den Fernsehschirmen mitfiebern.

Das Erleben von Emotionen bei den EM-Spielen

Welche Emotionen haben nun die Rezipienten der EM-Spiele beim Zuschauen erlebt? Hierzu wurde im *UEFA EURO 2016 PANEL* in Bezug auf die letzten zwei live gesehenen Spiele erfragt, ob bzw. wie stark die Befragten positive und negative Affekte erlebt haben:

a. „Ich habe die Stimmung beim Anschauen des Spiels genossen."
b. „Ich habe mitgefiebert."
c. „Ich war angespannt und aufgeregt."
d. „Ich habe mich ausgelassen gefreut."
e. „Ich war traurig."
f. „Ich habe mich geärgert."
g. „Ich war enttäuscht."
h. „Ich habe mich gelangweilt."

In einem ersten Schritt werden die von den Befragten erlebten Emotionen bei den einzelnen EM-Spielen betrachtet (Tabelle 5.5). Angegeben ist der Anteil der Zuschauer, der dem jeweiligen Item „voll und ganz" zustimmte oder „eher" zustimmte. Bei der Interpretation ist wiederum zu berücksichtigen, dass die mehr als 1000 Befragten nicht zu jedem gesehenen Spiel Angaben gemacht haben, sondern nur zu den letzten zwei Spielen, sodass die Fallzahlen bei diesen Auswertungen mit durchschnittlich N=224 geringer sind. Zur besseren Einordnung sind auch das Spielergebnis sowie die Torchancen (aus deutscher Sicht) mit aufgeführt, da sowohl der Ausgang des Spiels, die Menge der Torgelegenheiten, aber auch die Ausgeglichenheit der zwei Mannschaften das Emotionserleben beim Zuschauer mitprägen. Insgesamt ist zu erkennen, dass die große Mehrheit der Zuschauer von positiven Emotionen und nur ein kleiner Teil von negativen Emotionen berichtet. Gleichwohl gibt es auffällige Unterschiede zwischen den einzelnen Spielen, die so auch zu erwarten waren.

Wenn das DFB-Team gewonnen hat, berichten mehr Menschen von ausgelassener Freude. Siege in der K.O.-Runde lösen besonders viel Freude aus: Im 1. Spiel des DFB-Teams freuten sich 52 % ausgelassen über den Sieg; nach dem gewonnenen 3. Spiel – das DFB-Team hätte hier bei einer Niederlage ausscheiden können – sowie nach dem Achtelfinalsieg war die Freude noch stärker verbreitet (65 % bzw. 69 %). Der Elfmeterkrimi im Viertelfinale gegen Italien löste bei fast drei Vierteln der Zuschauer große Freude aus (73 %). Weiterhin ist auch das Spannungserleben der

Zuschauer bei den K.O.-Spielen stärker. Bei den Viertel- und Halbfinalpartien empfanden 83 % bzw. 85 % der Zuschauer Anspannung und Aufregung – deutlich mehr als zur Vorrunde. Es lässt sich daraus schlussfolgern, dass einige Spiele der EM bei vielen Rezipienten außeralltägliche Erregungszustände auslösten. Negative Emotionen werden zwar seltener erlebt, kommen punktuell aber auch vor. Beim Vorrundenspiel gegen Polen, das mit einem torlosen Remis endete, langweilte sich jeder Fünfte (18 %). Emotionaler Höhepunkt – im negativen Sinne – war aber die Halbfinalniederlage gegen Frankreich, die für das DFB-Team das Ausscheiden aus dem Turnier bedeutete. Nach dem Spiel war die Hälfte der Zuschauer traurig (48 %), verärgert (52 %) und enttäuscht (58 %).

Tab. 5.5 Positive und negative Affekte bei der Rezeption der EM-Spiele im Fernsehen

Turnierphase	Gruppen-spiel 1	Gruppen-spiel 2	Gruppen-spiel 3	Achtel-finale	Viertel-finale	Halb-finale
	Ukraine	Polen	Nord-irland	Slowakei	Italien	Frank-reich
Spielmerkmale						
Spielergebnis	2:0	0:0	1:0	3:0	6:5 n.E.	0:2
Torschüsse[1]	18:5	16:7	28:2	21:7	12:12	18:16
Emotionen						
Freude	52 %	32 %	65 %	69 %	73 %	29 %
Stimmung	87 %	73 %	87 %	88 %	87 %	75 %
Mitfiebern	83 %	79 %	86 %	87 %	93 %	91 %
Anspannung	58 %	64 %	65 %	69 %	85 %	83 %
Trauer	2 %	11 %	2 %	2 %	6 %	48 %
Ärger	5 %	23 %	12 %	4 %	14 %	52 %
Enttäuschung	3 %	28 %	8 %	2 %	8 %	58 %
Langeweile	5 %	18 %	4 %	4 %	5 %	6 %

Anmerkungen: EM-Querschnitt (*t*2). Basis sind die TV-Zuschauer. [1]Laut Spielstatistiken auf www.kicker.de.

Determinanten des emotionalen Erlebens: Identifikation und Gruppenkontext

Im Folgenden wird das Erleben von Freude und Anspannung detaillierter betrachtet, und es werden Faktoren geprüft, von denen das emotionale Erleben beeinflusst wird. Dabei stehen zwei Einflussfaktoren im Mittelpunkt: der Grad der Identifikation mit der deutschen Fußballnationalmannschaft und der soziale Kontext, d. h. die

Anzahl der Personen, in deren Gesellschaft die Spielübertragung angesehen wurde. In beiden Fällen lässt sich vermuten, dass eine Intensivierung des emotionalen Erlebens stattfindet, sobald sich Personen stärker mit dem DFB-Team identifizieren und sie das Spiel gemeinsam in einer Gruppe verfolgen.

Zur Begründung des Einflusses der *Identifikation mit dem Team* auf das emotionale Erleben kann die Theorie affektiver Dispositionen herangezogen werden bzw. ihre auf den Konsum medialer Sportereignisse bezogenen Variationen (vgl. Zillmann, Bryant & Zapolski, 1989; Raney, 2009, 2012). Allgemein besagt diese Theorie, dass Zuschauer gegenüber Protagonisten in Filmen oder Büchern, aber eben auch gegenüber Sportlerinnen, Sportlern und Sportteams, affektiv eingefärbte Dispositionen entwickeln, die auf einem Kontinuum von starker Sympathie über Neutralität bis zu starker Antipathie verlaufen. Stärkere positive Dispositionen gegenüber einer Mannschaft oder einem einzelnen Athleten sind grundlegend für Fanbindungen bzw. die Identifikation mit Teams oder Athleten. Für Raney (2009) sind die erlebten Emotionen beim Ansehen eines Sportereignisses simpel eine Funktion der Dispositionen gegenüber den teilnehmenden Sportlern und des Ergebnisses des Wettbewerbs: Je mehr Sympathie ein Zuschauer der Mannschaft A entgegenbringt, desto größer die Freude, wenn Mannschaft A gewinnt und desto größer der Frust, wenn diese Mannschaft verliert. Gesteigert werden kann die Freude im ersten Fall nur noch dann, wenn die präferierte Mannschaft A gegen eine Mannschaft B gewinnt, gegenüber der eine negative Disposition ausgebildet wurde, die man also stark ablehnt: „Enjoyment increases the more the viewer favors the winning team and/or dislikes the losing team. (…) It follows then that maximum enjoyment from viewing sports should be experienced when a most-beloved team defeats a most-hated rival" (Raney, 2012, S. 168). Zillmann et al. (1989) haben diese Annahmen u. a. bei Zuschauern von American Football Übertragungen untersucht und ihre empirischen Ergebnisse fielen exakt wie vermutet aus: Zuschauer mit Antipathie gegenüber dem siegreichen Team zeigten nach dem Spiel die geringste Freude; Zuschauer hingegen, die das siegreiche Team sympathisch fanden, freuten sich erwartungsgemäß. Und diese Freude fiel nochmals größer bei all denen aus, die nicht nur eine positive Haltung zum Siegerteam hatten, sondern zugleich auch eine negative Haltung zu den Verlierern – ein Zusammenhang der bei Betrachtung der emotionalen Reaktionen von Fans nach Derby-Siegen (oder der Fans von fast jeder Bundesligamannschaft nach einem Sieg über den FC Bayern) sofort plausibel erscheint. Ähnliche, die Kernannahmen der Theorie stützende Befunde konnten auch in weiteren Studien zu unterschiedlichen Sportarten, wie z. B. Formel 1-Rennen (Hartmann, Stuke & Daschmann, 2008) oder Eisschnelllauf (Bee & Madrigal, 2012), demonstriert werden.

Entsprechend lässt sich davon ausgehen, dass das Emotionserleben bei den Fußballspielen der UEFA Europameisterschaft ebenfalls von den Einstellungen zu bzw. der Identifikation mit den zwei Mannschaften, die sich gegenüberstehen, mitbestimmt wird. Im Survey wurde allerdings nur die Identifikation mit der deutschen Fußballnationalmannschaft erfragt, so dass nur diese Information in der empirischen Analyse verwendet werden kann. Dies erscheint jedoch wenig problematisch, weil grundsätzlich anzunehmen ist, dass das Emotionserleben bei Spielen der Nationalmannschaft viel stärker von den Einstellungen zur *eigenen* Nationalmannschaft abhängt als von den Einstellungen zur gegnerischen Mannschaft. Dies ist allein deshalb höchst plausibel, weil zur eigenen Auswahlmannschaft viel mehr Informationen (über Spieler, frühere Ergebnisse, Hintergründe etc.) über einen viel längeren Zeitraum zur Verfügung stehen, auf deren Basis sich eine Disposition gegenüber dem Team entwickeln konnte, während dies bei den anderen Mannschaften nur in Einzelfällen wahrscheinlich ist.[29] Gegenüber den gegnerischen Teams dürften sich Haltungen in den meisten Fällen – wenn überhaupt – erst ad hoc während des Spiels und dann auch nur in abgeschwächter Form ausprägen, z. B. wenn diese Teams oder einzelne Spieler dieser Teams besonders unfair oder besonders attraktiv spielen.

Aus diesen Überlegungen lässt sich nun ableiten, dass der Grad der Identifikation mit dem DFB-Team über die erlebten Emotionen mitentscheidet: *Je stärker sich eine Person mit der deutschen Auswahl identifiziert, a) desto intensiver ist die Spannung, die bei den EM-Spielen erlebt wird, b) desto größer ist die Freude, die nach siegreichen Spielen erlebt wird und c) desto größer fallen Trauer und Ärger aus, nachdem die Mannschaft ausgeschieden war.*

Die zweite Vermutung, der im Folgenden nachgegangen werden soll, bezieht sich auf den *sozialen Kontext* des Fußballschauens, wobei angenommen wird, dass die Präsenz anderer Menschen bzw. anderer Fußballfans mit einer Intensivierung des emotionalen Erlebens einhergeht. Diese Hypothese lässt sich u. a. im Rekurs auf Prozesse der „emotionalen Ansteckung" (*emotional contagion*) begründen (vgl. Hatfield, Cacioppo & Rapson, 1994). Dabei wird erstens davon ausgegangen, dass Menschen, sobald sie in einer Gruppe agieren, die Emotionen anderer Menschen in ihrer Nähe wahrnehmen und zweitens dadurch die wahrgenommene Emotion im Wahrnehmenden selbst auch ausgelöst wird. Genau genommen werden nicht die

---

29 Vielleicht ist am ehesten zu vermuten, dass sich aufgrund von Fußballrivalität, Niederlagen in wichtigen Spielen in der jüngeren Vergangenheit (WM-Halbfinale 2006, EM-Halbfinale 2012) und negativen Zuschreibungen in Medien und Öffentlichkeit der italienischen Mannschaft gegenüber (angeblich destruktiver, unfairer Fußball, etc.) eine negative Disposition zum italienischen Team herausgebildet hat, was die Freude über den Sieg der deutschen Mannschaft letztlich nochmals verstärkt haben könnte.

Emotionen selbst, sondern das Ausdrucksverhalten des Gegenübers wahrgenommen, auf dessen Grundlage auf dahinterliegende emotionale Zustände geschlossen wird. Beim Ausdrucksverhalten wiederum kann differenziert werden zwischen einem verbalen Emotionsausdruck (z. B. durch Worte, Tonlage, Lautstärke) und einem nonverbalen Emotionsausdruck (z. B. durch Mimik, Gestik, Körperhaltung). So könnte die Spannung eines Zuschauers vor einem Elfmeter im Fußball z. B. verbal durch Worte („meine Nerven", „ich halt's nicht mehr aus"), durch eine zitternde Stimme, aber auch nonverbal durch hochgezogene Augenbrauen, dicht vor das Gesicht gehaltene Hände, gedrückte Daumen oder eine angespannte Körperhaltung zum Ausdruck kommen. Grundsätzlich gilt dabei, dass die Emotionen anderer umso besser wahrgenommen werden können, je intensiver sie ausgedrückt werden: „The same emotion … expressed with greater levels of energy should lead to more contagion" (Barsade, 2002, S. 649). Dies ist deshalb als plausibel anzunehmen, weil a) das Ausdrucksverhalten einer Person dann mit mehr Aufmerksamkeit von den anderen Beteiligten bedacht wird und b) von diesen auch eindeutiger interpretiert werden kann, d. h. die dahinterliegende Emotion klarer erkannt wird. Für die eigentliche Ansteckung wurde ein nahezu automatischer, spontan und unbewusst ablaufender Prozess der mimischen und motorischen Nachahmung postuliert, bei dem der bei anderen wahrgenommene Emotionsausdruck imitiert wird. Dies wird von zahlreichen Studien untermauert, die v. a. die Nachahmung von Gesichtsausdrücken (z. B. Lundqvist & Dimberg, 1995; Dimberg, Thunberg & Elmehed, 2000) und Körperbewegungen (z. B. Chartrand & Bargh, 1999) untersucht haben. Mit der Nachahmung des Ausdrucksverhaltens ist aber auch das Nachempfinden der eigentlichen Emotion verkoppelt[30] (Hatfield et al., 1994), und es lassen sich bei den emotional ‚infizierten' Personen die erwarteten neurologischen Korrelate von Emotionen identifizieren, wie z. B. eine erhöhte Aktivität der Amygdala (Juruena et al., 2010). Besonders gut scheint der emotionale Ansteckungsprozess bei Personen abzulaufen, die sich (zumindest etwas) sympathisch finden, derselben sozialen Gruppe angehören und sich unter freundschaftlichen Rahmenbedingungen begegnen (Hess & Fischer, 2013), was in den allermeisten Fällen beim gemeinsamen Fußballschauen der EM-Spiele wohl vorausgesetzt werden kann. Das gemeinsame Schauen der EM-Spiele mit Freunden und Familie, aber auch das Gemeinschafts-

---

30 Hess und Fischer (2013) diskutieren in diesem Zusammenhang, ob Menschen das Ausdrucksverhalten ihres Gegenübers zunächst (unbewusst) imitieren und durch die Imitation erst Spuren der Emotion in ihnen selbst ausgelöst werden oder das Ausdrucksverhalten des Gegenübers zunächst in einem selbst eine emotionale Reaktion auslöst, die dann einen ähnlichen, quasi spiegelbildlichen Ausdruck in Mimik und Haltung findet.

gefühl der Fans beim Public Viewing, sollten also beste Voraussetzungen für emotionale Ansteckungsprozesse bieten.

Alternativ hierzu lässt sich die Entstehung kollektiver Emotionen auch als ein eher bewusst ablaufender und stärker sozial normierter Prozess der Emotionsregulation beschreiben, der je nach Situation entweder zu einer Verstärkung oder einer Abschwächung von Emotionen im Gruppenkontext führen könnte (zusammenfassend hierzu von Scheve, 2009, S. 288ff). Grundlegend für diese Perspektive ist die Annahme, dass Menschen ihre eigenen Emotionen, die wahrgenommenen Emotionen anderer Menschen und die in einer Situation geltenden sozialen Normen abgleichen, um sich dadurch zu versichern, ob bzw. dass ihre eigenen Emotionen in einer bestimmten Situation angemessen sind. Unterstellt wird dabei, dass Menschen darauf bedacht sind, ihre Emotionen weitestgehend so zu kontrollieren, dass nur die jeweils *angemessenen* Emotionen gezeigt werden. Bereits Elias und Dunning (1993, S. 125) hatten ein „Selbstzwanggefüge" zur Kontrolle von Emotionen als ein Wesensmerkmal des modernen, zivilisierten Menschen beschrieben, welches unterbinde, dass Emotionen spontan in einer unangemessenen Art und Weise bzw. unpassenden Situation ausgedrückt werden. Was ‚passend' bzw. ‚angemessen' ist, ist in vielen Situationen sozial normiert, d. h. es existieren soziale Normen und Standards, die festlegen, welche Emotionen gefühlt („*feeling rules*") werden sollen (Hochschild, 1979) bzw. wie diese ausgedrückt („*display rules*") werden dürfen (Ekman & Friesen, 1969). Bei Verstößen gegen die Emotions- und Expressionsnormen – wenn man z. B. bei einem geschäftlichen Termin seinen Ärger durch einen lauten Wutausbruch äußert – muss man, wie bei Normverstößen generell, mit sozialer Missachtung rechnen. Studien zeigen, dass bereits Kinder über Strategien der Emotionsregulation verfügen und in bestimmten Situationen – nämlich immer dann, wenn sie erwarten, dass andere Beteiligte auf die gezeigte Emotion negativ reagieren – ihre Gefühle unterdrücken möchten (Zeman & Garber, 1996). Es folgt daraus, dass Menschen in der modernen Gesellschaft permanent abgleichen (müssen), ob das, was sie momentan empfinden zu den geltenden Emotions- und Expressionsnormen passt oder nicht. Die anderen in der Situation anwesenden Personen sind dabei ein wichtiger Gradmesser, ob die eigene Interpretation der Situation richtig ist oder nicht. Lässt das emotionale Ausdrucksverhalten der anderen Beteiligten den Schluss zu, dass sie das Gleiche fühlen wie der Akteur selbst (und dies eben auch zeigen), fühlt dieser sich bestätigt, dass das Gefühlte und die Art des Ausdrucks angemessen ist. Unterstellt man nun, dass in einer potenziell sehr aufregenden und emotionalen Situation, was auf das gemeinsame Fußballschauen im Grunde zutrifft, auch die anderen Akteure zunächst prüfend auf die Anwesenden achten, bevor sie ihren Gefühlen ‚freien Lauf' lassen, entsteht erst nach und nach eine Dynamik der wechselseitigen Bestätigung, dass das eigene

Interpretationsmuster der Situation und damit auch die von einem selbst gezeigten Emotionen zur Situation passen und sozial anschlussfähig sind. Es kann sogar als soziale Norm erachtet werden, dass man beim Fußballschauen auf ein bestimmtes expressives Verhalten mit einem ähnlichen Verhalten reagieren *soll*, z. B. mitklatschen oder mitsingen soll. Von Scheve (2009) spricht hier von Korrespondenzregeln, die die Erwartungen festlegen, welche Reaktion auf das Ausdrucksverhalten anderer Akteure angemessen und sozial akzeptiert ist.

Unabhängig über welche(n) dieser Mechanismen letztlich die emotionale Ansteckung abläuft, so lässt sich bis hierhin in jedem Fall festhalten, dass beim gemeinsamen Fußballschauen das emotionale Ausdrucksverhalten der anderen Personen wahrgenommen wird und eine Synchronisierung der Emotionen innerhalb der Gruppe als auch ein wechselseitiges Entfachen und Verstärken von Gefühlen zur Folge haben kann. Anders als bei Personen, die ein EM-Spiel allein verfolgen, werden durch die anderen Anwesenden in einer Gruppe Freude, Anspannung, Enttäuschung usw. wechselseitig zurückgespiegelt, was entweder unmittelbar ein verstärktes emotionales Miterleben zur Folge hat oder die soziale Norm, dass Emotionen beim Fußballschauen unmittelbar ausgedrückt werden dürfen, bekräftigt. Im Übrigen schließen sich beide Prozesse auch nicht aus, sondern können als komplementär angesehen werden. Dass dies in der Folge zu einem Aufschaukeln der Stimmung in der Gruppe insgesamt und einer Intensivierung des emotionalen Erlebens bei jedem Einzelnen führen dürfte, liegt auf der Hand.

Als zweite Hypothese für das Emotionserleben der EM-Spiele mit Beteiligung des DFB-Teams lässt sich deshalb formulieren: *Je mehr andere Personen bei der Live-Übertragung des Spiels mit dabei sind, desto intensiver werden Emotionen wie Freude oder Anspannung erlebt.*

Empirische Befunde: Geteilte Freude = doppelte Freude, geteiltes Leid = halbes Leid?

Im Folgenden werden einzelne Emotionen betrachtet und individuelle Unterschiede im Erleben dieser Emotionen regressionsanalytisch erklärt. Betrachtet werden Freude, Anspannung, Trauer und Ärger. Diese vier Emotionen wurden ausgewählt, weil sie als recht unterschiedlich angesehen werden können – zumindest wenn man die Dimensionen Lust-Unlust und Aktivierung-Beruhigung zur Einordnung heranzieht, wie dies im viel zitierten Circumplex-Modell vorgeschlagen wurde (Russell, 1980).[31] Demnach ließe sich ausgelassene Freude als eine aktiv-positive, Spannung als eine aktiv-neutrale und Ärger als eine aktiv-negative Emotion beschreiben,

---

31 Zu den anderen Emotionen, über die hier im Folgenden nichts berichtet wird, haben sich
    in Vorab-Analysen sehr ähnliche Befunde ergeben: Bei „Stimmung" ähnliche Befunde

während Trauer eine eher passiv-negative Emotion darstellt. Die Erklärung der individuellen Unterschiede im Erleben dieser Emotionen erfolgt mit Hilfe von mehreren Variablen. Diese bilden erstens durchschnittliche Niveauunterschiede im Erleben einer Emotion ab, die sich daraus ergeben, welches Fußballspiel zuletzt vom Befragten gesehen wurde, auf das sich die Antworten beziehen. Für jedes Spiel wird dafür eine Dummy-Variable ins Modell aufgenommen, mit Ausnahme des Polen-Spiels in der Vorrunde, das als Referenzkategorie fungiert.[32] Die Effekte, die für diese Dummy-Variablen ausgewiesen werden, bilden die Varianz *zwischen* den einzelnen Spielen vollständig ab. Aber auch die Menschen, die das gleiche Spiel gesehen haben, erleben dieses mitunter sehr unterschiedlich. Deshalb werden zweitens soziodemografische Merkmale aufgenommen, um zu prüfen, ob das emotionale Erleben z. B. vom Alter, Geschlecht oder Bildungsniveau abhängt. Drittens konnten die Befragten angeben, wie stark sie sich mit der deutschen Fußballnationalmannschaft identifizieren. Hierzu wurde vermutet, dass ein höherer Grad an Identifikation mit stärkeren Emotionen beim Anschauen des Spiels assoziiert sein müsste. Viertens berücksichtigen die Modelle den sozialen Kontext, in dem das Spiel angesehen wurde. Im Vergleich zu denen, die das Spiel allein angesehen haben, werden mehrere Effekte für jene Personen geschätzt, die in einer Zweier- oder Dreiergruppe, mit bis zu fünf anderen Personen, in einer größeren Gruppe im privaten Rahmen oder an einem öffentlichen Ort (also beim Public Viewing) das jeweilige EM-Spiel angeschaut haben.

Die Ergebnisse zum Erleben von *Freude* weisen auf systematische Einflüsse der Identifikation mit dem DFB-Team und des sozialen Kontexts hin, aber auch auf Besonderheiten einzelner Spiele (Tabelle 5.6). So berichteten die Befragten nach den siegreichen Spielen gegen Italien, die Slowakei und Nordirland von größerer Freude als nach dem Remis gegen Polen. In allen drei Fällen ist die Zustimmung zur Aussage „Ich habe mich ausgelassen gefreut", die auf einer fünfstufigen Skala angegeben wurde, um etwa einen Punkt größer. Vor allem das Achtelfinal-Spiel gegen die Slowakei bot Anlässe zur ausgelassenen Freude, nicht zuletzt aufgrund der drei Tore, die die DFB-Elf in dieser Partie schoss. Das Ausscheiden gegen Frankreich im Halbfinale war für viele Befragten erwartungsgemäß kein Grund zur Freude: Sie berichten – im Vergleich zum Unentschieden gegen Polen – von signifikant geringerer

---

wie bei „Freude"; beim „Mitfiebern" ähnliche Befunde wie bei „Spannung". Dies alles hier zu berichten, hätte erhebliche Redundanzen erzeugt.

32 Das erste Spiel der deutschen Mannschaft gegen die Ukraine kann nicht berücksichtigt werden, weil es bei den herangezogenen Angaben immer um das zuletzt gesehene Spiel geht und die Befragungswelle während der EM erst nach dem 2. Spieltag begann. Grundsätzlich beziehen sich die Angaben der Befragten zu etwa gleichen Anteilen auf die fünf EM-Spiele gegen Polen, Nordirland, Slowakei, Italien und Frankreich.

Freude. Systematische Zusammenhänge zwischen dem Erleben von Freude und den soziodemografischen Merkmalen Alter, Geschlecht und Bildungsniveau sind nicht zu erkennen. Tendenziell freuten sich Männer und Personen mit niedrigerer Bildung zwar etwas mehr als Frauen und Personen mit höherer Bildung, statistisch absichern lässt sich dies jedoch nicht. Weiterhin kann die Analyse die Bedeutung der Identifikation mit der Mannschaft für das emotionale Erleben untermauern: Der Grad der Identifikation ist der stärkste einzelne Prädiktor im Modell. In den Spielen, die die DFB-Elf gewonnen hat, fällt die Freude umso stärker aus, je mehr sich ein Befragter mit der siegreichen Mannschaft identifiziert. Wenig erstaunlich ist es, dass es diesen Effekt auf die Freude nicht nach dem Spiel gegen Frankreich gab, in dem Deutschland aus dem Turnier ausschied. Schließlich findet auch die Annahme zum Gruppenkontext Bestätigung, denn diejenigen Befragten, die das letzte Spiel an einem öffentlichen Ort oder zusammen mit mehr als fünf Personen im privaten Rahmen gesehen haben, berichten von signifikant mehr Freude als jene, die die Live-Sendung allein zu Hause verfolgten. Man kann den Schluss daraus ziehen, dass die Präsenz anderer Personen in der Tat mit einer Intensivierung des eigenen Erlebens – in diesem Fall von ausgelassener Freude – einhergeht, so wie man es im Anschluss an Überlegungen zur emotionalen Ansteckung erwarten würde. Geteilte Freude ist zumindest beim Fußballschauen also wirklich doppelte Freude.

Die Ergebnisse zum Erleben von *Spannung* verweisen auf zumeist ähnliche Zusammenhänge: Vor allem die eng umkämpften K.O.-Spiele gegen Italien und Frankreich wurden (im Vergleich zum 0:0 gegen Polen) als spannend und aufregend empfunden. Ein besonders hoher Wert im Spannungserleben erreicht das Italien-Spiel, das im Elfmeterschießen entschieden wurde (Tabelle 5.6). In der Presse wurde das Spiel als „Nervenschlacht" (kicker), „nichts für Herzschwache" (ZEIT), „unser größter Elfer-Krimi" (BILD), „episch" und „nervenzerfetzend" (FAZ) beschrieben. Nach einem 1:1 nach 90 Minuten und einer torlosen Verlängerung traten insgesamt neun Schützen aus jedem Team an, bevor der Sieger feststand. Die DFB-Elf, die im Elfmeterschießen nachlegte, stand dabei mehrfach unter dem Druck, treffen zu müssen, denn ein Fehlschuss hätte das Aus bedeutet. Für die Zuschauer war dies in der Tat ein an Spannung und Dramatik kaum zu überbietender Verlauf, was sich in den Daten entsprechend widerspiegelt. Aber auch das Achtelfinale gegen die Slowakei bot aus Sicht der Befragten mehr Spannungsmomente als die Vorrundenpartie gegen Polen, in der das Weiterkommen noch nicht auf dem Spiel stand. Abermals lassen sich keine signifikanten Zusammenhänge zwischen dem Erleben von Spannung und dem Alter, Geschlecht oder Bildungsniveau einer Person erkennen. Tendenziell scheint es, dass Menschen mit höherem Bildungsniveau nicht ganz so stark mitfiebern wie Personen mit niedrigerer formaler Bildung. Erwartet stark wirkt sich der Grad der Identifikation mit dem DFB-Team aus; dies ist der stärkste Einflussfaktor im Modell. Fans und Sympathisanten der deutschen Mannschaft fiebern und zittern viel stärker bei den Spielen mit als die Zuschauer, die keine Bindung an die deutsche Nationalmannschaft haben. Schließlich lässt sich nochmals die Hypothese zum Gruppenkontext untermauern: Wer das EM-Spiel an einem öffentlichen Ort oder zusammen mit mehr als fünf Personen im privaten Rahmen gesehen hat, berichtet von deutlich mehr Anspannung und Aufregung im Vergleich zu all denen, die das gleiche Spiel allein vor dem Bildschirm zu Hause sahen.

Tab. 5.6 Erleben von Freude und Spannung beim zuletzt gesehenen EM-Spiel

	Freude (N=684)			**Spannung** (N=686)		
	b	β	p	b	β	p
Effekte EM-Spiele (Referenz: Polen)						
Frankreich	-0.93	-.34	<.01	0.57	.26	<.01
Italien	1.02	.33	<.01	0.62	.25	<.01
Slowakei	1.23	.36	<.01	0.26	.10	.03
Nordirland	0.92	.25	<.01	0.17	.06	.18
Soziodemografie						
Alter	-0.01	-.01	.90	-0.02	-.02	.66
Geschlecht[1]	0.11	.04	.18	0.01	.01	.86
Bildung	-0.08	-.05	.14	-0.09	-.07	.07
Identifikation						
… mit DFB-Team	0.58	.37	<.01	0.55	.44	<.01
… mit DFB-Team* Frankreich-Spiel	-0.46	.36	<.01	---	---	---
Sozialer Kontext[2]						
Öffentlicher Ort	0.37	.09	.03	0.28	.09	.04
Gruppe >5	0.52	.11	<.01	0.44	.12	<.01
Gruppe 3–5	0.25	.07	.11	0.14	.05	.28
Gruppe 1–2	0.11	.04	.35	0.10	.05	.32
R^2		.31			.26	

Anmerkungen: EM-Querschnitt (*t2*). Basis sind die TV-Zuschauer. OLS Regression. Signifikante Koeffizienten sind fett hervorgehoben. [1]Referenzwert: weiblich. [2]Referenzwert: allein.

Die Ergebnisse zum Erleben von *Trauer* und *Ärger* beziehen nur die Befragten ein, die im letzten Befragungsblock der zweiten Erhebungswelle befragt wurden, d. h. deren zuletzt gesehenes Spiel das verlorene Halbfinale gegen Frankreich war. Da sich nun also alle Angaben auf das gleiche EM-Spiel beziehen, werden keine fixen Effekte für einzelne Spiele mehr benötigt. Die eingangs dargelegten Hypothesen lassen sich aber auch an der kleinen Stichprobe des Frankreich-Spiels noch gut über-prüfen: Stimmen die theoretischen Überlegungen zur Intensivierung emotionalen Erlebens, sollten Befragte, die sich mit dem DFB-Team stärker identifizieren oder die das Spiel gemeinsam mit anderen Personen privat oder öffentlich angesehen haben, nach der Niederlage auch von stärkeren negativen Emotionen berichten. Die Befunde zeigen aber, dass die Zusammenhänge hier etwas komplexer sind als erwartet.

Die Analysen zum Erleben von *Trauer* und *Ärger* (Tabelle 5.7) weisen erwartungs-konform auf einen starken Effekt der Identifikation mit der DFB-Elf hin. Je stärker die Befragten mit der deutschen Auswahl sympathisierten, desto größer war die empfundene Trauer und der empfundene Ärger nach dem verlorenen Halbfinale. Für den Grad der Identifikation mit der Mannschaft lässt sich also der vermutete Effekt der Intensivierung emotionalen Miterlebens klar demonstrieren. Im Hinblick auf den sozialen Kontext lassen sich weder für Trauer noch für Ärger signifikante Zusammenhänge entdecken. Dennoch sollen einige Tendenzen erwähnt werden: So berichten Befragte, die das Halbfinale im privaten Rahmen in einer größeren Gruppe (>5 Personen) angeschaut haben, von besonders starker Trauer und auch von größerem Ärger. Die Stärke beider Effekte ist vergleichbar mit der Effektstärke, die auch bei den Analysen zu Freude und Spannung erkennbar war. Dass die Effekte hier nicht signifikant ausfallen, ist nicht allein der kleineren Stichprobe geschuldet, sondern es lässt sich über die Standardfehler der Regressionskoeffizienten auch eine größere Streuung als z. B. in der Analyse zur Freude ausmachen. Das bedeutet zunächst nur, dass *manche* Befragte, die das Spiel in einer größeren Gruppe sahen, in der Tat mehr Trauer und Ärger erlebten. Für andere Befragte gilt das allerdings nicht. Es scheint – anders als bei Freude und Spannung – stärker von den Eigen-schaften der jeweiligen Gruppe, mit der das Spiel angeschaut wird, abzuhängen, ob eine emotionale Ansteckung von Trauer und Ärger stattfindet oder nicht.

Tab. 5.7   Erleben von Trauer und Ärger beim EM-Spiel Deutschland – Frankreich

	Trauer (N=211)			Ärger (N=211)		
	b	β	p	b	β	p
Soziodemografie						
Alter	-0.13	-.12	.12	**-0.21**	**-.19**	**.02**
Geschlecht[1]	0.21	.08	.23	0.01	.00	.95
Bildung	-0.23	-.14	.06	**-0.29**	**-.18**	**.02**
Identifikation						
… mit DFB-Team	**0.59**	**.40**	**<.01**	**0.39**	**.27**	**<.01**
Sozialer Kontext[2]						
Öffentlicher Ort	-0.05	-.01	.90	-0.23	-.06	.52
Gruppe >5	0.47	.11	.21	0.57	.13	.14
Gruppe 3–5	0.01	.00	.97	0.29	.08	.43
Gruppe 1–2	-0.13	.05	.66	0.06	.02	.84
R^2		.21			.14	

Anmerkungen: EM-Querschnitt (*t*2). Basis sind die TV-Zuschauer. OLS Regression. Signifikante Koeffizienten sind fett hervorgehoben. [1]Referenzwert: weiblich. [2]Referenzwert: allein.

Darüber hinaus ist hervorzuheben, dass weder verstärkt von Trauer noch von Ärger berichtet wird, wenn die Befragten das Ausscheiden des deutschen Teams an einem öffentlichen Ort miterlebt haben. Man könnte hier vermuten, dass die Expressionsnormen für Trauer und Ärger – z. B. was Weinen oder Fluchen angeht – gerade im öffentlichen Raum noch als deutlich strikter gedeutet werden als im privaten Kontext, was tendenziell eher zur regulierten Dämpfung der eigenen Emotionen beitragen dürfte. Auch die eingangs erwähnten Korrespondenzregeln könnten im öffentlichen Raum andere sein: Während das Mitfreuen bei der Beobachtung von ausgelassener Freude allseits akzeptiert sein dürfte, gilt das sicher nicht so ohne Weiteres für das Mitfluchen bei der Beobachtung einer zornigen Person oder das Mitweinen mit einem traurigen Menschen. Dem entsprechend ist das Anstecken einer Person mit negativen Emotionen vielleicht voraussetzungsvoller und deshalb unwahrscheinlicher. Die Synchronisierung und Verstärkung von negativen Emotionen ist also – zumindest im Kontext der Fußball-EM – offenbar nicht so wahrscheinlich wie bei positiven Emotionen. Nicht unerwähnt sollen die signifikanten Effekte von Alter und Bildung auf den erlebten Ärger nach dem verlorenen Halbfinale bleiben: Ältere Menschen berichten von weniger Ärger als die Jüngeren und auch eine höhere Bildung ‚schützt‘ vor zu großem Ärger nach dem EM-Aus.

Insgesamt lässt sich also festhalten, dass nicht nur ein großer Anteil der Zuschauer bei den Live-Übertragungen emotional involviert war, d. h. mitgefiebert und sich mitgefreut hat, sondern die Intensität der Emotionen Freude und Anspannung bei einem höheren Grad an Identifikation mit dem Team nochmals höher ausfiel. Die Fans und Sympathisanten der deutschen Auswahl empfanden nach dem Ausscheiden aus dem Turnier aber auch mehr Trauer und Ärger. Dieses Ergebnis stützt die aus der Theorie affektiver Dispositionen abgeleitete Hypothese. Darüber hinaus finden sich einige Belege für den vielfach behaupteten (aber selten empirisch nachgewiesenen) Zusammenhang zwischen Emotionserleben und Gruppenkontext. Die EM-Spiele zusammen mit mehreren anderen Personen zu schauen, geht mit einer Intensivierung von Spannung und von Freude (bei Siegen) einher. Entgegen der Annahme waren diejenigen, die das verlorene Halbfinale in einer größeren Gruppe oder in der Öffentlichkeit anschauten, aber nicht signifikant trauriger oder verärgerter als Menschen, die alleine zu Hause zusahen. Einem Hedonisten, dem es beim Fußballschauen also vor allem um das Erlebnis positiver Emotionen geht, kann man einen Besuch eines Public Viewings nur ans Herz legen: Neben der erhöhten Spannung steigert sich im Falle eines Sieges die (vielfach zurückgespiegelte) Freude, im Falle einer Niederlage gibt es aber keine messbare Steigerung der Enttäuschung.

5.3   Expressiver Fußballpatriotismus in Deutschland[33]

Der expressive Umgang mit nationalen Symbolen im Rahmen der Europa- und Weltmeisterschaften im Fußball ist zumindest in Deutschland ein relativ neues Phänomen. Erst zur Heim-WM 2006 – dem „Sommermärchen" – haben Flaggen an Balkonen und an Autos, in Schwarz-Rot-Gold geschminkte und mit Deutschland-Hüten, -Brillen und -Schals kostümierte Fans Einzug in die Biergärten, Straßen, Nachbarschaften und Fanmeilen gehalten und so ihre Verbundenheit zur Nationalmannschaft und zum Nationalstaat offen und expressiv zum Ausdruck gebracht. Das Kapitel geht diesem fußballbezogenen Patriotismus genauer nach und stellt hierzu vier bislang unbeantwortete, aber grundlegende Fragen, die mit Hilfe der *UEFA EURO 2016 Panelstudie* beantwortet werden: 1) Erstens geht es um die Quantifizierung des Phänomens: Wie groß ist der Anteil der „Fußball-Patrioten" in der deutschen Bevölkerung? 2) Zweitens wird die Gruppe der „Fußball-Patrioten" soziodemografisch genauer analysiert: In welchen Bevölkerungssegmenten ist der

---

33 Eine Kurzfassung dieses Kapitels ist als Diskussionsbeitrag erschienen – Mutz, M. (2018). Football-related patriotism in Germany and the 2016 UEFA EURO. *German Journal of Exercise and Sport Research*, 48, 287–292 – und kann unter https://doi.org/10.1007/s1266 2–018-0490-7 aufgerufen werden.

fußballbezogene Patriotismus stärker verankert und in welchen weniger? 3) Drittens wird der Versuch unternommen, das Phänomen ideologisch einzuordnen, indem Korrelationen zwischen fußballbezogenem Patriotismus und politischen Einstellungsdimensionen analysiert werden. 4) Schließlich werden wir die Einstellungen der deutschen Bevölkerung zum fußballbezogenen Patriotismus analysieren: Stoßen diese Verhaltensweisen auf Akzeptanz, Indifferenz oder lösen sie Ablehnung und Befremdung aus?

Der neue expressive Fußballpatriotismus in Deutschland

Fußballbezogener Patriotismus wird im Folgenden *handlungsorientiert* als offener, expressiver Umgang mit nationalen Symbolen im Kontext der Fußball-EM verstanden. Damit grenzt sich der vorliegende Abschnitt auch von späteren Kapiteln ab, in denen Patriotismus *als Einstellung* genauer untersucht wird. Verhaltensweisen wie das Aufhängen von Fahnen, Mitsingen der Hymne, Sich-Kleiden in den Nationalfarben usw. können als (fast schon idealtypische) Formen expressiven Handelns aufgefasst werden. Expressives Handeln bezieht sich grundsätzlich auf alle Verhaltensweisen eines Menschen, die dazu dienen sollen eine Überzeugung, ein Gefühl, eine Motivation oder eine Facette der eigenen Identität – also irgendetwas „Inneres" – nach außen auszudrücken bzw. zur Schau zu stellen (Zivin, 1985). Expressives Handeln ist weniger auf ein bestimmtes äußeres Ziel gerichtet, wie dies z. B. für rationales Handeln gilt, sondern auf einen inneren Zustand, der sich im Ausdrucksverhalten spiegeln soll, damit er für andere erkennbar wird. Bei Fußballfans ist expressives Handeln weit verbreitet.

In den Interviews mit Besuchern von Fanmeilen, die Schediwy (2012) ausgewertet hat, wird deutlich, dass das Zur-Schau-Stellen von nationalen Symbolen vor allem darauf abzielt, Verbundenheit mit der DFB-Auswahl bzw. Unterstützung für die DFB-Elf zum Ausdruck zu bringen. Neben dem Stolz auf die deutschen Fußballer spielt aber auch der Wunsch eine Rolle, die eigene Zugehörigkeit zu Deutschland als Nation durch das Zeigen nationaler Symbole darzustellen. Beide Aspekte verweisen auf Zugehörigkeit und Identifikation, ob nun das Objekt der Identifikation die Fußballmannschaft oder das Land ist. Fußballpatriotische Handlungen sollen diese Identifikation nach außen sichtbar machen; sie stellen einen Teil der eigenen Identität auf symbolischer Ebene ‚im Außen' dar. In dieser Lesart sind fußballpatriotische Handlungen also genau genommen Identitätsexpressionen, bei denen es um das bewusste Ausdrücken von Verbundenheit zu einem bestimmten Identifikationsobjekt geht.[34] Das Mittel der Wahl, um diese Verbundenheit auszudrücken,

---

34 Daran wird zugleich deutlich, dass ein so verstandenes expressives Handeln – auch wenn dieses ohne Zweifel in der Regel affektiv getönt ist – sich von einem impulsiven

sind dabei nationale Symbole (z. B. Flaggen, Nationalfarben, Hymnen), die zwar im Kontext des Fußballs *auch* auf etwas fußballspezifisches verweisen, nämlich die Nationalmannschaft, im Allgemeinen aber *vor allem* Symbolträger für die Bundesrepublik Deutschland als Nationalstaat sind.

Dieser Umgang mit nationalen Symbolen in der Öffentlichkeit war lange Zeit in Deutschland durch Zurückhaltung geprägt. Seit der FIFA Weltmeisterschaft 2006 – dem sogenannten „Sommermärchen" – hat sich das Verhältnis zu nationalen Symbolen in Deutschland während großer Fußballereignisse aber erkennbar und nachhaltig verändert. Schiller (2015) zeichnet dieses Verhältnis von Patriotismus und Begeisterung für die DFB-Auswahl in historischer Perspektive nach und berichtet u. a., dass selbst der überraschende WM-Titel 1954 zwar mit patriotischem Enthusiasmus einherging, dieser aber nur kurzfristiger Natur war und der Finalsieg wesentliche Anteile seiner starken patriotischen Aufladung erst ex post im kollektiven Gedächtnis erhalten hat.[35] Für die Weltmeisterschaft 1974, ausgetragen in Deutschland und gewonnen vom DFB-Team, lässt sich gar von einer „Denationalisierung" des DFB-Teams und der WM sprechen, die sich niederschlug in „increasing reticence among players and the public alike to sing the national anthem and wave the German flag" (Schiller, 2015, S. 182) sowie einem Zuschauerverhalten, das durch Ruhe und Zurückhaltung gekennzeichnet war. Und auch wenn im Kontext von Spielen der Nationalmannschaft seit den späten 1980ern von einer Renationalisierung gesprochen werden kann, die ihren explizitesten Ausdruck in der öffentlichen Freude über den WM-Titel von 1990 fand, so blieben die Autokorsos und das Schwenken von schwarz-rot-goldenen Fahnen doch auf den Finalgewinn beschränkt. Während lange Zeit also ein vergleichsweise distanzierter Umgang mit den Symbolen der Nation in der Öffentlichkeit üblich war, hielten 2006 auf den FIFA Fanfesten und Fanmeilen die in Schwarz-Rot-Gold geschminkten, mit Flaggen, Kleidung und Accessoires ausstaffierten Fans massenhaft Einzug. Fähnchen für den Balkon, Überzieher für den Außenspiegel des Autos, Schminksets, schwarz-rot-goldene Perücken, Hüte, Blumenketten und Brillen wurden seitdem millionenfach verkauft[36] und werden von den vielen Mitfiebernden pünktlich zu jedem internationalen Fußballgroßereignis wieder aus den Schränken geholt.

Handeln im Sinne von Weber (1980), wie z. B. einem spontanen Ausbruch von Freude, Ärger oder anderen Gefühlszuständen, unterscheidet.

35 Und auch zeitgenössische Fotos des Empfangs der DFB-Elf zeigen zwar eine begeisterte Menge von mehreren zehntausend Menschen auf dem Münchner Marienplatz, im Gegensatz zum Empfang der Weltmeister von 1990 und 2014 glich diese Menschenmasse aber keinem schwarz-rot-goldenen Fahnenmeer.

36 Laut einer Online-Studie der Universität Hohenheim soll allein zur Fußball-WM 2014 jeder Deutsche im Alter über 16 Jahren im Durchschnitt 12,75 Euro für Fußballfanartikel

Medial wurde der fußballbezogene Patriotismus vorwiegend positiv als „Party-Patriotismus" oder „Patriotismus light" beschrieben und als „freundliche", „harmlose" und „entspannte" Art, eine Zugehörigkeit und Verbundenheit zu Deutschland auszudrücken, eingeordnet (vgl. zum Mediendiskurs Schediwy, 2012; Seitz, 2006). In der Analyse von Schediwy (2012) wird auch deutlich, dass die Medien im Sommer 2006 einer „Ja-zu-Deutschland"-Haltung durch eine affirmative Berichterstattung Vorschub leisteten. Einen ähnlichen Wandel beschreibt Ismer (2011) für die Fernsehberichterstattung. Im Vergleich der Weltmeisterschaften 1974 und 2006, die ja beide in Deutschland ausgetragen wurden, stellt er fest, dass 1974 ein nüchtern-sachlicher Ton, ein hohes Maß an Objektivität sowie eine kritische Distanz zu jeder Form von Nationalstolz die Fußballberichterstattung durchzog, während im Kontrast dazu 2006 eine hohe Parteilichkeit für die deutsche Elf und ein hohes Maß an Emotionalität in der Rahmung und Kommentierung der Spiele prägend waren. Vor allem in der Vor- und Nachberichterstattung wurde versucht, durch Live-Berichte von den Fanmeilen die dortige Stimmung einzufangen und in die Wohnzimmer zu transportieren. Folge dieser patriotischen Inszenierung ist sicher, dass bei vielen Zuschauern eine Identifikation mit der Nationalmannschaft – indirekt aber auch mit dem Nationalstaat, den die Mannschaft repräsentiert – erzeugt und verstärkt wird.

Zugleich wird mit den Fernsehbildern und in den Presseartikeln aber auch vermittelt, dass das öffentliche Ausdrücken einer patriotischen Haltung ‚normal' und ‚in Ordnung' ist. Vermutlich war das Transportieren einer Veränderung in der sozialen Norm eine wichtige Voraussetzung dafür, dass sich die Menschen massenhaft anstecken ließen und mitmachten. Allerdings haben Sozialwissenschaftler immer wieder auf die fließend verlaufenden Grenzen zwischen Patriotismus und Nationalismus hingewiesen (Blank & Schmidt, 2003; Fleiß, Höllinger & Kuzmics, 2009; Mader, 2016), was erst in jüngerer Zeit in einigen Leitmedien aufgegriffen und kritisch diskutiert wurde.[37] Gerade vor diesem Hintergrund gewinnt auch die Frage nach den politisch-ideologischen Korrelaten des Fußballpatriotismus an Relevanz.

---

ausgegeben haben, vgl. www.uni-hohenheim.de/uploads/tx_newspmfe/pm_WM_Voeth_PM_3_Marketing_2014-06-12_status_10.pdf (06.09.2017). Dabei muss davon ausgegangen werden, dass viele Fans bereits Fan-Utensilien von den letzten WM- und EM-Turnieren besaßen, wo zum Teil noch höhere Verkaufszahlen berichtet wurden.

37 So z. B. im Beitrag „Schwarz-rot-kompliziert" im SPIEGEL (www.spiegel.de/kultur/gesellschaft/patriotismus-waehrend-der-fussball-em-schwarz-rot-kompliziert-a-1096553.html), im Artikel „Der schmale Grat zwischen Patriotismus und Nationalismus" der ZEIT (http://www.zeit.de/sport/2014-06/fussball-wm-rassismus) oder dem Beitrag „Party-Patriotismus ist Nationalismus", der in der Süddeutschen Zeitung erschienen ist

Verbreitung einzelner fußballpatriotischer Handlungen

Auch wenn „Fußballpatriotismus" und das begeisterte Präsentieren von Nationalfarben zu jeder WM und EM in aller Munde sind, so liegen repräsentative Studien
zum fußballbezogenen Patriotismus, seiner Verbreitung und Verteilung in der Bevölkerung bislang in Deutschland nicht vor, weshalb eine genauere, wissenschaftlich
fundierte Beschreibung und Bewertung dieses relativ neuen Phänomens aus Mangel
an Daten bislang schwerfällt. Die folgenden Abschnitte zielen darauf ab, dieses
Desiderat basierend auf den repräsentativen Umfragedaten unserer Panelstudie
zu bearbeiten. Die diesbezüglichen Daten wurden in der zweiten Erhebungswelle
während bzw. kurz nach der Fußball-EM 2016 erhoben. Die Operationalisierung
von „Fußballpatriotismus" erfolgte hierbei handlungsbezogen. Von den Befragten wurden Angaben dazu eingeholt, welche der folgenden neun Handlungen sie
während der UEFA EURO 2016 ausgeführt haben.

a. die deutsche Flagge aufgehängt
b. ein Deutschland-Trikot oder Fan-Shirt der deutschen Mannschaft angezogen
c. die deutsche Nationalhymne vor einem Spiel mitgesungen
d. DFB-Fanartikel und Fan-Accessoires getragen, z. B. Schals, Kappen oder Brillen
e. das Auto mit Fanartikeln geschmückt, z. B. Fähnchen, Überzieher für Außenspiegel
f. die Wohnung in Schwarz-Rot-Gold geschmückt
g. sich in Schwarz-Rot-Gold geschminkt
h. Fangesänge mit anderen Deutschland-Fans angestimmt
i. nach einem Deutschland-Spiel an einem Autokorso teilgenommen

Wie Tabelle 5.8 zu entnehmen ist, waren fußballpatriotische Handlungen während
der Europameisterschaft 2016 in der erwachsenen deutschen Wohnbevölkerung
unterschiedlich verbreitet: Etwa jeder fünfte Befragte hat angegeben, die Nationalhymne vor einem Spiel mitgesungen zu haben (21 %) – dies ist die häufigste der
neun abgefragten Handlungen. Jeder sechste Befragte hat ein DFB-Trikot oder ein
Fan-Shirt der deutschen Mannschaft angezogen (16 %) und fast ebenso viele haben
eine Deutschland-Fahne in der Wohnung oder am Haus aufgehängt (15 %). Auch
das Schmücken von Wohnung und Auto und das Anstimmen von Fangesängen
ist durchaus verbreitet und wurde von jeweils etwa 10 % der Befragten angegeben.
Etwas weniger Befragte berichten davon, sich in den Nationalfarben geschminkt

---

(http://www.sueddeutsche.de/wissen/fahnenmeere-zur-em-party-patriotismus-ist-na-
tionalismus-1.1394854).

zu haben (7 %) und nur ein kleiner Anteil (2 %) hat angegeben, an einem Autokorso teilgenommen zu haben.

Tab. 5.8 Verbreitung fußballpatriotischer Handlungen zur EM

Fußballpatriotische Aktionen	Anteil
die Nationalhymne vor einem Spiel mitgesungen	21 %
ein Deutschland-Trikot oder Fan-Shirt angezogen	16 %
die deutsche Flagge aufgehängt	15 %
DFB-Fanartikel angezogen (Schal, Kappe etc.)	13 %
Wohnung mit Accessoires geschmückt	11 %
Fangesänge mit anderen angestimmt	10 %
das Auto mit Fanartikeln geschmückt	9 %
sich in Schwarz-Rot-Gold geschminkt	7 %
nach dem Spiel am Autokorso teilgenommen	2 %

Anmerkungen: EM-Querschnitt (*t*2). Prozentanteile beziehen sich auf alle Befragten.

Wer nun zu den „Fußball-Patrioten" gehört und wer nicht, lässt sich besser einschätzen, wenn man die Anzahl der verschiedenen fußballpatriotischen Handlungen berücksichtigt, die eine Person ausgeführt hat (Abbildung 5.1). Je mehr unterschiedliche Handlungen ein Befragter angegeben hat, umso größer müsste folglich das Bedürfnis sein, die eigene Verbundenheit expressiv darzustellen. Die Auswertung zeigt, dass rund sechs von zehn Befragten (61 %) nicht zu expressivem Fußballpatriotismus neigten und keine entsprechende Handlung genannt haben. Von den restlichen Befragten haben 16 % eine fußballpatriotische Verhaltensweise und 9 % zwei Verhaltensweisen genannt. Die restlichen Befragten – immerhin in Summe noch 15 % – haben mindestens drei verschiedene fußballpatriotische Handlungen im Kontext der EM ausgeführt. Diese Personen werden nachfolgend als „Fußball-Patrioten" bezeichnet und im Hinblick auf ihre Soziodemografie und ihre Fußballaffinität genauer beschrieben.

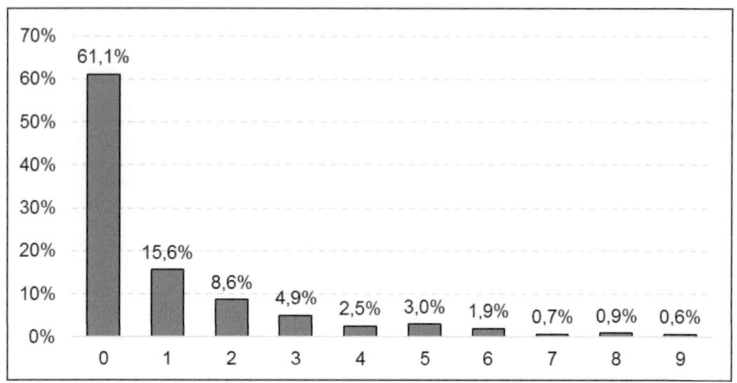

Abb. 5.1   Anzahl verschiedener fußballpatriotischer Handlungen zur EM
Anmerkungen: EM-Querschnitt (*t*2). Prozentanteile beziehen sich auf alle Befragten.

Wer sind die „Fußball-Patrioten"?

Insgesamt hängt der Anteil der Fußball-Patrioten, also der Personen, die drei oder mehr expressive, patriotische Handlungen zur Fußball-EM angegeben haben, mit nur wenigen soziodemografischen Merkmalen signifikant zusammen. Dies weist zunächst darauf hin, dass es sich um ein Massenphänomen handelt, das in nahezu allen Bevölkerungsgruppen ähnlich verbreitet ist (Tabelle 5.9). So variiert der Anteil der Fußball-Patrioten weder mit dem Schulabschluss noch mit dem verfügbaren Nettoeinkommen einer Person. Der expressive Fußballpatriotismus folgt also – anders als sportbezogener Nationalstolz allgemein – keiner klassen- oder schichtspezifischen Verteilung.[38] Dies widerspricht der These von Schediwy (2012), die eine starke patriotische Hinwendung zur imaginierten Gemeinschaft (Fußball-) Deutschlands als eine Strategie der Kompensation für jene Bevölkerungsgruppen ansah, die unter sozialen Abstiegsängsten und Exklusionsdrohungen leiden. Da dies eher für Menschen mit geringem Einkommen und niedrigem Bildungsniveau zutreffen müsste, wären entsprechende Zusammenhänge ein Fingerzeig für die Richtigkeit der Argumentation gewesen. Darüber hinaus ist bemerkenswert, dass fast genauso viele Frauen wie Männer mindestens drei fußballpatriotische Hand-

---

38 Verschiedene Studien haben darauf hingewiesen, dass vor allem Menschen mit niedrigeren Bildungsabschlüssen die deutschen Erfolge im Spitzensport verstärkt als Quelle für Nationalstolz ansehen (vgl. z. B. Hallmann et al., 2013; Haut et al., 2016; Meier & Mutz, 2016).

lungen ausgeführt haben (14 % zu 15 %). Die beim Fußballinteresse üblichen Geschlechterunterschiede zu Gunsten der Männer lassen sich hier nicht wiederfinden.

Tab. 5.9 Anteil an „Fußball-Patrioten" in verschiedenen Bevölkerungsgruppen

	Anteil	Teststatistik
Alter		
18-29 Jahre	23 %	
30-44 Jahre	19 %	
45-59 Jahre	15 %	
> 60 Jahre	8 %	$V=.15$; $\chi^2=24.2$; $df=3$; $p<.01$
Geschlecht		
männlich	15 %	
weiblich	14 %	$V=.02$; $\chi^2=0.36$; $df=1$; $p=.55$
Bildungsabschluss		
(Fach-)Abitur	15 %	
Mittlere Reife	15 %	
Hauptschulabschluss	13 %	$V=.03$; $\chi^2=1.18$; $df=2$; $p=.56$
Haushaltsnettoeinkommen[1]		
> 2500 EUR	15 %	
1501 – 2500 EUR	15 %	
1001 – 1500 EUR	12 %	
≤ 1000 EUR	13 %	$V=.04$; $\chi^2=1.28$; $df=3$; $p=.73$
Migrationshintergrund		
Deutsche ohne Migrationshintergrund	15 %	
1./2. Migrantengeneration	8 %	$V=.06$; $\chi^2=4.28$; $df=1$; $p=.04$
Kind/er <14 Jahre im Haushalt		
ja	24 %	
nein	12 %	$V=.14$; $\chi^2=14.4$; $df=1$; $p<.01$
Wohnregion		
Westdeutschland	16 %	
Ostdeutschland	9 %	$V=.08$; $\chi^2=5.82$; $df=1$; $p=.02$
Wohnortgröße		
< 5.000 Einwohner	20 %	
5.000 – 20.000 Einwohner	13 %	
20.000 – 100.000 Einwohner	14 %	
> 100.000 Einwohner	14 %	$V=.07$; $\chi^2=4.54$; $df=3$; $p=.21$

Anmerkungen: EM-Querschnitt (*t2*). Prozentanteile beziehen sich auf alle Befragten.
[1]Äquivalenzgewichtet. V=Cramers V. $\chi^2=Chi^2$. df=Freiheitsgrade. p=Signifikanz.

Vier Zusammenhänge erweisen sich jedoch als statistisch signifikant: 1) Fußballpatriotismus korreliert mit dem Alter und sinkt bei älteren Personengruppen deutlich ab (V=.15, p<.01). In der ältesten Gruppe (>60 Jahre) gehören nur 8.8 % zu den Fußball-Patrioten, während dies auf 23 % der 18- bis 29-Jährigen zutrifft. Für die noch in der Nachkriegszeit sozialisierten Generationen lässt sich auch im Kontext der Fußball-EM ein distanzierterer Umgang mit nationalen Symbolen erkennen, während sich die Jüngeren quasi ‚unbelastet' ins schwarz-rot-goldene Flaggenmeer begeben. Darüber hinaus lässt die Lust am Schminken, Verkleiden und öffentlichen Feiern wohl auch unabhängig von den Sozialisationserfahrungen mit dem Alter etwas nach. 2) Wenig überraschend ist der Befund, dass Menschen mit Migrationshintergrund zu geringeren Anteilen als Deutsche ohne Migrationshintergrund zu den Fußball-Patrioten zählen (4.7 % vs. 15.7 %, V=.07, p=.02). Dieser Befund relativiert auch das Ergebnis einer früheren Studie von Hallmann et al. (2013), wonach Migranten besonders viel Stolz empfinden würden, wenn deutsche Sportlerinnen und Sportler bei internationalen Wettbewerben siegreich abschneiden. 3) Drittens ist zu erkennen, dass Personen mit Kind(ern) im Haushalt eher als Menschen ohne Kind(er) zu den Fußball-Patrioten gehören (24 % zu 12 % V=.14, p<.01). Insbesondere haben diese Personen deutlich öfter angegeben, sich schwarz-rot-gold zu schminken und die Wohnung mit Fan-Utensilien zu dekorieren. Dieser Befund lässt sich dahingehend interpretieren, dass in Familien mit jüngeren Kindern das Anschauen der EM-Spiele eine eher karnevaleske Tönung erhält, die sich im Schmücken und Schminken ausdrückt. 4) In Ostdeutschland ist der Fußballpatriotismus weniger verbreitet als in Westdeutschland (8.9 % vs. 16.4 %, V=.08, p=.01). Vor dem Hintergrund, dass Ostdeutsche sich weniger stark für die DFB-Auswahl interessieren und seltener bei Spielübertragungen einschalten (Meier et al., 2016), ist dies ein zu erwartender Befund. Im EM-Kader befand sich mit Toni Kroos auch nur ein gebürtiger Ostdeutscher. Darüber hinaus könnte der Befund langfristige Effekte der Sportsozialisation in der DDR abbilden, wo der Fußball – anders als heute – im medialen Sport keine so stark herausgehobene Bedeutung hatte.

Die Zusammenhänge fallen zwischen den soziodemografischen Merkmalen und dem Fußballpatriotismus – auch da, wo sie signifikant sind – durchweg schwach aus. Im Vergleich dazu ist es wenig überraschend, dass sich stärkere Assoziationen erkennen lassen, wenn fußballspezifische Indikatoren, wie das allgemeine Interesse am Fußball, die Identifikation mit der deutschen Nationalmannschaft und das Ansehen der EM-Spiele in der Öffentlichkeit, herangezogen werden (Tabelle 5.10). Besonders stark neigen jene Personen zu einem expressiven Fußballpatriotismus, die bereits vor der EM angegeben haben, sich sehr stark für Fußball zu interessieren: Mehr als jeder Vierte ist hier ein Fußball-Patriot (27 %). Fast am erstaunlichsten ist dabei, dass sich immerhin auch 5 % derer, die vor der EM angaben, sich überhaupt nicht für Fußball zu interessieren, sich dann während des EM-Turniers anstecken ließen und in mindestens drei verschiedene fußballpatriotische Handlungen involviert waren. Noch enger hängt die Identifikation mit dem DFB-Team mit expressivem Fußballpatriotismus zusammen: So sind Personen, die sich sehr stark mit der deutschen Nationalmannschaft identifizieren, auch zu deutlich größeren Anteilen Fußball-Patrioten (33 %) als all jene, die sich etwas (11 %), eher nicht (6 %) oder überhaupt nicht (0 %) mit der DFB-Auswahl identifizieren können. Jeder Sympathisant des DFB-Teams war durchschnittlich in 2,2 verschiedene fußballpatriotische Handlungen involviert. Allein 42 % in dieser Teilgruppe haben die Nationalhymne vor den Spielen mitgesungen und 35 % haben vor den EM-Spielen des DFB-Teams ein Deutschland-Trikot angezogen.

Tab. 5.10 Fußballspezifische Determinanten des expressiven Fußballpatriotismus

	Anteil an „Fußball-Patrioten"	Anzahl verschiedener Handlungen
Interesse am Fußball allgemein		
sehr stark	27 %	1,81
etwas	15 %	1,08
eher nicht	8 %	0,65
überhaupt nicht	5 %	0,33
	$V=.25$; $\chi^2=62.8$; $p<.01$	$\eta^2=.10$; $F=38.4$; $p<.01$
Identifikation mit DFB-Team		
sehr stark	33 %	2,20
etwas	11 %	0,83
eher nicht	6 %	0,40
überhaupt nicht	0 %	0,07
	$V=.35$; $\chi^2=129.6$; $p<.01$	$\eta^2=.20$; $F=85.2$; $p<.01$
Rezeption des letzten Spiels		
live, öffentlicher Ort	32 %	2,25
live, zu Hause	20 %	1,32
nicht live gesehen	4 %	0,29
	$V=.25$; $\chi^2=65.3$; $p<.01$	$\eta^2=.11$; $F=65.0$; $p<.01$

Anmerkungen: EM-Querschnitt (*t2*). V=Cramers V. χ^2=Chi². η^2=Eta². *p*=Signifikanz.

Schließlich ist zu erkennen, dass expressive Handlungen insbesondere eine Begleiterscheinung des Public Viewing sind: Jeder dritte Befragte (32 %), der das letzte EM-Spiel der deutschen Mannschaft an einem öffentlichen Ort angesehen hat, gehört zu den Fußball-Patrioten. Bei den anderen Befragten, die zu Hause die Spiele verfolgten (20 %) oder die zum Befragungszeitpunkt kein Spiel der deutschen Mannschaft live gesehen hatten (4 %), ist der Anteil geringer. Detaillierte Analysen

zu einzelnen fußballpatriotischen Handlungen lassen erkennen, dass das Anschauen der Spiele in der Öffentlichkeit für viele vor allem mit dem Kostümieren
und Schminken verbunden ist: 40 % in dieser Teilgruppe haben Kappen, Schals,
Blumenketten oder andere schwarz-rot-goldene Accessoires getragen; 19 % haben
sich in den Nationalfarben geschminkt. In diesen Aspekten unterscheiden sich die
Befragten, die die Spiele in der Öffentlichkeit angesehen haben, am stärksten von
denen, die zu Hause geblieben sind. Zusätzliche Analysen in der Gruppe derer,
die die Spiele vor dem heimischen Fernseher angeschaut haben, zeigen, dass hier
wiederum der Gruppenkontext von großer Bedeutung ist. Wer ein Spiel der deutschen Fußballnationalmannschaft zu Hause in einer größeren Gruppe anschaute,
war in ebenso viele expressive Einzelhandlungen involviert, wie die Befragten, die
zum Fußballschauen einen öffentlichen Ort aufsuchten.

Politisch-ideologische Einordnung der „Fußball-Patrioten"

Eingangs dieses Kapitels wurde bereits auf die kontroverse Bewertung des neuen
expressiven Fußballpatriotismus in Deutschland hingewiesen. Während dieser
anfangs von den meisten Beobachtern als längst überfällige Normalisierung des
Verhältnisses der Deutschen zu ihren nationalen Symbolen begrüßt wurde (Schediwy,
2012; Seitz, 2006), gibt es mittlerweile auch vermehrt kritische Stimmen, die eine
Verwobenheit zwischen fußballpatriotischen Verhaltensweisen und nationalistischen
Ressentiments befürchten oder bereits erkennen. So finden zahlreichen Fallbeispiele in der Presse Erwähnung[39], die darauf hinweisen, dass im Flaggenmeer der
Fanmeilen auch nationalistische, ausgrenzende und fremdenfeindliche Tendenzen
geäußert werden und erstarken können. Ohne diese relativieren zu wollen, geht es
im Folgenden um die Frage, ob diese eine allgemeine Tendenz widerspiegeln, d. h.
ob expressiver Fußballpatriotismus mit politisch-ideologischen Einstellungen systematisch zusammenhängt, die politisch rechts, autoritär und nationalistisch sind.

Für eine erste Einordnung wird die *Identifikation mit Deutschland* sowie die
Identifikation mit Europa berücksichtigt („Bitte sagen Sie mir inwieweit sie sich
verbunden fühlen mit..."), die auf einer 4-stufigen Rating-Skala angegeben werden konnte. Dabei ist zu vermuten, dass fußballbezogener Patriotismus mit einer
höheren Identifikation mit Deutschland und einer geringeren Identifikation mit
Europa korreliert ist. Darüber hinaus werden Zusammenhänge mit *patriotischen*
und *nationalistischen Einstellungen* dokumentiert, wobei die Patriotismus-Skala
auf eine Verbundenheit zum eigenen Land verweist (z. B. das Item „Ich empfinde
Deutschland als mein Land"), während in den Items zur Messung von Nationalis-

---

39 Als ein Beispiel von vielen sei auf ein Interview der taz verwiesen: http://www.taz.
de/!5320084/ (08.09.2017).

mus in der Regel eine explizite Abwertung anderer Nationen mitschwingt (z. B. das Item „Die Welt wäre besser, wenn die Menschen in anderen Ländern so wären wie die Deutschen"). Beide Konstrukte werden in einem späteren Kapitel noch genauer diskutiert und analysiert (vgl. Abschnitt 6.3).

Der politische Raum lässt sich nach Kitschelt (1994) anhand von zwei grundlegenden Dimensionen erfassen: der Links-Rechts-Dimension und der Autoritarismus-Liberalismus-Dimension. Die Links-Rechts-Dimension bezieht sich dabei zentral auf den Konflikt zwischen Arbeit und Kapital bzw. zwischen sozialstaatlicher Umverteilung und freiem Markt. Die Autoritarismus-Liberalismus-Dimension rekurriert auf konservativ-autoritäre versus liberale, emanzipatorische Vorstellungen vom Zusammenleben, die besonders oft und kontrovers bei Themen wie Gleichberechtigung der Geschlechter oder Minderheitenrechte aufeinanderprallen. Anknüpfend an dieses Konzept erfolgt die politisch-ideologische Einordnung auf Basis der Selbsteinstufung der Befragten im politischen *Links-Rechts-Spektrum*. Dies wurde mit einer 11-stufigen Skala von 0="links" bis 10="rechts" erhoben. *Autoritarismus* wurde mit der Frage erhoben: „Manche Menschen wünschen sich, dass sich unsere Gesellschaft so verändert, dass die Menschen wieder mehr Respekt vor Autoritäten haben, andere lehnen das ab – Würden Sie eine solche Entwicklung begrüßen oder ablehnen?" Auch hier konnten die Befragten sich zwischen 0="lehne ab" und 10="begrüße ich" einstufen. Anzunehmen wäre, dass Fußball-Patrioten sich eher als politisch rechts und eher als konservativ-autoritär verorten, so wie dies für nationalistische Einstellungen im Allgemeinen auch gilt (Winkler & Falter, 2002).

Die Ergebnisse zeigen, dass die meisten Vermutungen zutreffen (Tabelle 5.11): Fußball-Patrioten geben erwartungsgemäß eine größere Identifikation mit Deutschland an als der Rest der Befragten ($M=3.36$ vs. $M=3.06$; $d=0.41$, $p<.01$). Im Grad der Identifikation mit Europa unterscheiden sie sich aber nicht. Charakteristisch für diejenigen Personen, die in mehr als drei fußballpatriotische Handlungen involviert waren, sind aber deutlich stärkere patriotische Einstellungen ($M=4.38$ vs. $M=3.93$; $d=0.59$, $p<.01$). Die Aneignung nationaler Symbole im fußballbezogenen Handeln findet auf der Einstellungsebene also eine Entsprechung. Bemerkenswert ist aber die Tendenz der Fußball-Patrioten auch den Nationalismus-Items in stärkerem Maße zuzustimmen ($M=3.30$ vs. $M=2.97$; $d=0.41$, $p<.01$). Die größere Verbundenheit zu Deutschland geht also Hand in Hand mit einer stärkeren Abwertung anderer Länder. Schließlich positionieren sich die Personen, die beim Fußballschauen in viele expressiv-patriotische Handlungen involviert waren, etwas weiter rechts im politischen Links-Rechts-Spektrum ($M=5.08$ vs. $M=4.60$; $d=0.29$, $p<.01$). Der Mittelwert der Fußball-Patrioten liegt dennoch nahe am Mittelpunkt der Skala, so dass man nicht auf eine ausgeprägt rechte Gesinnung schlussfolgern darf. Vielmehr scheint es so, dass diejenigen, die sich politisch weiter links positionieren, vergleichsweise selten in fußballpatriotische Handlungen involviert sind und diese eher ablehnen. Keine Unterschiede zwischen Fußball-Patrioten und dem Rest der Befragten sind bei der Zustimmung zu autoritären Einstellungen zu erkennen.

Tab. 5.11 Mit Fußballpatriotismus korrelierte politisch-ideologische Einstellungen

	Fußball-patrioten (M)	Nicht-Patrioten (M)	t	d	p
Identifikation mit Deutschland [a]	3.36	3.06	5.27	0.41	<.01
Identifikation mit Europa [a]	2.68	2.66	0.23	0.02	.82
Patriotismus-Skala [b]	4.38	3.93	6.69	0.59	<.01
Nationalismus-Skala [b]	3.30	2.97	4.31	0.41	<.01
Links-Rechts-Selbsteinstufung [c]	5.08	4.60	3.32	0.29	<.01
Autoritarismus-Selbsteinstufung [c]	6.41	6.45	-0.21	-0.01	.83

Anmerkungen: EM-Querschnitt (*t2*). Wertebereiche der Skalen: a) 1–4; b) 1–5; c) 1–10. *d*=Cohens d.

Akzeptanz von expressivem Fußballpatriotismus in der Bevölkerung

In einem letzten Abschnitt soll nun die Akzeptanz fußballpatriotischer Handlungen in der Bevölkerung genauer beleuchtet werden. Dazu wurden den Befragten vier Aussagen präsentiert, zu denen sie ihre Zustimmung oder Ablehnung angeben konnten. Zwei dieser Aussagen positionieren sich positiv, zwei negativ zum Fußballpatriotismus:

a. Die vielen Fahnen sind ein Zeichen für einen angenehmen, fröhlichen Patriotismus.

b. Ich finde es schön, wie sich das Publikum auf diese Weise mit der Mannschaft identifiziert.

c. Ich finde es gefährlich, wenn die Deutschen ein so starkes Nationalgefühl entwickeln.

d. Mich stören die Fahnen richtig, ich finde das unpassend.

Die hierfür benutzten Items sind einer bereits zur WM 2006 vom Allensbacher Institut für Demoskopie durchgeführten Studie entnommen.[40] Damals, als das Phänomen noch wirklich neu war und viele Menschen von den unzähligen Flaggen und Fähnchen an Autos und Balkonen noch überrascht und erstaunt waren, fanden dies 71 % der erwachsenen Bevölkerung als Zeichen der Identifikation mit der Mannschaft schön; 49 % stimmten der Aussage zu, es handele sich dabei um einen angenehmen, fröhlichen Patriotismus. Nur jeweils eine kleine Minderheit von 3 % hielt die vielen Fahnen für ein gefährliches Anzeichen oder bewertete diese als unpassend und störend. Die aktuellen Befunde aus der *EURO 2016 Panelstudie* zeigen, dass die Akzeptanz in den dazwischenliegenden 10 Jahren relativ stabil geblieben ist (Tabelle 5.12).

Rechnet man die Anteile derer zusammen, die „voll und ganz zustimmen" oder „eher zustimmen", zeigt sich, dass 2016 – ähnlich wie 10 Jahre zuvor – eine große Mehrheit von 74 % die vielen Fahnen als Zeichen der Identifikation mit der Nationalmannschaft schön findet; die Zustimmung zu der Aussage, es handele sich dabei um einen angenehmen, fröhlichen Patriotismus, fällt mit 69 % sogar höher aus als 2006. Die Skepsis gegenüber fußballpatriotischen Handlungen ist weiterhin gering: Von allen Befragten erachten 9 % das starke Nationalgefühl, welches die Flaggen anzeigen, für gefährlich. Insgesamt 6 % der Befragten empfinden die Fahnen als unpassend und störend. Weiterführende Auswertungen zeigen, dass die „Fußballpatrioten", also die, die selbst Flaggen aufhängen, Fanartikel erwerben und sich in den Nationalfarben kostümieren, mit 98 % fast ausnahmslos Zustimmung zu entsprechenden Verhaltensweisen äußern. Das ist natürlich keine Überraschung. Aber auch diejenigen, die selbst nicht mitmachen, äußern sich zu etwa zwei Dritteln zustimmend. Auswertungen nach soziodemografischen Merkmalen können an dieser Stelle weitestgehend vernachlässigt werden, weil die Unterschiede nach Geschlecht, Bildung, Einkommen, Migrationshintergrund usw. marginal ausfallen. Einzig die Älteren äußern sich im Vergleich zu den Jüngeren etwas skeptischer, aber auch hierbei handelt es sich um einen schwachen Effekt. Insgesamt zeigen diese Ergebnisse, dass ein expressiver Patriotismus bei großen Fußballturnieren auf sehr breite Zustimmung und Akzeptanz in der Bevölkerung stößt.

Was lässt sich nun bis hierhin festhalten? Wir haben vorgeschlagen, expressiven Fußballpatriotismus handlungsbezogen über neun Verhaltensweisen zu operationalisieren, die auf einen offenen, expressiven Umgang mit nationalen Symbolen

---

40 Leider konnten die Befunde – auch ohne nähere Angaben zur Methodik – nur einem Beitrag in der FAZ entnommen werden, vgl. http://www.faz.net/aktuell/politik/inland/allensbach-analyse-ein-neuer-deutscher-patriotismus-1358638.html?printPagedArticle=true#pageIndex_0 (08.09.2017)

verweisen. Alle Befragten, die mindestens drei verschiedene solche Handlungen im Kontext der Fußball-EM 2016 angegeben haben, wurden als „Fußball-Patrioten" bezeichnet. Insgesamt lässt sich so ein Anteil an „Fußball-Patrioten" von 15 % unter den Befragten identifizieren – das sind umgerechnet auf die Grundgesamtheit der erwachsenen Deutschen mehr als 9 Millionen Menschen.

Tab. 5.12 Zustimmung und Ablehnung von Fußballpatriotismus in der Bevölkerung

	Ansichten über Fußballpatriotismus				
	stimme überhaupt nicht zu	stimme eher nicht zu	teils teils	stimme eher zu	stimme voll und ganz zu
„Ich finde es schön, wie sich das Publikum auf diese Weise mit der Mannschaft identifiziert."	4 %	5 %	17 %	31 %	43 %
„Die vielen Fahnen sind ein Zeichen für einen angenehmen, fröhlichen Patriotismus."	4 %	5 %	22 %	35 %	34 %
„Ich finde es gefährlich, wenn die Deutschen ein so starkes Nationalgefühl entwickeln."	47 %	30 %	14 %	5 %	4 %
„Mich stören die Fahnen richtig, ich finde das unpassend."	68 %	17 %	10 %	3 %	3 %

Anmerkungen: EM-Querschnitt (*t2*). Prozentanteile beziehen sich auf alle Befragten.

Die soziodemografische Betrachtung verdeutlichte, dass Fußballpatriotismus weder ausgeprägt männlich noch ein Phänomen unterer oder abstiegsbedrohter Sozialschichten ist, wie das oft vermutet wurde (Schediwy, 2012). Hier weichen die Befunde von früheren Untersuchungen zum sportbezogenen Nationalstolz in Deutschland ab (Hallmann et al., 2013; Meier & Mutz, 2016), was v. a. mit den Besonderheiten der Welt- und Europameisterschaften im Fußball erklärt werden kann, die ein deutlich gemischteres Publikum ansprechen als dies für andere Sportereignisse und für den (Bundesliga-)Fußball im Allgemeinen gilt. Der expressive Umgang mit den Symbolen des Nationalstaats bei Fußballturnieren ist aber deutlich stärker in jüngeren Alterskohorten und in Familien mit jüngeren Kindern verbreitet. Wie die vorigen Kapitel gezeigt haben, sind es gerade die Jüngeren, die zu größeren

Anteilen angegeben haben, die EM-Spiele beim Public Viewing zu schauen, wo das Schminken und Tragen von Deutschland-Accessoires weit verbreitet ist. Auch in Familien mit jüngeren Kindern kommt das Sich-Kleiden und Schminken in Schwarz-Rot-Gold sowie das entsprechende Dekorieren der Wohnung häufiger vor, was sich als Hinweis auf eine eher karnevaleske Rahmung fußballpatriotischer Handlungen in diesen Familien interpretieren lässt.

Ambivalent fällt das Resümee zur politisch-ideologischen Einordnung aus: Diejenigen, die offen und expressiv die Symbole des Nationalstaats verwenden, lassen sich weiter rechts im politischen Links-Rechts-Spektrum positionieren als der Rest der Bevölkerung. Die Fußball-Patrioten fühlen sich nicht nur stärker mit Deutschland verbunden und stimmen patriotischen Aussagen stärker zu, sondern befürworten auch nationalistische Aussagen stärker als die Personen, die nicht oder nur sporadisch in einen expressiven Fußballpatriotismus involviert waren. Dieser Befund ist keineswegs trivial und stellt die Auffassung in Frage, der offene Umgang mit nationalen Symbolen beim Fußball sei lediglich Ausdruck normalen Fanverhaltens (Harney & Jütting, 2006) oder verweise auf einen „leeren" substanzlosen Nationalismus (Reicher, 2013). Es ist an dieser Stelle zu betonen, dass diese Befunde allein noch keine Schlussfolgerungen darüber zulassen, ob der fußballbezogene Patriotismus patriotische oder nationalistische Einstellungen erzeugt oder verstärkt, da bislang nur Querschnittdaten ausgewertet wurden. Ob diese Verbundenheit eher als Ursache oder eher als Folge fußballpatriotischer Handlungen zu betrachten ist, wird in den nun folgenden Analysen auf der Basis der Längsschnittdaten noch genauer geklärt werden können.

Ergebnisse der Studie im Längsschnitt 6

Erzeugt sportlicher Erfolg – wie hier zur WM 2014 – Nationalstolz in der Bevölkerung?

Bildquelle: „Philipp Lahm lifts the 2014 FIFA World Cup" von Agência Brasil; lizensiert unter CC BY 3.0 Brasilien https://de.wikipedia.org/wiki/Datei:Philipp_Lahm_lifts_the_2014_FIFA_World_Cup.jpg

© Springer Fachmedien Wiesbaden GmbH, ein Teil von Springer Nature 2019
M. Mutz und M. Gerke, *Fußball und Nationalstolz in Deutschland*,
https://doi.org/10.1007/978-3-658-22386-1_6

6.1   Die Identifikation mit der Nationalelf

Die deutsche Fußballnationalmannschaft ist ohne Zweifel ein für viele Menschen
sehr relevantes Identifikationsobjekt. Die Nationalspieler sind Medienstars, Sam-
melalben der DFB-Kicker liegen in fast jedem Kinderzimmer, die Bekanntheits-
werte der Spieler sind enorm. In einer 2016 durchgeführten Umfrage kannten ca.
90 % der Deutschen Bastian Schweinsteiger, Thomas Müller und Mats Hummels.[41]
Einzelne Spieler wie Toni Kroos können auf mehr als 36 Millionen Follower in
den sozialen Netzwerken verweisen (Stand: Juni 2018). Aus der hohen Popularität
einzelner Spieler folgt aber nicht zwangsläufig, dass sich die Menschen auch mit
der Nationalmannschaft identifizieren. Und die Identifikation mit der DFB-Elf
dürfte wiederum ein Stück weit abgekoppelt sein von Einzelspielern, weil die Team-
mitglieder wohl weniger als konkrete Personen, sondern eher als Repräsentanten
Deutschlands wahrgenommen werden. Das folgende Kapitel stellt die Frage, wie
viele Menschen sich mit der DFB-Elf identifizieren, ob und ggf. wie stark sich dieser
Anteil im Verlauf des EM-Turniers verändert hat und von welchen Bedingungen
die Stärke der Identifikation abhängig war.

Die Entwicklung der Identifikation mit der DFB-Elf während des EM-Turniers

Wir haben in der Panelstudie die Frage „Wie stark identifizieren Sie sich mit der
deutschen Fußballnationalmannschaft" zu allen drei Erhebungszeitpunkten gestellt.
Als Antwortmöglichkeiten standen den Befragten „sehr stark", „etwas", „eher nicht"
und „überhaupt nicht" zur Auswahl. Zunächst betrachten wir nur die Personen,
die zu allen drei Zeitpunkten an der Studie teilnahmen (N=834). Auf der Basis
dieser Stichprobe beschreiben wir die grundlegenden Veränderungen im Zeitverlauf. Anschließend betrachten wir die Veränderungen zwischen $t1$ und $t2$ genauer
(auf Basis einer etwas größeren Stichprobe von N=1100), wobei wir grundsätzlich
vermuten, dass es während des EM-Turniers zu einem Anstieg der Identifikation
mit der Nationalelf kam, weil diese als Identifikationsobjekt an Salienz gewann,
vermutlich als erfolgreich wahrgenommen wurde und durch die beim Zuschauen
erlebten Emotionen eine stärkere affektive Tönung erhielt. Ob diese Vermutungen
zutreffen, werden wir in den nächsten Abschnitten überprüfen.

Betrachtet man zunächst die Verteilung der Antworten zu den drei Zeitpunkten,
finden sich nur sehr geringe Veränderungen. Zu allen drei Befragungspunkten

---

41 Laut einer Umfrage von Splendid Research vom Mai 2016, N=4690, Alter von 15 bis 69
    Jahren, vgl. https://de.statista.com/statistik/daten/studie/163512/umfrage/fussball-natio-
    nalspieler-nach-bekanntheit/ (21.02.2018).

identifizieren sich knapp drei von zehn Befragten „sehr stark" und weitere vier von zehn „etwas" mit der DFB-Auswahl (Tabelle 6.1). Fasst man beide Gruppen zusammen, gehören 67 % der erwachsenen Deutschen vor der EM (*t*1), 69 % während des Turniers (*t*2) und 65 % nach Abschluss der EM (*t*3) zu den Sympathisanten der deutschen Nationalelf. Diese im Aggregat beachtliche Stabilität bedeutet aber natürlich nicht, dass sich die individuellen Antworten nicht veränderten. Bei 22 % der Befragten stieg die Identifikation im Vergleich zu *t*1 an, bei 17 % der Befragten sank sie im Vergleich zu *t*1. Fast 40 % der Befragten veränderten also ihre Antwort – nur eben, dass diese Veränderungen nicht, wie man vielleicht hätte annehmen können, konsequent in Richtung einer stärkeren Identifikation verlaufen.

Tab. 6.1 Identifikation mit der DFB-Elf vor, während und nach der EM

| | Grad der Identifikation mit der Nationalmannschaft | | |
	vor EM	während EM	nach EM
sehr stark	28 %	29 %	27 %
etwas	39 %	40 %	38 %
eher nicht	14 %	14 %	16 %
überhaupt nicht	19 %	17 %	19 %

Anmerkungen: EM-Längsschnitt mit *t*3. Prozentanteile beziehen sich auf alle Befragten.

Wenn man nun die einzelnen Befragungszeitpunkte *während* des EM-Turniers genauer in den Blick nimmt, zeigt sich allerdings eine bemerkenswerte Fluktuation in der Stärke der Identifikation mit der DFB-Elf. Zur Erinnerung: Die Datenerhebung während der EM-Endrunde war gleichmäßig auf sechs Zeitblöcke verteilt und die Einladungen zur Befragung wurden immer am Tag nach einem Spiel der deutschen Mannschaft per Email verschickt. Die meisten Befragten haben den Fragebogen auch am selben Tag ausgefüllt, an dem sie die Einladung erhielten. Es lässt sich deshalb vermuten, dass die Stärke der Identifikation mit dem Zeitpunkt der Befragung während des EM-Turniers korreliert und zum Beispiel vom Ausgang des zuletzt gesehenen Spiels beeinflusst wird. Tatsächlich lässt der Verlauf der Identifikation zu den einzelnen Befragungspunkten während der EM darauf schließen, dass die Bindung an die Nationalelf stärkeren Schwankungen unterliegt, als dies allgemein vermutet wird (Abbildung 6.1): Im Vergleich zum Mai 2016 liegt die Identifikation mit der DFB-Elf während der EM-Zeitpunkte nicht konsequent auf höherem Niveau, sondern erfährt von Spieltag zu Spieltag ein starkes Auf und Ab. Nach den siegreichen Spielen gegen Nordirland in der Vorrunde (*M*=2.88), gegen die Slowakei im Achtelfinale (*M*=2.84) und nach dem prestigereichen Viertelfinal-Sieg gegen die italienische Mannschaft (*M*=2.97) liegt sie erkennbar auf höherem Niveau als im Mai 2016. Umgekehrt rangiert die Identifikation mit der deutschen Auswahl nach dem Unentschieden gegen Polen (*M*=2.67) und nach dem Ausscheiden aus dem Turnier (*M*=2.65) sogar auf einem leicht niedrigeren Niveau als im Mai 2016. Nur durch die zeitnah an den Spielen liegende Terminierung der Erhebungszeitpunkte konnte diese Fluktuation in den Blick geraten.

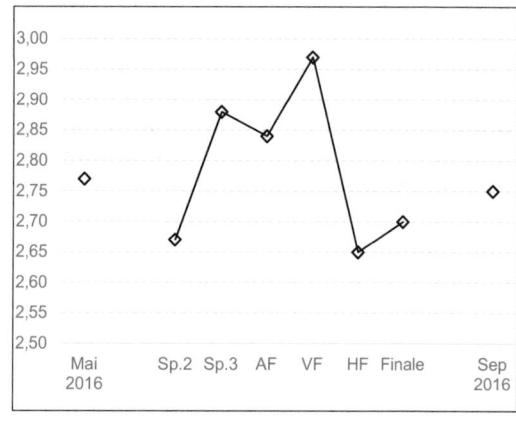

Abb. 6.1

Identifikation mit der deutschen Fußballnationalmannschaft, differenziert nach Befragungszeitpunkten während der EM

Von Desinteressierten bis „Fußball-Patrioten": Identifikation mit der DFB-Elf in speziellen Gruppen

Dass sich *in der Gesamtstichprobe* die Identifikation mit der DFB-Elf insgesamt kaum verändert hat, zeigt sich nochmals, wenn die Mittelwertunterschiede zu *t*1 und *t*2 betrachtet werden (Tabelle 6.2). Im Vergleich zum Erhebungszeitpunkt vor dem EM-Turnier steigt die Identifikation mit dem deutschen Team während der EM nur ganz leicht, aber nicht signifikant an (M_{t1}=2.76, M_{t2}=2.79, *Diff*=.04, *d*=.05, *p*=.11). Allerdings lässt sich annehmen, dass ein Anstieg der Identifikation im Laufe des Turniers nur für *bestimmte* Teilgruppen zu erwarten ist. So ist es plausibel anzunehmen, dass sich keine besonderen Veränderungen bei jenen Befragten einstellen würden, die sich die Spiele der deutschen Elf gar nicht angesehen haben, während sich eine ansteigende Tendenz für Zuschauerinnen und Zuschauer zeigen müsste – vor allem aber für jene Teile des Fußballpublikums, die entweder nach einem Sieg der deutschen Auswahl befragt wurden, die die letzte Spielübertragung in einer größeren Gruppe angeschaut haben oder die während der EM in mehrere fußballpatriotische Handlungen involviert waren. Wir prüfen diese Annahmen zuerst, indem wir die Stärke der Mittelwertveränderung von *t*1 zu *t*2 für verschiedene Gruppen von Befragten dokumentieren. Anschließend testen wir, ob sich bestimmte Teilgruppen der Fußballzuschauer im Hinblick auf ihre Veränderung von *t*1 zu *t*2 systematisch von den Personen unterscheiden, die sich die Spiele nicht live im Fernsehen angesehen haben.[42]

Von welchen Einflussfaktoren hängt es nun ab, ob die Identifikation der Deutschen mit dem DFB-Team steigt oder fällt? Erstens schaute sich ein Teil der Befragten die EM-Spiele der deutschen Mannschaft gar nicht an. Die Rezeption der EM-Spiele dürfte aber eine Voraussetzung sein, damit sich eine Verbundenheit zum deutschen Team überhaupt herausbilden kann. Nur die Zuschauerinnen und Zuschauer waren einer dem deutschen Team gegenüber affirmativen und parteilichen Berichterstattung ausgesetzt, die die deutschen Spieler ins Zentrum stellt und die in den Live-Übertragungen dominiert. Folglich ist anzunehmen, dass sich auch nur beim TV-Publikum eine messbare Veränderung in der Einstellung zum DFB-Team zeigen dürfte. Unsere Ergebnisse bestätigen diese Hypothese: Personen, die sich wahrscheinlich am wenigsten für die Fußball-EM interessierten und die Spiele der DFB-Auswahl nicht angeschaut haben, gaben schon in der 1. Erhebungswelle im Mai erwartungsgemäß eine vergleichsweise geringe Identifikation mit der deutschen Mannschaft an, die auch im Verlauf des EM-Turniers nicht angestiegen, sondern auf niedrigem Niveau stabil geblieben ist (M_{t1}=2.04, M_{t2}=2.02, *Diff*=-0.02, *d*=-0.02, *p*=.70).[43] Anders sieht das bei denen aus, die die Live-Übertragungen der Spiele der deutschen Elf mitverfolgt haben: Diese Personen geben zum einen bereits im Mai einen wesentlich höheren Grad an Identifikation mit der DFB-Elf an, der im Verlauf der EM nochmals signifikant ansteigt (M_{t1}=3.14, M_{t2}=3.20, *Diff*.=0.06, *d*=0.09, *p*=.02). Die Effektstärke fällt allerdings nicht allzu pronociert aus und erscheint praktisch wenig bedeutsam.

---

42 Hierbei geht es um die Gruppe*Zeit-Interaktion, die wir jeweils im generalisierten linearen Modell für Paneldaten (*GLM Repeated Measures*) analysieren. In diesen Modellen werden zudem Alter, Geschlecht, Bildungsabschluss, Migrationshintergrund und Wohnregion (Ost- vs. Westdeutschland) berücksichtigt, um mögliche Verzerrungen in Rechnung zu stellen, die sich aus einer unterschiedlichen Zusammensetzung der betrachteten Gruppen ergeben können.

43 Diejenigen, die die Spiele nicht live im Fernsehen verfolgten und sich bereits vor dem Turnier wenig mit der Nationalelf identifizieren konnten, wurden auch im Turnierverlauf durch die positive Berichterstattung über Siege der deutschen Mannschaft – die ja auch jenseits der Spielübertragungen in fast sämtlichen Medien präsent sind – nicht zu einer höheren Identifikation mit dem Team bewegt.

Deutlich stärkere Anstiege finden sich aber – wie zu erwarten war – bei einigen speziellen Teilgruppen des Fußballpublikums: Es lässt sich festhalten, dass sich die TV-Zuschauer nach Erfolgen stärker als nach Misserfolgen mit ‚ihrer' Mannschaft identifizieren. Diejenigen die nach einem Sieg befragt wurden, geben eine signifikant höhere Identifikation mit der DFB-Elf an als noch wenige Wochen zuvor (M_{t1}=3.17, M_{t2}=3.28, $Diff.$=0.11, d=0.15, p<.01). Dieses Muster scheint der „basking in reflected glory"-Forschung nahezu idealtypisch zu entsprechen: die Befragten sonnen sich im Erfolg der DFB-Elf, indem sie sich nach Siegen stärker mit der Mannschaft identifizieren. Analog findet sich keine höhere Identifikation bei Personen, die nach einem Unentschieden oder einer Niederlage der deutschen Mannschaft befragt wurden (M_{t1}=3.10, M_{t2}=3.11, $Diff.$=0.01, d=0.02, p=.71). Eine ausgeprägte Distanzierung – ganz im Sinne des „cutting-off reflected failure" – ist aber auch nicht zu erkennen. Vermutlich liegt das auch daran, dass das eher unglückliche Ausscheiden im Halbfinale gegen einen starken Gegner offensichtlich von vielen Zuschauerinnen und Zuschauern nicht als Misserfolg bewertet wurde, der eine selbstwertschützende Distanzierung erforderlich gemacht hätte.

Wie erwartet, hat auch das Anschauen der Spiele im Gruppenkontext Folgen. Alle Personen, die sich die Live-Übertragung an einem öffentlichen Ort angeschaut haben oder zu Hause zusammen mit mehr als fünf anderen Personen, haben wir hierfür zusammengefasst. Es zeigt sich, dass sich dieser Personenkreis während der EM signifikant stärker mit der deutschen Auswahl identifiziert als im Mai (M_{t1}=3.14, M_{t2}=3.26, $Diff.$=0.12, d=0.21, p=.01). Bei den Personen, die hingegen allein, zu zweit oder mit nur wenigen anderen vor den Fernsehschirmen saßen, veränderte sich die Identifikation mit der DFB-Elf nur unwesentlich (M_{t1}=3.14, M_{t2}=3.18, $Diff.$=0.05, d=0.06, p=.13). Dieses Muster lässt sich auf Basis der These der wechselseitigen Affizierung und emotionalen Aufladung plausibilisieren: Die Bindung an die Nationalelf erhöht sich durch das Miterleben der Spiele im Gruppenkontext und die damit verbundenen stärkeren Emotionen. Schließlich ist ein besonders prägnanter Anstieg in der Identifikation bei den zuvor beschriebenen „Fußball-Patrioten" zu beobachten, also bei denjenigen, die in mehrere expressive, auf die Symbole des Nationalstaats bezogene Handlungen – z. B. das Mitsingen der Hymne oder Aufhängen von Flaggen – eingebunden waren. Für diese Personen ist nicht nur das höchste Ausgangsniveau im Mai zu erkennen, sondern auch der höchste Anstieg während der EM, der ebenfalls signifikant ausfällt (M_{t1}=3.48, M_{t2}=3.63, $Diff.$=0.15, d=0.23, p<.01). Die „fußballpatriotischen" Handlungen inszenieren also nicht nur demonstrativ eine besondere Nähe zur Nationalelf auf symbolischer Ebene, sondern diese Verbundenheit scheint durch diese Praktiken gleichermaßen auch im Laufe des Turniers verstärkt zu werden. Im Kontrast dazu geben die Zuschauerinnen und Zuschauer, die nicht zu den „Fußball-Patrioten" im engeren Sinne gehören, während der EM nur eine geringfügig höhere Identifikation mit der deutschen Mannschaft an, die nicht statistisch signifikant ausfällt (M_{t1}=3.04, M_{t2}=3.08, $Diff.$=0.04, d=0.06, p=.20). Die t-Tests zeigen also erwartungskonform, dass nicht das Zuschauen bei den Spielen per se einen signifikanten Anstieg in der Identifikation mit der deutschen Auswahl ausgelöst hat, wohl aber das Mitverfolgen von Siegen, das Zuschauen im Gruppenkontext und die Einbindung in fußballpatriotische Aktionen.

Tab. 6.2   Mittelwertvergleich: Identifikation mit der DFB-Elf vor und während der EM, differenziert für spezielle Teilgruppen des Fußballpublikums

| | Veränderung der Identifikation mit der Nationalmannschaft | | | | | | |
	N	M_{t1}	M_{t2}	Diff.	SD_{diff}	d	p
Gesamtstichprobe							
alle	1071	2.76	2.79	0.04	0.75	0.05	.11
Rezeption DFB-Spiel							
nicht live gesehen	369	2.04	2.02	-0.02	0.79	-0.02	.70
live gesehen	702	3.14	3.20	0.06	0.72	0.09	.02
+ Ergebnis d. Spiels							
Sieg der DFB-Elf	370	3.17	3.28	0.11	0.73	0.15	<.01
Remis/Niederlage	332	3.10	3.11	0.01	0.71	0.02	.71
+ Sozialer Kontext							
>5 Pers./öffentlich	144	3.14	3.26	0.12	0.59	0.21	.01
<5 Personen	558	3.14	3.18	0.05	0.75	0.06	.13
+ „Fußball-Patriot"							
ja (≥3 Handlungen)	140	3.48	3.63	0.15	0.66	0.23	<.01
nein (<3 Handlungen)	538	3.04	3.08	0.04	0.74	0.06	.20

Anmerkungen: EM-Längsschnitt. t-Tests für verbundene Stichproben. *M*=Mittelwert. *Diff*=mittlere Veränderung (*t*1 zu *t*2). SD_{diff}=Standardabweichung der Differenz. *d*=Cohens d. *p*=Signifikanz.

Diese Unterschiede bleiben weitestgehend bestehen, wenn soziodemografische Merkmale (Alter, Geschlecht, Bildungsabschluss, Migrationshintergrund, Wohnregion) in einem *Generalisierten Linearen Modell* (GLM) kontrolliert werden. Wir berichten im Folgenden die Ergebnisse von zwei entsprechenden Analysen, wobei wir vor allem die Interaktionen über die Zeit in den Blick nehmen, weil diese zeigen, ob die Veränderungen von *t*1 zu *t*2 für verschiedene Teilgruppen signifikant verschieden ausfallen oder nicht. Im ersten Modell vergleichen wir drei Gruppen: a) die Personen, die die Live-Übertragung der DFB-Partien nicht angeschaut haben, b) die Personen, die ein Remis oder eine Niederlage miterlebt haben und c) die Personen, die einen Sieg der deutschen Mannschaft mitverfolgten. Die Befunde der GLM-Analysen bestätigen nochmals den Eindruck der Tabelle. Die Veränderung in der Stärke der Identifikation mit der deutschen Auswahl unterscheidet sich signifikant zwischen diesen drei Gruppen ($F=3.29$, $\eta^2=.01$, $p=.04$): Sie verändert sich nicht nennenswert bei denen, die bei den Spielen der deutschen Elf nicht live zugeschaut haben, sie erhöht sich nur leicht bei allen, die eine Niederlage miterlebt haben, steigt aber deutlich stärker bei denen an, die ein siegreiches Spiel sahen (Abbildung 6.2).

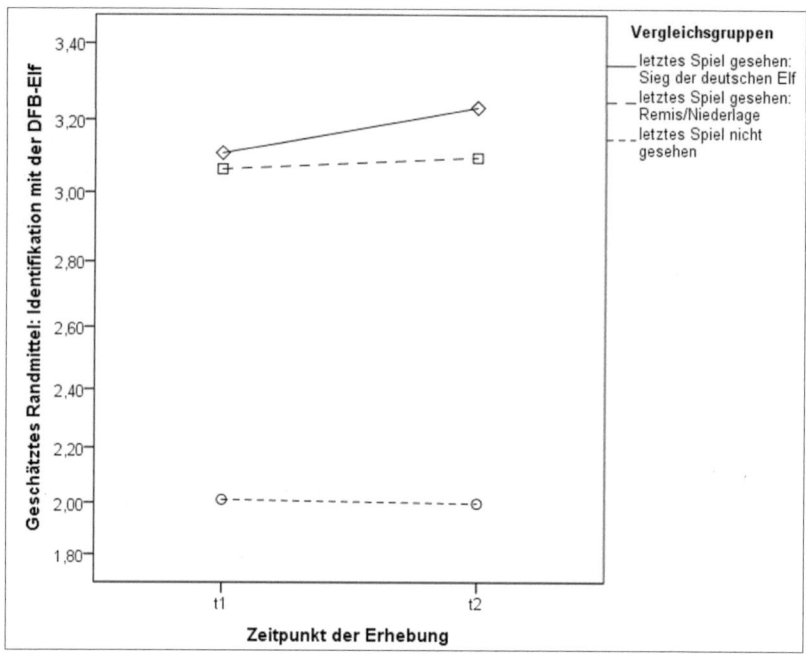

Abb. 6.2   Zeit*Gruppe-Interaktion: Identifikation mit der DFB-Elf in Abhängigkeit von der Rezeption des letzten Spiels und dessen Ergebnis

Anmerkung: GLM-Modell. Geschätzte Randmittel. Haupteffekt Gruppe: F=205.88, p<.01; Haupteffekt Zeit: F=1.16, n. s.; Interaktion Gruppe*Zeit: F=3.29, p=.04. Zur besseren Illustration der Gruppendifferenzen ist die y-Achse als Potenzfunktion definiert.

Im zweiten Modell vergleichen wir a) die Personen, die die Live-Übertragung der Spiele mit deutscher Beteiligung nicht angeschaut haben, mit b) Personen, die das letzte Spiel gesehen haben, ohne in fußballpatriotische Aktionen involviert gewesen zu sein und c) Personen, die das Spiel als „Fußball-Patrioten" verfolgten. Auch hier verdeutlichen die Befunde der GLM-Analysen den ersten Eindruck: Die

Identifikation mit der deutschen Mannschaft verändert sich signifikant über die Zeit in Abhängigkeit von der Gruppe, zu der ein Befragter gehört (F=5.48, η^2=.01, p<.01): Nur beim Live-Fernsehpublikum kommt es zu einer erwartungskonformen Zunahme an Identifikation mit dem deutschen Team, nicht bei den Desinteressierten. Zugleich ist der Anstieg deutlich abhängig von der Einbindung in fußballpatriotische Aktionen: Wer solche Handlungen ausgeführt hat, identifiziert sich während der EM deutlich stärker mit dem DFB-Team als einige Wochen vorher. Bei den Zuschauerinnen und Zuschauern, die nicht zu den „Fußball-Patrioten" gehören, fällt der Anstieg deutlich geringer aus (Abbildung 6.3).

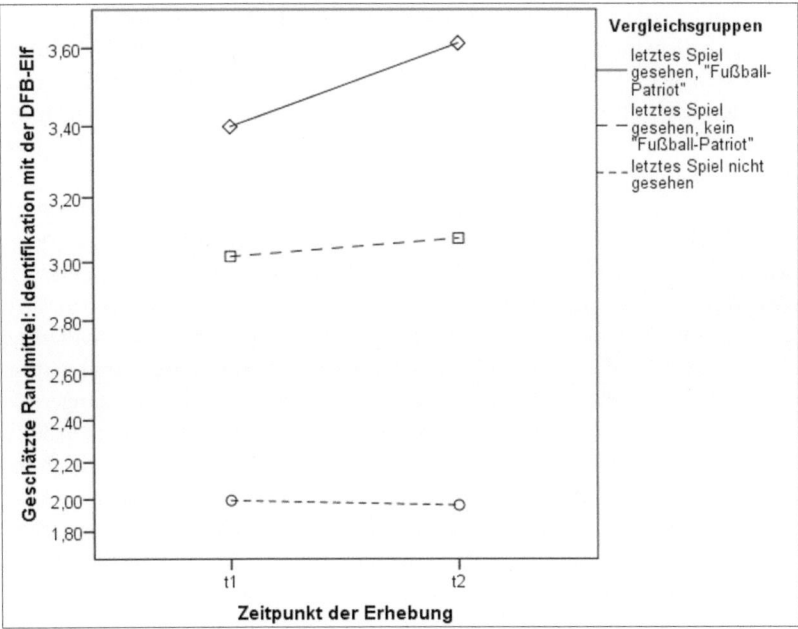

Abb. 6.3   Zeit*Gruppe-Interaktion: Stärke der Identifikation mit der DFB-Elf in Abhängigkeit von der Rezeption des letzten Spiels und fußballpatriotischem Verhalten

Anmerkung: GLM-Modell. Geschätzte Randmittel. Haupteffekt Gruppe: F= 242,87, p<.01; Haupteffekt Zeit: F=3.25, n. s.; Interaktion Gruppe*Zeit: F=5.48, p<.01. Zur besseren Lesbarkeit ist die y-Achse als Potenzfunktion definiert.

Zu erwähnen ist noch, dass in beiden GLM-Modellen die Zeit*Geschlecht-Interaktion (als einzige von allen Interaktionstermen) als signifikant ausgewiesen wird. Es zeigt sich dabei, dass die Identifikation mit der Nationalelf bei Frauen zwischen $t1$ und $t2$ deutlich stärker ansteigt als bei den befragten Männern. Zum Teil ist dies mit dem niedrigeren Ausgangsniveau erklärbar, welches Frauen im Durchschnitt zur ersten Erhebungswelle im Mai angaben. Es verdeutlicht aber auch, dass die EM- und WM-Turniere im Fußball – verglichen mit dem Bundesliga-Fußball – verstärkt Zuschauer*innen* erreichen, die nicht zum Fußballkernpublikum zählen. Hier wird die Nationalelf erst im Verlauf der Turniere verstärkt zum Identifikationsobjekt.

Insgesamt entsprechen die Befunde also einem zu erwartenden Muster – ein Anstieg der Identifikation mit der DFB-Elf während des EM-Turniers ist nicht für alle Befragten, sondern nur in bestimmten Teilen des Fußballpublikums zu erkennen. Die Desinteressierten, die sich für die Live-Spiele nicht begeistern konnten, verändern auch nicht ihre Einstellung zur Nationalmannschaft. Bei den Zuschauerinnen und Zuschauern gibt es aber eine Tendenz, sich während des Turniers stärker mit der Nationalmannschaft zu identifizieren, auch wenn der Anstieg insgesamt nicht allzu prononciert ausfällt. Dabei zeigen die Daten eine gewisse Bestätigung dafür, dass die deutschen Fußballzuschauer „basking in reflected glory" praktizieren und eine besonders enge Verbundenheit zur DFB-Elf nach Siegen angeben. Allerdings sinkt die Identifikation mit der Mannschaft nicht automatisch nach einem verlorenen Spiel bzw. nach dem Ausscheiden der Deutschen aus dem Turnier. Der Grund dafür dürfte sicher darin liegen, dass das Erreichen des Halbfinals von den meisten Befragten letztlich nicht als Misserfolg bewertet wurde, auch wenn zwei Drittel der Befragten vor der EM der Meinung waren, dass die deutsche Mannschaft in das Finale einziehen würde. Schließlich sind fußballpatriotische Handlungen ein Mechanismus, der die Bindung der Menschen an ihr Identifikationsobjekt verstärkt, denn in keiner Gruppe steigt die Identifikation mit der DFB-Elf stärker an, als bei den „Fußball-Patrioten", obwohl diese auch schon zur Befragung im Mai von einer außergewöhnlich starken Bindung zur Nationalmannschaft berichteten. Diese Veränderungen über die Zeit erweisen sich auch bei Berücksichtigung soziodemografischer Merkmale als robust. Das heißt, die berichteten Differenzen sind kein Artefakt, das aus einer unterschiedlichen soziodemografischen Zusammensetzung der betrachteten Gruppen herrührt.

Etwas relativierend muss insgesamt festgehalten werden, dass die Veränderungen über die Zeit eher klein im Vergleich zu den großen Ausgangsunterschieden zwischen den betrachteten Gruppen erscheinen. Die Nationalelf ist für manche Menschen ein wichtiges Identifikationsobjekt – auch und gerade zur EM; für andere ist sie das aber nicht und wird auch während des Turniers nicht dazu. Diese

Unterschiede zwischen Personen sind weitaus bedeutsamer als die Veränderungen innerhalb von Personen über die Zeit.

6.2 Sportlicher Erfolg als Quelle für Nationalstolz

Nachdem wir gesehen haben, dass sich viele Menschen während des EM-Turniers besonders stark mit der deutschen Nationalmannschaft identifiziert haben, prüfen wir nun, ob dies auch mit sportbezogenem Nationalstolz einhergeht. Darunter verstehen wir im Folgenden die Angabe, dass eine Person über „Deutschlands Leistungen im Sport" Stolz empfindet. Sollte sich dies zeigen lassen, so wäre dies ein erster wichtiger Hinweis darauf, dass Identifikation mit der deutschen Fußballmannschaft über klassisches Fanverhalten, wie es sich im Profisport findet, hinausgeht und eine Übertragung von Identifikation mit der Nationalmannschaft auf die Nation insgesamt stattfindet. Grundsätzlich haben frühere Studien bereits zeigen können, dass Sport für viele Menschen in Deutschland eine bedeutsame Quelle für Nationalstolz ist (Meier & Mutz, 2016) und der bereichsspezifische Nationalstolz – neben dem Sport u. a. bezogen auf wirtschaftliche, sozialstaatliche oder kulturelle Leistungen eines Landes – insgesamt ein zentraler Prädiktor für allgemeinen Nationalstolz ist (Smith & Kim, 2006). Das folgende Kapitel prüft zum einen, wie viele Menschen angeben, auf sportliche Erfolge deutscher Athletinnen und Athleten stolz zu sein und ob bzw. wie stark sich dieser Anteil im Verlauf des EM-Turniers verändert hat. Dabei werden wir auch hier wieder das Fußballpublikum mit den am Fußball Nichtinteressierten systematisch vergleichen.

Sportlicher Erfolg im Vergleich mit anderen Quellen für Nationalstolz

Sport gehört zu den wichtigsten und in Deutschland wichtiger werdenden Bereichen, aus denen sich Nationalstolz speist. Dies legt eine Auswertung der *Allgemeinen Bevölkerungsumfrage der Sozialwissenschaften* (ALLBUS) nahe, in denen die Befragungswellen seit 1992 bis 2008 analysiert werden (Meier & Mutz, 2016): Dort ist zu erkennen, dass im Zeitverlauf der Anteil der Westdeutschen, die besonders stolz auf Deutschlands sportliche Leistungen und Erfolge sind, signifikant ansteigt – von 20 % (1992) auf 27 % (2008). In Ostdeutschland ist der Anteil zwar nicht angestiegen, liegt aber mit 46 % (2008) auf einem deutlich höheren Niveau, was man als Nachwirkung der sportzentrierten Identitätspolitik der DDR interpretieren kann.

Die große Bedeutung des Sports zeigt sich auch in unseren Daten (Abbildung 6.4). Nach den wissenschaftlich-technischen Leistungen und den wirtschaftlichen Erfolgen des Landes – den üblicherweise am häufigsten genannten Quellen für nationalen Stolz in Deutschland – liegt der Spitzensport an dritter Stelle: 34 % der Befragten geben an, „sehr stolz" auf die Erfolge deutscher Sportlerinnen und Sportler zu sein.[44] Damit sind mehr Menschen auf die sportlichen Leistungen stolz als z. B. auf den Sozialstaat (27 %) oder die Art und Weise, wie die Demokratie in Deutschland funktioniert (24 %). Allerdings stammen die dargestellten Werte auch aus der EM-Welle, wo der Sport besonders im Fokus der Öffentlichkeit stand. Wie wir gleich noch sehen werden, war in dieser Zeit der Sport eine besonders wichtige Quelle für Nationalstolz.

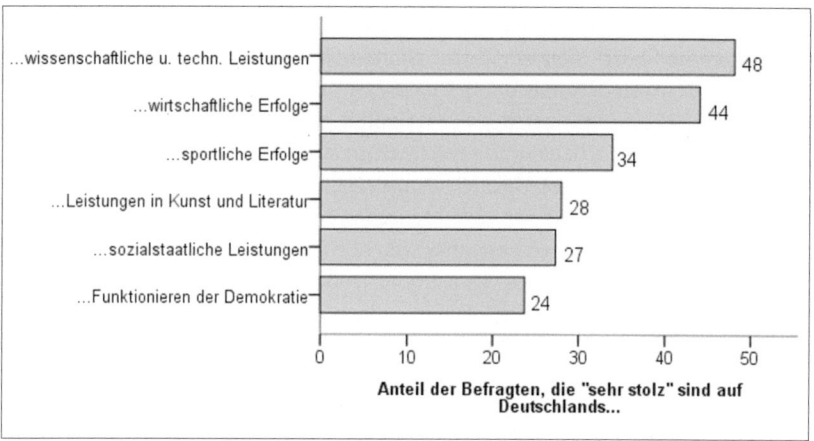

Abb. 6.4   Wichtigkeit verschiedener Bereiche für Nationalstolz in Deutschland. *Anmerkungen:* EM-Querschnitt (*t2*). Prozentangaben beziehen sich auf alle Befragten.

Stolz auf Deutschlands Sportler: Veränderungen während des EM-Turniers

Die Fragebatterie zum bereichsspezifischen Nationalstolz haben wir den Befragten zu allen drei Erhebungszeitpunkten vorgelegt. Auf Basis des Paneldatensatzes (*t1*,

---

44 Auch in unserer Stichprobe zeigt sich ein Ost-West-Gefälle im Hinblick auf den Sport als Quelle für Nationalstolz, das aber nicht (mehr) so groß ausfällt, wie in den ALLBUS-Daten von 2008: 31 % der Westdeutschen und 42 % der Ostdeutschen sind „sehr stolz" auf Deutschlands sportliche Erfolge. In Fortschreibung der Zeitreihe von Meier und Mutz (2016) ließe sich das so interpretieren, dass die dort identifizierte Angleichungstendenz in den Werten zwischen Ost- und Westdeutschen nochmals weiter fortgeschritten sein dürfte.

*t*2, *t*3) können wir die Veränderungen bei den an allen drei Zeitpunkten befragten Personen nachzeichnen. Anzunehmen ist dabei grundsätzlich, dass es während der EM-Welle einen besonders hohen Anteil an Menschen gegeben hat, die auf die sportlichen Leistungen Deutschlands stolz waren. Diese Annahme ist natürlich nur dann plausibel, wenn man das Abschneiden der deutschen Fußballnationalmannschaft mit dem Einzug ins Halbfinale der EM als Erfolg bewertet.

In der Tat zeigen sich während der EM leichte Verschiebungen hin zu einem stärker ausgeprägten Stolz auf Deutschlands sportliche Leistungen (Tabelle 6.3). Im Mai (*t*1) gaben 29 % der Befragten an, sehr stolz auf Deutschlands sportliche Erfolge zu sein, während des Turniers kletterte dieser Anteil immerhin auf 34 % (*t*2). Zwei Monate nach der EM (*t*3) nähert sich die Verteilung wieder an die Ausgangswerte an: Hier waren 28 % der von uns Befragten auf Deutschlands Erfolge im Sport sehr stolz. Damit liegen aber insgesamt Anhaltspunkte für einen Anstieg des sportbezogenen Nationalstolzes während der Fußball-EM vor.

Tab. 6.3 Stolz auf Deutschlands Erfolge im Sport vor, während und nach der EM

| | **Stolz auf Deutschlands Erfolge im Sport** | | |
	vor EM	während EM	nach EM
sehr stolz	29 %	34 %	28 %
etwas stolz	52 %	50 %	55 %
(überhaupt) nicht stolz	19 %	17 %	17 %

Anmerkungen: EM-Längsschnitt mit *t*3. Prozentanteile beziehen sich auf alle Befragten.

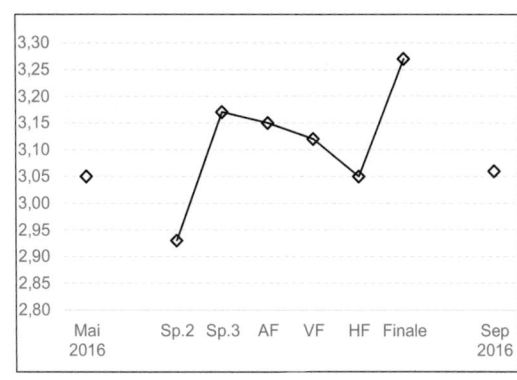

Abb. 6.5

Stolz auf Deutschlands Erfolge im Sport, differenziert nach Befragungszeitpunkt während der EM

Wenn man nun die einzelnen Befragungszeitpunkte während des EM-Turniers genauer in den Blick nimmt, zeigt sich, dass der Stolz auf die sportlichen Leistungen Deutschlands auch vom Zeitpunkt der Befragung während des Turniers abhängt (Abbildung 6.5). Ein besonders niedriger Wert findet sich am Beginn der Erhebung nach dem 2. Spieltag der Vorrunde, als die deutsche Nationalmannschaft ‚nur' 0:0 gegen Polen spielte (M=2.93). Nach den darauffolgenden drei Siegen ist der sportbezogene Nationalstolz aber wieder stärker ausgeprägt (M=3.12 bis M=3.17) – auch im Vergleich zur ersten Erhebungswelle im Mai 2016. Nach der Halbfinal-Niederlage gegen Frankreich ist kurzzeitig ein leichtes Absinken zu erkennen. Es scheint als setzte sich erst einige Tage nach dem Ausscheiden aus dem Turnier die Einschätzung durch, dass das Erreichen des EM-Halbfinals eine eben doch – einmal mehr – sehr beachtliche Leistung der deutschen Fußballer war, so dass in der Woche nach dem Turnier der sportbezogene Nationalstolz den höchsten Messwert erreicht (M=3.27). Einige Wochen später im September ist dieses Aufflackern aber vorbei und der Stolz auf Deutschlands Erfolge im Sport hat sich wieder exakt auf dem alten Niveau vom Mai eingepegelt.

Veränderungen im sportbezogenen Nationalstolz in speziellen Gruppen

In unserer Panelstichprobe ist der sportbezogene Nationalstolz insgesamt zwischen t1 und t2 angestiegen (Tabelle 6.4). Im Vergleich zum Erhebungszeitpunkt im Mai hat sich der Stolz auf Deutschlands sportliche Leistungen und Erfolge signifikant erhöht (M_{t1}=3.04, M_{t2}=3.11, $Diff$=.07, d=.10, p<.01). Dieser Anstieg variiert nun aber zwischen verschiedenen Gruppen. Wie schon im Kapitel zuvor zur Identifikation mit der Nationalelf nehmen wir auch hier an, dass es einen stärkeren Anstieg bei fußballaffinen Gruppen gegeben haben müsste. Bei den Zuschauerinnen und Zuschauern der Live-Übertragungen, aber vor allem bei denen, die in einer größeren Gruppe zusahen oder zu den ‚Fußball-Patrioten' gehören, sollte der sportbezogene Nationalstolz stärker angestiegen sein als bei Nichtsehern. Darüber hinaus sollte auch bei denen, die nach einem Sieg der deutschen Mannschaft befragt wurden, der Stolz auf deutsche Erfolge im Sport stärker ausgeprägt sein als bei Befragten, die nach einer Niederlage des DFB-Teams zur Befragung eingeladen wurden, also keinen solchen Erfolg direkt vor der Befragung miterlebt haben.

Der Mittelwertvergleich und t-Test zeigt für die Personen, die die Spiele der DFB-Auswahl nicht angeschaut haben, ein vergleichsweise niedriges Ausgangsniveau an sportbezogenem Nationalstolz und keine signifikante Veränderung während der EM an (M_{t1}=2.75, M_{t2}=2.71, $Diff$=-0.04, d=-0.05, p=.37). Die Befragten, die mindestens ein Spiel der DFB-Elf als Live-Übertragung im Fernsehen verfolgt haben, geben indes signifikant mehr Stolz auf Deutschlands Leistungen im Sport an als noch einige Wochen zuvor. Der Mittelwert steigt um 0.12 Skalenpunkte im Verlauf der EM an (M_{t1}=3.18, M_{t2}=3.30, $Diff.$=0.12, d=0.19, p<.01).

Wie wir vermutet hatten, lassen sich aber zum Teil noch stärkere Anstiege im sportbezogenen Nationalstolz finden, wenn einige spezielle Teilgruppen des Fußballpublikums separat betrachtet werden: Erstens lässt sich zeigen, dass die TV-Zuschauer nach Erfolgen stärker als nach Misserfolgen angeben, beim Gedanken an Deutschlands sportliche Erfolge Stolz zu empfinden. Zwar ist der Anstieg von $t1$ zu $t2$ in beiden Gruppen signifikant, die Effektstärke fällt aber mehr als doppelt so hoch aus, wenn die Zuschauer nach einem Sieg befragt wurden (M_{t1}=3.17, M_{t2}=3.34, $Diff.$=0.17, d=0.27, p<.01) und nicht nach einem Remis oder einer Niederlage (M_{t1}=3.18, M_{t2}=3.25, $Diff.$=0.07, d=0.12, p=.04). Zweitens hat das Anschauen der Spiele im Gruppenkontext wider Erwarten keine Folgen für sportbezogenen Nationalstolz. Personen, die sich die Live-Übertragung an einem öffentlichen Ort oder zu Hause zusammen mit mehr als fünf anderen Personen angeschaut haben, geben mehr sportbezogenen Nationalstolz zur EM an (M_{t1}=3.19, M_{t2}=3.33, $Diff.$=0.14, d=0.20, p=.02), unterscheiden sich aber nicht von den anderen Zuschauerinnen und Zuschauern, die allein oder in einer kleineren Gruppe die Spiele verfolgt haben (M_{t1}=3.17, M_{t2}=3.29, $Diff.$=0.12, d=0.19, p<.01). Es gibt weder einen markanten Unterschied im Ausgangsniveau des sportbezogenen Nationalstolzes noch einen Unterschied im Anstieg von $t1$ zu $t2$. Drittens ist ein besonders prägnanter Anstieg im Stolz auf Deutschlands Leistungen im Sport bei allen Befragten zu erkennen, die wir zu den ‚Fußball-Patrioten‘ im engeren Sinne rechnen, die also in mehrere fußballpatriotische Handlungen involviert waren. Für diese Personen ist nicht nur ein sehr hohes Ausgangsniveau im sportbezogenen Nationalstolz festzustellen, sondern zugleich auch der höchste Anstieg während der EM zu erkennen (M_{t1}=3.44, M_{t2}=3.61, $Diff.$=0.18, d=0.29, p<.01). Die Zuschauerinnen und Zuschauer, die nicht zu den ‚Fußball-Patrioten‘ gehören, geben während der EM zwar auch einen signifikant höheren Stolz auf Deutschlands Erfolg im Sport an, jedoch ist die Effektstärke hier etwas geringer ausgeprägt (M_{t1}=3.11, M_{t2}=3.22, $Diff.$=0.11, d=0.17, p<.01).

Insgesamt zeigen die t-Tests für die Veränderungen über die Zeit, dass es in fast allen betrachteten Gruppen erwartungskonform zu einem Anstieg im sportbezogenen Nationalstolz gekommen ist, außer bei den Personen, die die Spiele der deutschen Mannschaft *nicht* in voller Länge angesehen haben. Zudem zeigt sich in der Tendenz ein stärkerer Anstieg bei den ‚Fußball-Patrioten‘ und bei den Personen, die nach einem Sieg befragt wurden. Beide Tendenzen entsprechen den theoretischen Annahmen: Siege im Sport lassen sich eben deutlich leichter in sportbezogenen Nationalstolz konvertieren als Niederlagen oder Unentschieden. Und es ist anzunehmen, dass Stolz *als Gefühl* besonders intensiv erlebt wird, wenn eine starke Bindung an die deutsche Mannschaft besteht, die auch expressiv dargestellt wird.

Tab. 6.4   Mittelwertvergleich: Stolz auf Deutschlands Erfolge im Sport vor
und während der EM, differenziert für spezielle Teilgruppen des
Fußballpublikums

		Veränderung im sportbezogenen Nationalstolz					
	N	M_{t1}	M_{t2}	$Diff.$	SD_{diff}	d	p
Gesamtstichprobe							
alle	1011	3.04	3.11	0.07	0.67	0.10	<.01
Rezeption DFB-Spiel							
nicht live gesehen	334	2.75	2.71	-0.04	0.75	-0.05	.37
live gesehen	674	3.18	3.30	0.12	0.63	0.19	<.01
+ Ergebnis d. Spiels							
Sieg der DFB-Elf	357	3.17	3.34	0.17	0.64	0.27	<.01
Remis/Niederlage	316	3.18	3.25	0.07	0.63	0.12	.04
+ Sozialer Kontext							
>5 Pers./öffentlich	142	3.19	3.33	0.14	0.67	0.20	.02
<5 Personen	531	3.17	3.29	0.12	0.62	0.19	<.01
+ „Fußball-Patriot"							
ja (≥3 Handlungen)	135	3.44	3.61	0.18	0.61	0.29	<.01
nein (<3 Handlungen)	514	3.11	3.22	0.11	0.64	0.17	<.01

Anmerkungen: EM-Längsschnitt. t-Tests für verbundene Stichproben. *M*=Mittelwert.
Diff=mittlere Veränderung (*t*1 zu *t*2). SD_{diff}=Standardabweichung der Differenz. *d*=Cohens
d. *p*=Signifikanz.

Im *Generalisierten Linearen Modell* (GLM) wurde nochmals geprüft, ob die
Unterschiede zwischen den Gruppen bestehen bleiben, wenn soziodemografische
Merkmale (Alter, Geschlecht, Bildungsabschluss, Migrationshintergrund, Wohnregion) kontrolliert werden. In einem ersten Modell testen wir die Signifikanz
der Gruppe*Zeit-Interaktion zwischen drei Gruppen: a) den Befragten, die die
Live-Spiele der deutschen Elf nicht angeschaut haben, b) den Zuschauerinnen und
Zuschauern, die nach einem Remis oder einer Niederlage befragt wurden und c)
denen, die nach einem Sieg der deutschen Mannschaft befragt wurden. Die Befunde
der GLM-Analysen zeigen, dass sich die drei Gruppen in der Veränderung des
sportbezogenen Nationalstolzes von *t*1 zu *t*2 signifikant unterscheiden (F=8.24,
η^2=.02, *p*<.01): Der Stolz auf Deutschlands Leistungen im Bereich Sport sinkt sogar
leicht bei all denen, die sich die Spiele der DFB-Auswahl nicht live angeschaut
haben; sie erhöht sich leicht bei allen, die eine Niederlage oder ein Unentschieden
miterlebt haben; deutlich ansteigend ist die Veränderung bei denen, die einen Sieg
der deutschen Auswahl sahen (Abbildung 6.6).

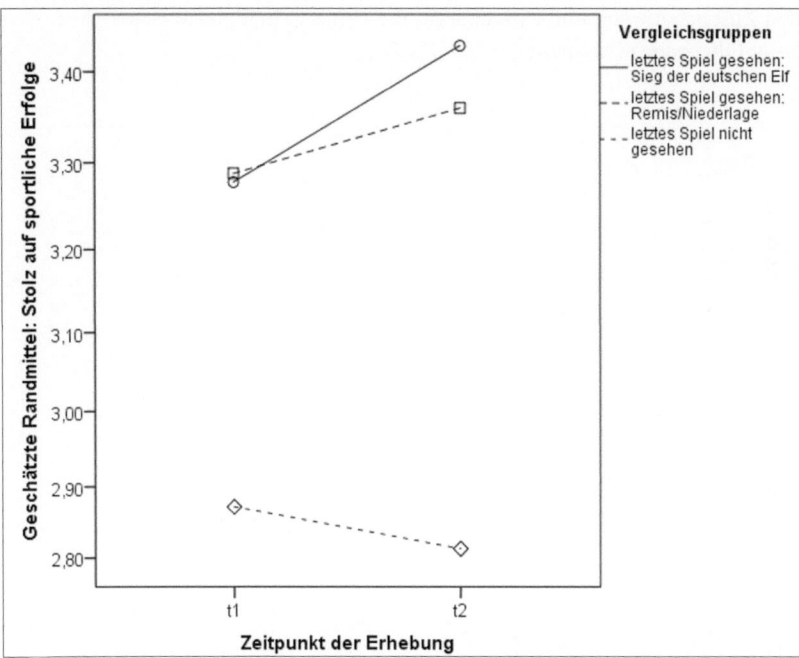

Abb. 6.6 Zeit*Gruppe-Interaktion: Stolz auf Deutschlands Erfolge im Sport in Abhängigkeit von der Rezeption des letzten Spiels und dessen Ergebnis

Anmerkung: GLM-Modell. Geschätzte Randmittel. Haupteffekt Gruppe: $F=60.67$, $p<.01$; Haupteffekt Zeit: $F=1.15$, n. s.; Interaktion Gruppe*Zeit: $F=8.24$, $p<.01$. Zur besseren Lesbarkeit ist die y-Achse als Potenzfunktion definiert.

Im zweiten GLM-Modell vergleichen wir a) die Befragten, die die TV-Übertragung der Spiele mit deutscher Beteiligung nicht live gesehen haben, mit b) Personen, die das letzte Spiel gesehen haben, ohne in fußballpatriotische Aktionen involviert gewesen zu sein und c) den ‚Fußball-Patrioten', die in drei oder mehr fußballpatriotische Aktionen involviert waren. Auch hier unterstreichen die Befunde der Modelle den ersten Eindruck: Die Identifikation mit der deutschen Mannschaft verändert sich signifikant über die Zeit in Abhängigkeit von der Gruppe, zu der ein Befragter gehört ($F=8.48$, $\eta^2=.02$, $p<.01$): Nur beim Live-Fernsehpublikum kommt es zu der vermuteten Zunahme an sportbezogenem Nationalstolz, nicht aber bei den Nichtsehern. Zugleich wird der Anstieg von der Einbindung in fußballpatriotische Aktionen beeinflusst: Er fällt bei den ‚Fußball-Patrioten' etwas stärker aus als bei den Zuschauerinnen und Zuschauern, die keine fußballpatriotischen Aktionen ausgeführt haben (Abbildung 6.7).

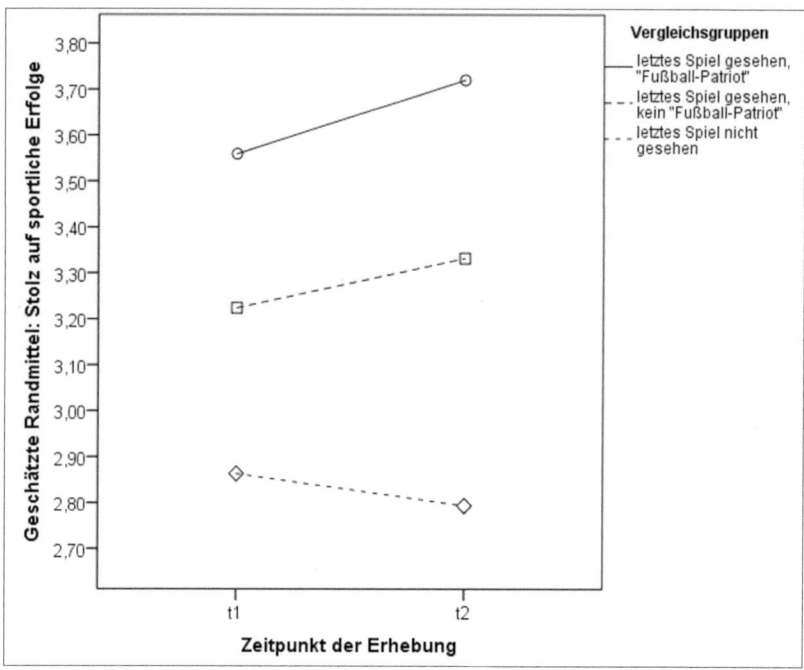

Abb. 6.7 Zeit*Gruppe-Interaktion: Stolz auf Deutschlands Erfolge im Sport in Abhängigkeit von der Rezeption des letzten Spiels und fußballpatriotischem Verhalten

Anmerkung: GLM-Modell. Geschätzte Randmittel. Haupteffekt Gruppe: $F=83.56$, $p<.01$; Haupteffekt Zeit: $F=1.68$, n. s.; Interaktion Gruppe*Zeit: $F=8.48$, $p<.01$. Zur besseren Lesbarkeit ist die y-Achse als Potenzfunktion definiert.

In beiden GLM-Analysen sind auch alle Interaktionen über die Zeit mit soziodemografischen Merkmalen enthalten. Von diesen fällt aber keine signifikant aus. D. h. die Veränderungen im sportbezogenen Nationalstolz von $t1$ zu $t2$ sind von der Soziodemografie (Alter, Geschlecht, Bildung usw.) unabhängig. Insgesamt entsprechen die Befunde damit dem, was schon im Kapitel zuvor bei der Identifikation mit der deutschen Fußballnationalmannschaft zu erkennen war: Der Stolz auf Deutschlands sportliche Erfolge nimmt beim Fußballpublikum zu, bei den restlichen Befragten aber nicht. Diejenigen, die sich für die Live-Spiele nicht interessieren, sind auch nicht besonders stolz auf Deutschland, wenn ‚wir' gewinnen. Für den Rest der Befragten gilt das aber schon: Tatsächliche sportliche Erfolge führen erwartungsgemäß zu größerem Stolz als Niederlagen. Gleichwohl können wir auch zeigen, dass die nach dem EM-Finale befragten Personen besonders viel Stolz auf Deutschlands sportliche Leistungen angegeben haben – d. h. die Menschen können sehr wohl das Abschneiden beim EM-Turnier *insgesamt* einordnen und haben dies offenbar unterm Strich eher als Erfolg beurteilt.

Nicht unerwähnt soll bleiben, dass wir auch in den anderen Bereichen, aus denen sich Nationalstolz ableiten kann, d. h. Wissenschaft und Technologie, Wirtschaft, Kunst und Literatur, Sozialstaat und Demokratie, bei Fußballinteressierten ebenfalls ganz leichte Veränderungen von *t*1 zu *t*2 hin zu größerem Stolz finden. Diese sind zwar deutlich schwächer ausgeprägt als im Bereich Sport, fallen aber zum Teil auch signifikant aus. So empfindet das TV-Publikum der Live-Spiele während der EM auch etwas mehr Stolz beim Gedanken an den Zustand der Demokratie, die sozialstaatlichen Leistungen sowie Deutschlands wirtschaftliche Erfolge. Bei den Nichtsehern ist ein solcher Effekt nicht zu erkennen. Daraus lässt sich der vorsichtige Schluss ziehen, dass es eine Art ‚*spill-over*'-Effekt zu geben scheint: Höherer Stolz in einer Domäne – hier im Sport – strahlt auf andere Bereiche (Wirtschaft, Politik) aus. Das könnte bereits ein Indiz dafür sein, dass es während der EM auch einen größeren *allgemeinen* Nationalstolz gab, der sich in verstärktem Patriotismus und Nationalismus niedergeschlagen haben könnte und Nationalstolz nicht ausschließlich auf den Bereich Sport beschränkt blieb. Wir prüfen das im nächsten Abschnitt genauer.

6.3 Die Einstellungen zum Nationalstaat im Längsschnitt

Aus einer Verbundenheit mit der Fußballnationalmannschaft und dem berichteten Stolz auf Deutschlands sportlichen Erfolg folgt nicht zwangsläufig, dass sich die Befragten auch stärker mit dem Nationalstaat identifizieren. Gleichwohl wird genau dieser ‚Transfer' in zahlreichen Arbeiten nahegelegt und verschiedene empirische Hinweise deuten auch konsistent darauf hin, dass die Identifikation mit dem Nationalstaat von bedeutenden Fußballturnieren beeinflusst wird (Mutz, 2013; Von Scheve et al., 2014). Die in einer Befragungssituation geäußerten patriotischen und nationalistischen Einstellungen sind aber nicht nur vom Fußball abhängig, sondern von vielen Faktoren. Wichtiger als der Fußball sind die tagesaktuellen politischen Debatten. Diese beeinflussen die politische Stimmung im Land, was die Demoskopie mit Hilfe entsprechender Indikatoren messen und beschreiben kann. Wir erwähnen dies an dieser Stelle, weil wir davon ausgehen, dass ein entsprechender Wandel der politischen Stimmung im Vorfeld des EM-Turniers in Deutschland stattgefunden hat, der sich auch in unseren Ergebnissen in Form sinkender Patriotismus- und Nationalismus-Werte niedergeschlagen hat.

Der gesellschaftliche Kontext im Mai und Juni 2016

Einstellungen zum Nationalstaat unterliegen Schwankungen, die quantitativ erhoben und medial aufbereitet in Form des ‚Deutschland-Trend' oder ‚Politbarometer' als politisches Stimmungsbild der Öffentlichkeit präsentiert werden. Die hier verwendeten Skalen zur Messung von patriotischen oder nationalistischen Einstellungen beziehen sich zumindest nicht direkt auf tagesaktuelle Ereignisse, gleichwohl kann die Zustimmung zu den diesen Skalen zu Grunde liegenden Aussagen durch besondere politische Ereignisse beeinflusst werden. Relevant für das hier verfolgte Thema können solche Ereignisse sein, die entweder die mit Deutschland assoziierten Werte, Leistungen und Images verändern oder die Antworttendenzen der Menschen systematisch in eine bestimmte Richtung verändern, wenn diese zum Beispiel glauben, dass sie ihre Angaben besonders vorsichtig oder zurückhaltend machen müssen.

Die gesellschaftspolitischen Debatten im ersten Halbjahr 2016 waren vor allem von der sogenannten „Flüchtlingskrise" und ihren Nachwirkungen geprägt. Dabei setzte sich vor dem Hintergrund hoher antizipierter Integrationskosten und vermeintlicher Kriminalitäts- und Terrorgefährdungen mehr und mehr eine ablehnende Stimmung gegenüber Geflüchteten durch, was sich an einigen Indikatoren demonstrieren lässt: So gehörte Anfang 2016 für 73 % der Themenbereich rund um „Zuwanderung, Flucht und Asyl" zu den wichtigsten Politikbereichen; 75 % der Menschen hätten ein Gesetz befürwortet, das Geflüchtete auf „deutsche Grundwerte" verpflichtet; 61 % sprachen sich für die Einführung einer Obergrenze für den Zuzug von Flüchtlingen aus und 57 % für die Wiedereinführung von Grenzkontrollen in der Europäischen Union (ARD, 2016). Mehr als zwei Drittel – so viel wie nie zuvor – fürchteten terroristische Anschläge in Deutschland. Passend zu dieser Stimmung fand im ersten Halbjahr 2016 die AfD, die am stärksten eine restriktive Zuwanderungspolitik und einen unverhohlenen Nationalismus propagierte, steigenden Zuspruch: in der ‚Sonntagsfrage' stieg sie von 9 % (im Januar) auf 15 % (im Mai). Für viele Beobachter ging damit, getrieben durch zahlreiche verbale Provokationen von Politikerinnen und Politikern der „Alternative für Deutschland"[45], eine Verrohung in der politischen

---

45 So forderte die damalige AfD-Vorsitzende Frauke Petry im Januar 2016, Grenzpolizisten müssten „zur Not von der Schusswaffe Gebrauch machen", um Grenzübertritte von Flüchtlingen zu verhindern.

Auseinandersetzung einher, die nach Meinung Vieler dazu führte, dass „das sagbar geworden [ist], was vor einigen Jahren noch höchstens unter hervorgehaltener Hand geraunt wurde".[46] Insofern wurden die Ausgangswerte unserer Studie vor dem Hintergrund einer besonderen politischen Stimmungslage erhoben, die sich durch verstärkte nationalistische und fremdenfeindliche Zwischentöne auszeichnete.

Ende Mai 2016 – genau zwischen der ersten Erhebung und dem Beginn der Fußball-EM – könnte sich diese Stimmung – oder zumindest die Grenze dessen, was als offen sagbar verstanden wird – aber zumindest kurzzeitig verändert haben. Der zum damaligen Zeitpunkt stellvertretende AfD-Vorsitzende Alexander Gauland äußerte sich in einem Interview abfällig über den Nationalspieler Jérôme Boateng: Die Leute fänden „ihn als Fußballspieler gut. Aber sie wollen einen Boateng nicht als Nachbarn haben" und würden ihn aufgrund seiner Hautfarbe als fremd empfinden. Hieran schloss sich eine öffentliche Debatte an, in der nicht nur die Politik und der DFB, sondern auch Tausende von Fußballfans sehr deutlich ihre Ablehnung gegenüber Rassismus und Intoleranz zum Ausdruck brachten.[47] Wir vermuten, dass diese Ereignisse für eine Erhebung, die sich genau um die Zusammenhänge von Fußball und Nationalstolz dreht, nicht völlig folgenlos geblieben sein dürften. Es ist anzunehmen, dass viele Menschen die im Fragebogen enthaltenen Aussagen beim zweiten Beantworten und sensibilisiert durch diese Debatte besonders genau und möglicherweise auch besonders kritisch gelesen haben und daher möglicherweise auch verstärkt sozial erwünscht – und damit beim Thema Nationalismus zurückhaltender – geantwortet haben. Mit anderen Worten, die explizite Verknüpfung von Nationalmannschaft, Rassismus und Nationalismus in Gaulands Aussagen – und ihre mediale Verurteilung – dürften die Menschen dafür sensibilisiert haben, sich selbst nicht als übermäßig nationalistisch zu identifizieren; ob aus Überzeugung oder um sich selbst zu vergewissern, nicht jemand zu sein, der Gaulands Positionen teilt.[48]

---

46 Vgl. hierzu den Beitrag von Azadê Peşmen in der ZEIT: http://www.zeit.de/kultur/2017-09/rassismus-afd-bundestagswahl-wahlerfolg-10nach8 (02.03.2018).

47 Kurz zuvor gab es eine zweite Debatte, die sich an rechtspopulistischen und abfälligen Kommentaren in sozialen Medien zu Kinderbildern bestimmter Nationalspieler auf Schokoladenverpackungen entzündete. Dort waren u. a. die Kinderfotos von Ilkay Gündoğan und Jérôme Boateng zu sehen, die einigen Anhängern der Pegida-Bewegung nicht Deutsch genug aussahen (hierzu z. B. http://www.spiegel.de/panorama/gesellschaft/pegida-anhaenger-hetzen-gegen-nationalspieler-auf-kinderschokolade-a-1093985.html).

48 Gleichwohl dürften solche Antworttendenzen in Richtung sozialer Erwünschtheit in einer Online-Erhebung deutlich geringer ausfallen als in einer (fern)mündlichen Befragung durch Interviewer (Taddicken, 2009).

Veränderungen bei patriotischen und nationalistischen Einstellungen während der EM

Blickt man zunächst auf die Zustimmung bzw. Ablehnung zu patriotischen und nationalistischen Aussagen zu den drei Erhebungszeitpunkten, so ist auch hier wieder eine bemerkenswerte Stabilität zu konstatieren (Tabelle 6.5). Der Anteil der Deutschen, der sich stark zustimmend zu *patriotischen Statements* äußert, ist während des EM-Turniers mit 32 % kaum höher als vor oder nach dem Turnier (31 % bzw. 28 %). Ebenfalls nahezu unverändert ist der Anteil derer, die sich mäßig zustimmend, indifferent oder ablehnend äußern – auch hier liegen die Schwankungen von Welle zu Welle im Bereich von ein bis zwei Prozentpunkten.

Nicht viel anders sehen die Befunde zur Befürwortung *nationalistischer Aussagen* aus, abgesehen davon, dass hier der Anteil der Zustimmung im Vergleich zum Patriotismus deutlich geringer ausfällt. Während des EM-Turniers lässt sich für 5 % der Befragten eine starke Tendenz und für weitere 19 % eine leichte Tendenz zum Nationalismus festhalten. Wenige Wochen zuvor fiel die Zustimmung bei 7 % stark und bei ebenfalls 19 % mäßig aus, d. h. die Veränderungen sind äußerst gering. Auch nach der EM, im September 2016, hat sich wenig verändert.

Tab. 6.5   Patriotische und nationalistische Einstellungen vor, während und nach der EM

	Patriotismus			Nationalismus		
	vor EM	während EM	nach EM	vor EM	während EM	nach EM
starke Zustimmung	31 %	32 %	28 %	7 %	5 %	4 %
mäßige Zustimmung	47 %	45 %	46 %	19 %	19 %	21 %
Indifferenz	18 %	19 %	21 %	50 %	51 %	51 %
Ablehnung	4 %	4 %	5 %	24 %	26 %	24 %

Anmerkungen: EM-Längsschnitt mit *t*3. Prozentanteile beziehen sich auf alle Befragten.

Gleichwohl haben viele Befragte ihre individuellen Antworten verändert und während der EM entweder ein höheres oder ein geringeres Maß an Patriotismus bzw. Nationalismus angegeben. Betrachtet man die individuellen Differenzen im Patriotismus, zeigt sich, dass bei 38 % der Befragten die Werte von *t*1 zu *t*2 angestiegen sind, bei 40 % sind sie gesunken. Die individuellen Veränderungen in der Zustimmung zu nationalistischen Aussagen fallen noch etwas größer aus: Hier steigen die Werte bei 36 % der Befragten von *t*1 zu *t*2 an und bei 45 % sinken sie. Der Betrag der individuellen Differenzen (ABS $t_1 - t_2$) liegt bei der Patriotismus-Skala im Mittel bei 0.33 und bei der Nationalismus-Skala bei 0.44 (Wertebereich der Skalen: 1 bis 5).

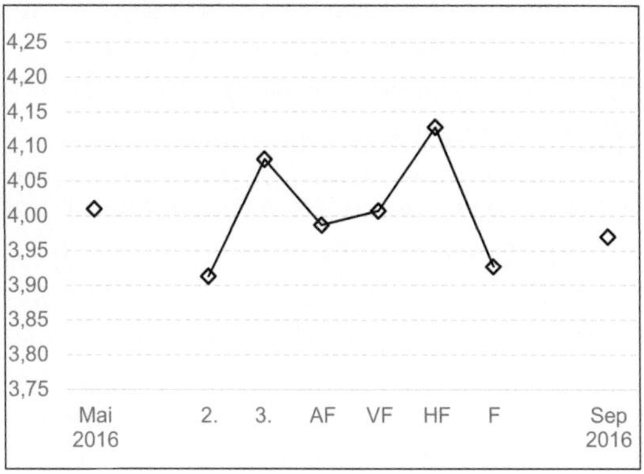

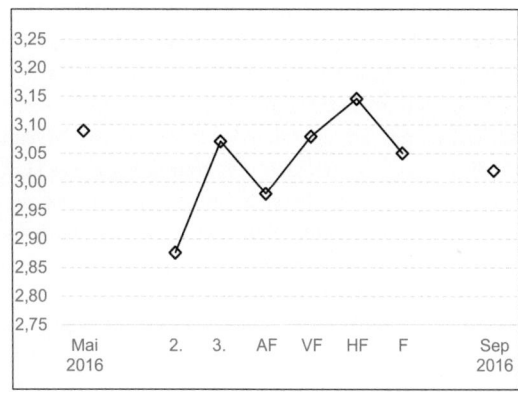

Abb. 6.8

Patriotismus in der deutschen Bevölkerung, differenziert nach Befragungszeitpunkten während der EM

Abb. 6.9

Nationalismus in der deutschen Bevölkerung, differenziert nach Befragungszeitpunkten während der EM

Blicken wir auf die differenzierten Verläufe während der EM (Abbildungen 6.8 und 6.9), zeigen sich, ähnlich wie bei der Identifikation mit der DFB-Elf, auch hier größere Schwankungen, wobei die Werte nicht systematisch über- oder unterhalb der Ausgangswerte liegen. Die EM bringt die Einstellungen zum Nationalstaat offenbar in Bewegung, nur erscheint die Richtung dieser Bewegung nicht so eindimensional wie gedacht. Während die Patriotismus-Werte keinem erkennbaren Muster folgen und vor allem nach dem 3. Spiel der Vorrunde und nach dem Halbfinale auf etwas höherem Niveau liegen, zeigt sich beim Nationalismus eine von der Vorrunde bis nach dem Halbfinale ansteigende Tendenz. Zudem fällt hier das im Vergleich zur Ausgangserhebung niedrige Niveau nach dem 2. Spiel in der Vorrunde ins Auge, wo vermutet werden kann, dass die eingangs erwähnte Boateng-Debatte den Befragten noch stärker präsent ist und nationalistische Aussagen deshalb besonders wenig Zustimmung erfahren haben oder besonders vorsichtig und zurückhaltend beantwortet wurden.

Patriotische Einstellungen in fußballaffinen und -nichtaffinen Gruppen

Insgesamt lässt sich in der Panelstichprobe keine signifikante Veränderung im Patriotismus von $t1$ zu $t2$ erkennen (M_{t1}=4.01, M_{t2}=4.00, $Diff.$=-0.01, d=-0.02, p=.54). Die Werte bleiben im Mittel nahezu unverändert (Tabelle 6.6). Im Vergleich zwischen Fußballpublikum und den am Fußball weniger interessierten Personen fällt aber ein Unterschied auf: Bei den Nicht-Interessierten, d. h. bei denen, die die Spiele der DFB-Auswahl nicht live angesehen haben, sinkt das Patriotismus-Niveau im Vergleich zum Mai signifikant (M_{t1}=3.83, M_{t2}=3.77, $Diff.$=-0.07, d=-0.13, p=.01). Im Gegensatz dazu ist keine markante Veränderung bei den Zuschauerinnen und Zuschauern der Live-Übertragungen zu sehen (M_{t1}=4.10, M_{t2}=4.12, $Diff.$=0.02, d=0.05, p=.17). Das Anschauen der Spielübertragungen hat also patriotische Einstellungen nicht weiter verstärkt. Auch der Blick auf verschiedene Teilgruppen des Fußballpublikums weist nur auf Tendenzen, nicht aber auf signifikante Unterschiede hin: Zum einen änderte sich das Patriotismus-Niveau bei den Personen, die nach einem Sieg befragt wurden etwas stärker (M_{t1}=4.11, M_{t2}=4.14, $Diff.$=0.03, d=0.07, p=.16) als bei denen, die nach einem Remis oder einer Niederlage befragt wurden (M_{t1}=4.09, M_{t2}=4.11, $Diff.$=0.01, d=0.03, p=.63). Zum anderen finden sich tendenziell Zuwächse im Patriotismus bei den Befragten, die das letzte Spiel der DFB-Auswahl in der Öffentlichkeit oder in einer größeren Gruppe sahen (M_{t1}=4.12, M_{t2}=4.18, $Diff.$=0.05, d=0.12, p=.15), während es kaum ein Anzeichen für entsprechende Veränderungen bei denjenigen gibt, die zu Hause allein oder mit wenigen Personen zusammen die Spiele anschauten (M_{t1}=4.10, M_{t2}=4.11, $Diff.$=0.02, d=0.03, p=.42). Selbst in der Gruppe der ‚Fußball-Patrioten‘ ist nur eine schwache Tendenz hin zu einem verstärkten Patriotismus zu sehen (M_{t1}=4.34, M_{t2}=4.39, $Diff.$=0.04, d=0.11, p=.19), während die Zuschauerinnen und Zuschauer, die nicht zum engeren Kreis der ‚Fußball-Patrioten‘ gehören, ihre Einstellungen nicht nennenswert änderten (M_{t1}=4.04, M_{t2}=4.06, $Diff.$=0.02, d=0.04, p=.36).

Insgesamt finden wir also nur Tendenzen, aber keine signifikanten Veränderungen im Zeitverlauf. Die einzige Ausnahme betrifft die Nichtseher, die während des EM-Turniers von signifikant weniger Patriotismus berichten als noch einige

Wochen zuvor. Wir gehen davon aus, dass diese Entwicklung von der (tages-) politischen Stimmung verursacht wurde, die wir eingangs beschrieben haben: Die Debatte über Hautfarbe und Herkunft mit Bezug zur deutschen Fußballnationalmannschaft hat sicher dazu beigetragen, dass patriotische Statements in einer Sport- bzw. Fußball-Studie etwas vorsichtiger beantwortet wurden.

Tab. 6.6 Mittelwertvergleich: Patriotismus vor und während der EM, differenziert für spezielle Teilgruppen des Fußballpublikums

	Veränderung bei patriotischen Einstellungen						
	N	$t1$	$t2$	M_{diff}	SD_{diff}	d	p
Gesamtstichprobe							
alle	1090	4.01	4.00	-0.01	0.48	-0.02	.54
Rezeption DFB-Spiel							
nicht live gesehen	379	3.83	3.77	-0.07	0.54	-0.13	.01
live gesehen	711	4.10	4.12	0.02	0.45	0.05	.17
+ Ergebnis d. Spiels							
Sieg der DFB-Elf	374	4.11	4.14	0.03	0.46	0.07	.16
Remis/Niederlage	337	4.09	4.11	0.01	0.44	0.03	.63
+ Sozialer Kontext							
>5 Pers./öffentlich	145	4.12	4.18	0.05	0.42	0.12	.15
<5 Personen	566	4.10	4.11	0.02	0.45	0.03	.42
+ ‚Fußball-Patriot'							
ja	141	4.34	4.39	0.04	0.40	0.11	.19
nein	544	4.04	4.06	0.02	0.46	0.04	.36

Anmerkungen: EM-Längsschnitt. t-Tests für verbundene Stichproben. *M*=Mittelwert. *Diff*=mittlere Veränderung (*t1* zu *t2*). SD_{diff}=Standardabweichung der Differenz. *d*=Cohens d. *p*=Signifikanz.

Signifikante Gruppe*Zeit-Interaktionen zeigen sich in den GLM-Analysen, in denen der Einfluss von Alter, Geschlecht, Bildungsabschluss, Migrationshintergrund und Wohnregion statistisch kontrolliert wird. Das erste Modell prüft, ob die Veränderungen von *t1* zu *t2* signifikant verschieden sind zwischen a) Personen, die die Live-Übertragung der DFB-Partien nicht angeschaut haben, b) Personen, die ein Remis oder eine Niederlage miterlebt haben und c) Personen, die einen Sieg der deutschen Mannschaft mitverfolgten. Die Befunde zeigen, dass sich die Veränderung im Patriotismus-Niveau über die Zeit signifikant zwischen diesen drei Gruppen unterscheidet (F=4.75, η^2=.01, p<.01): Personen, die bei den Spielen der deutschen Elf nicht live zugeschaut haben, stimmen patriotischen Aussagen weniger zu, während sich im Verlauf ein leichter Anstieg beim Fernsehpublikum zeigt. Ob das zuletzt gesehene Spiel ein Sieg, ein Remis oder eine Niederlage war, scheint dabei nahezu egal zu sein – entscheidend ist nur der Kontrast gegenüber den Nichtsehern (Abbildung 6.10).

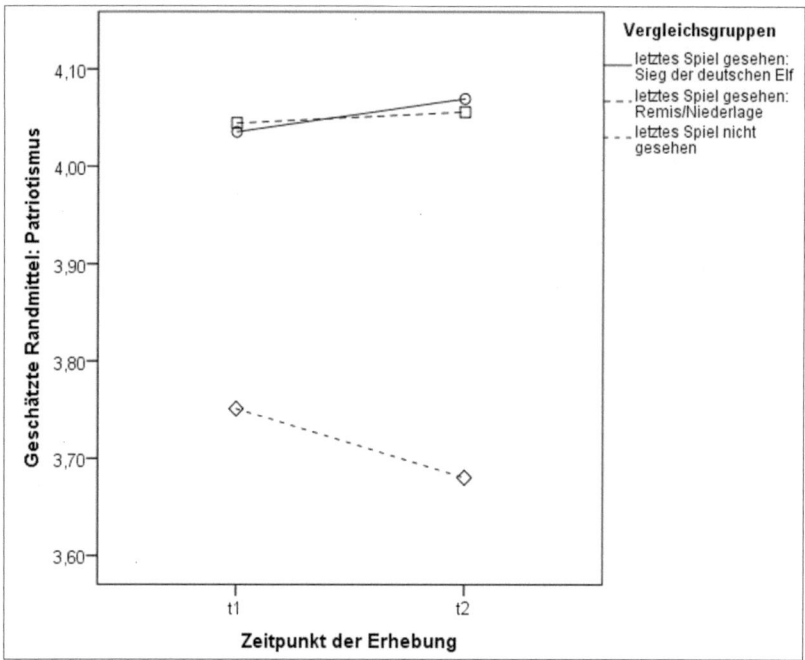

Abb. 6.10 Zeit*Gruppe-Interaktion: Patriotismus in Abhängigkeit von der Rezeption des letzten Spiels und dessen Ergebnis

Anmerkung: GLM-Modell. Geschätzte Randmittel. Haupteffekt Gruppe: $F=27.28$, $p<.01$; Haupteffekt Zeit: $F=0.01$, n. s.; Interaktion Gruppe*Zeit: $F=4.75$, $p<.01$.

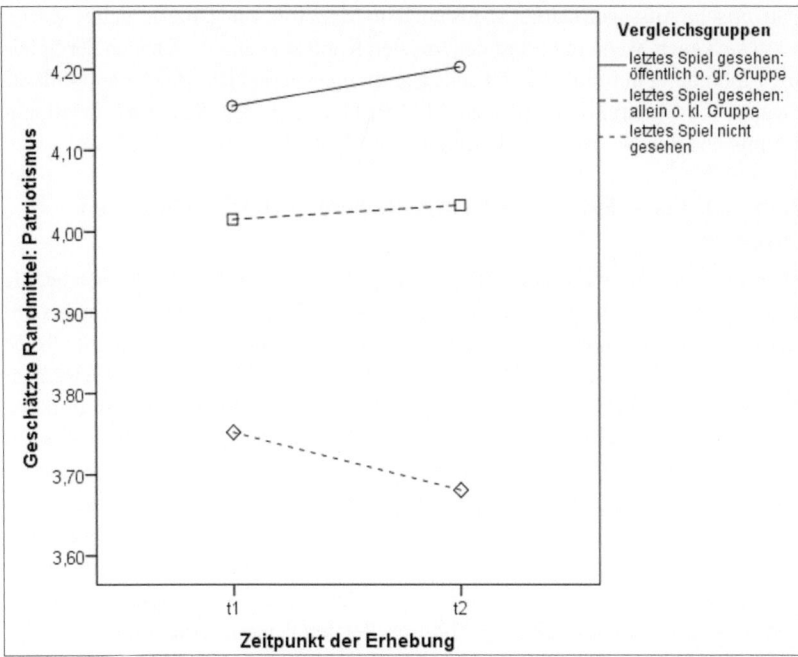

Abb. 6.11 Zeit*Gruppe-Interaktion: Patriotismus in Abhängigkeit von der Rezeption des letzten Spiels und dem sozialen Kontext

Anmerkung: GLM-Modell. Geschätzte Randmittel. Haupteffekt Gruppe: F=30.07, p<.01; Haupteffekt Zeit: F=0.00, n. s.; Interaktion Gruppe*Zeit: F=4.78, p<.01.

Mit einem zweiten Modell (Abbildung 6.11) haben wir überprüft, ob die Veränderungen von $t1$ zu $t2$ unterschiedlich sind zwischen a) Personen, die die Live-Übertragung der DFB-Partien nicht angeschaut haben, b) Personen, die das letzte Spiel zu Hause allein oder mit wenigen anderen Personen zusammen angesehen haben und c) Personen, die in der Öffentlichkeit oder in einer größeren Gruppe die Partie der DFB-Auswahl schauten. Die Befunde zeigen auch hier, dass sich die Veränderung in den patriotischen Einstellungen von $t1$ zu $t2$ signifikant zwischen diesen drei Gruppen unterscheidet (F=4.78, η^2=.01, p<.01): Personen, die bei den Spielen der deutschen Elf in einen größeren Gruppenkontext involviert waren, stimmen danach den patriotischen Statements im Fragebogen verstärkt zu. Wer zu Hause allein oder mit wenigen anderen Personen die Live-Übertragung ansah, gibt nur tendenziell etwas mehr Patriotismus an. Die Nichtseher hingegen lehnen patriotische Aussagen stärker ab als noch im Mai 2016. Ein ganz ähnliches Muster zeigt sich auch, wenn man statt des sozialen Kontexts beim Anschauen der Spiele die Einbindung in fußballpatriotische Handlungen heranzieht. Auch dann fällt die Gruppe*Zeit-Interaktion zwischen ‚Fußball-Patrioten', dem Rest des Fußballpublikums und den Nichtsehern signifikant aus (F=4.32, η^2=.01, p=.01).[49]

Nationalistische Einstellungen in fußballaffinen und -nichtaffinen Gruppen

Wenn wir nun auf nationalistische Aussagen schauen (Tab. 6.7), also solche, die explizit eine Abwertung von anderen Nationen beinhalten, finden wir insgesamt in den Paneldaten einen signifikanten Rückgang vom Mai 2016 bis zur Fußball-EM (M_{t1}=3.10, M_{t2}=3.03, $Diff.$=-0.07, d=-0.12, p<.01). Nationalismus findet also weniger Rückhalt in der Bevölkerung. Im Vergleich zwischen Fußballpublikum und den am Fußball weniger interessierten Personen gibt es hierbei große Ähnlichkeiten: In beiden Gruppen sinkt die Zustimmung zu nationalistischen Statements: Personen, die die Spiele der DFB-Auswahl nicht live angesehen haben, sind weniger nationalistisch eingestellt als im Mai (M_{t1}=3.01, M_{t2}=2.94, $Diff.$=-0.07, d=-0.11, p=.03); dies gilt aber auch für das Fußballpublikum (M_{t1}=3.15, M_{t2}=3.08, $Diff.$=-0.07, d=-0.12, p<.01).

Die Stärke dieses Rückgangs unterscheidet sich nur sehr leicht zwischen verschiedenen Teilgruppen des Fußballpublikums: Bei den Personen, die nach einem Sieg befragt wurden, ist die nationalistische Einstellung signifikant rückläufig (M_{t1}=3.17, M_{t2}=3.09, $Diff.$=-0.09, d=-0.14, p<.01), bei Personen, die nach einem Unentschieden oder einer Niederlage befragt wurden, ist der Rückgang etwas geringer und das 95 %-Signifikanzniveau wird knapp verfehlt (M_{t1}=3.12, M_{t2}=3.07, $Diff.$=-0.05, d=-0.09, p=.08). Noch etwas geringer fällt der Rückgang im Nationalismus in zwei Gruppen aus: Personen, die das letzte Spiel der DFB-Auswahl in der Öffentlichkeit oder in einer größeren Gruppe sahen, sind nicht signifikant weniger nationalistisch eingestellt als im Mai (M_{t1}=3.11, M_{t2}=3.07, $Diff.$=-0.04, d=-0.07, p=.39). Dies gilt auch für die ‚Fußball-Patrioten', also für Menschen, die in mindestens drei fußballpatriotische Aktionen involviert waren (M_{t1}=3.34, M_{t2}=3.31, $Diff.$=-0.03, d=-0.05, p=.52). Während also ein allgemein sinkender Nationalismus in der EM-Welle zu beobachten ist, sind diese zwei Teilgruppen ein Stück weit von diesem Trend ausgenommen.

---

49 Wie schon im ersten Modell ist aber anzumerken, dass die Signifikanz des Interaktionsterms in allen Modellen lediglich aus dem Kontrast zwischen TV-Publikum und den Nicht-Sehern resultiert.

Tab. 6.7 Mittelwertvergleich: Nationalismus vor und während der EM, differenziert für spezielle Teilgruppen des Fußballpublikums

	Veränderung bei nationalistischen Einstellungen						
	N	$t1$	$t2$	M_{diff}	SD_{diff}	d	p
Gesamtstichprobe							
alle	1085	3.10	3.03	-0.07	0.60	-0.12	<.01
Rezeption DFB-Spiel							
nicht live gesehen	376	3.01	2.94	-0.07	0.63	-0.11	.03
live gesehen	709	3.15	3.08	-0.07	0.59	-0.12	<.01
+ Ergebnis d. Spiels							
Sieg der DFB-Elf	372	3.17	3.09	-0.09	0.61	-0.14	<.01
Remis/Niederlage	338	3.12	3.07	-0.05	0.56	-0.09	.08
+ Sozialer Kontext							
>5 Pers./öffentlich	145	3.11	3.07	-0.04	0.52	-0.07	.39
<5 Personen	564	3.16	3.08	-0.08	0.60	-0.13	<.01
+ ‚Fußball-Patriot'							
ja	141	3.34	3.31	-0.03	0.58	-0.05	.52
nein	542	3.09	3.01	-0.08	0.59	-0.13	<.01

Anmerkungen: EM-Längsschnitt. t-Tests für verbundene Stichproben. *M*=Mittelwert. *Diff*=mittlere Veränderung (*t*1 zu *t*2). SD_{diff}=Standardabweichung der Differenz. *d*=Cohens d. *p*=Signifikanz.

Die multivariaten GLM-Analysen für Paneldaten unter Einschluss soziodemografischer Merkmale haben wir auch für Nationalismus als abhängige Variable durchgeführt und die Gruppe*Zeit-Interaktionen auf ihre Signifikanz überprüft. Dabei haben sich allerdings keine signifikanten Interaktionen identifizieren lassen. Die verschiedenen fußballaffinen Teilgruppen unterscheiden sich also im Verlauf des Nationalismus von *t*1 zu *t*2 nur tendenziell, nicht aber signifikant von den Nichtsehern. Die Interaktionen der soziodemografischen Merkmale mit der Erhebungswelle sind ebenfalls ausnahmslos insignifikant.

Patriotismus und Nationalismus während der EM: Trends und Tendenzen

Insgesamt zeigen sich komplexe Muster hinsichtlich patriotischer und nationalistischer Einstellungen in unseren Daten, die letztlich mehrere Interpretationsmöglichkeiten zulassen und sich auch mehr als Tendenzen als in Form signifikanter Veränderungen manifestieren: Vor dem Hintergrund allgemein sinkender Zustimmungswerte zu patriotischen und nationalistischen Statements äußern fußballaffine Gruppen entgegen dem allgemeinen Trend genauso viel Patriotismus wie im Mai und ihre Nationalismus-Werte sinken im Durchschnitt etwas weniger stark. Die Debatte über Hautfarbe und Herkunft mit Bezug zur deutschen Fußball-nationalmannschaft kurz vor Beginn der EM und die breite Zurückweisung der rassistischen Äußerungen der AfD hat sicher dazu beigetragen, dass patriotische und vor allem nationalistische Statements an Zustimmung verloren haben oder in unserem Fragebogen insgesamt etwas vorsichtiger (als normalerweise) beantwortet wurden. Man könnte die Befunde einerseits also dahingehend interpretieren, dass das Fußballpublikum ausgelöst durch die Spiele und Siege der deutschen Elf mehr Nationalstolz empfand, der den allgemeinen politischen Stimmungsumschwung zumindest ein Stück weit konterkarierte. Andererseits ließe sich vermuten, dass die fußballaffinen Befragten in der EM-Stimmung weniger Zurückhaltung beim Ausfüllen des Fragebogens zeigten als der Rest der Befragten. Der Unterschied ist, dass man im ersten Fall unterstellt, die EM habe die innere Haltung verändert, während man im zweiten Fall nur das Ankreuzverhalten der Menschen in den Blick nimmt, welches mehr oder weniger von sozialer Erwünschtheit verzerrt sein kann. Im ersten Fall wären die Fußballzuschauer also ausgelöst durch die Fußballeuropameisterschaft patriotischer eingestellt, während sie im zweiten Falle lediglich weniger gehemmt wären, ihren Patriotismus beim Ausfüllen des Fragebogens zuzugeben. Welche dieser beiden Interpretationen letztlich zutrifft, können wir an dieser Stelle nicht mit Sicherheit sagen. Entscheidend ist aber, dass die empirischen Befunde, die wir vorgelegt haben, alles in allem darauf hinweisen, dass die EM auf die patriotischen Einstellungen (nicht aber auf den Nationalismus) des Fußballpublikums abgefärbt hat.

6.4   Die normative Aufladung des Nationalen

Neben der Identifikation mit dem Nationalstaat dürften nationale Erfolge im internationalen Sport auch das Potenzial haben, die Kategorie „Nationalstaat" mit Wertvorstellungen anzureichen. Hierbei geht es nur mittelbar um die Stärke der Identifikation von Bürgerinnen und Bürgern mit der Nation, sondern vielmehr darum, *welche* Inhalte mit der Nation in Verbindung gebracht werden (sollen). Der aktive Versuch der Aufladung der Nation mit diesen Inhalten wird häufig mit Konzepten wie *nation branding* oder Identitätspolitik beschrieben, aber auch subtilere und weniger koordinierte Aspekte von Leistungssport und seiner medialen Inszenierung und Rezeption können, wie wir zeigen werden, dazu beitragen, dass bestimmte Inhalte verstärkt mit der Nation verbunden werden. Der Sport liefert ebenfalls systematisch nationale (Erfolgs-)Geschichten, die bestimmte Werte und Ideale transportieren, die sich an die Kategorie der Nation anheften können. Das folgende Kapitel prüft nun empirisch, ob die Menschen bzw. das Fußballpublikum im Verlauf der Fußball-EM bestimmte Werte – in unserem Fall geht es um Leistung, Zusammenhalt, Gerechtigkeit, Fleiß und Pflichtbewusstsein – stärker als noch einige Wochen zuvor mit Deutschland assoziiert haben.

Sport und das Image des Nationalstaats

Der gezielte Versuch, ein bestimmtes Bild von bzw. bestimmte Wertungen über einen Nationalstaat zu erzeugen, aufrechtzuerhalten oder zu verstärken, wird als *„nation branding“* bezeichnet, was insbesondere durch die Kommunikation von „values and identity narratives to citizens“ erfolgt (Browning, 2015, S. 196). Oftmals zielen solche Kampagnen darauf ab, ein bestimmtes Bild einer Nation global zu verbreiten, um Investoren, Touristen oder Konsumenten zu attrahieren. In derartigen Kampagnen geht es im Kern um Werte und Emotionen: „nation branding seeks to elicit emotional ties to a particular nation and what that nation might stand for" (Browning, 2015, S. 196). Seltener richten sich entsprechende Marketingkampagnen an die eigene Bevölkerung. Im Falle der 2005/06 von der Bertelsmann AG koordinierten „Du bist Deutschland“-Kampagne, existiert aber auch hierzulande dafür zumindest ein prominentes Beispiel. Die damalige Kampagne zielte darauf ab, das Nationalgefühl in Deutschland ins Positive zu verändern, indem sie das Selbstverständnis der Deutschen stärker auf positive historische Errungenschaften der Deutschen – kulturelle Leistungen und technische Innovationen – und auf Werte wie Eigeninitiative, Motivation und Erfindergeist lenken sollte. Dass der zweiminütige Fernsehspot, der im Zentrum der Kampagne stand, gleich mehrfach prominent auf den Sport rekurrierte, ist dabei kein Zufall, sondern geradezu symptomatisch für Versuche (auch) den Sport als Vehikel zu nutzen, um positive Werte und Assoziation mit dem Nationalstaat zu kreieren. So wurden etwa im TV-Spot nicht nur mehrere aktuelle und ehemalige Spitzensportler und -sportlerinnen gezeigt, sondern der verlesene Text betonte auch ausdrücklich den positiven Beitrag, den Sportfans am Erfolg von Sportlern hätten und konstruierte so die Zuschauenden explizit als Beteiligte an den Leistungen der Athleten.[50]

---

50 So heißt es dort wörtlich: „Warum feuerst du dann deine Mannschaft im Stadion an, wenn deine Stimme so unwichtig ist? Wieso schwenkst du Fahnen, während Schumacher seine Runden dreht? Du kennst die Antwort: Weil aus deiner Flagge viele werden und aus deiner Stimme ein ganzer Chor. Du bist von allem ein Teil. Und alles ist ein Teil von dir. Du bist Deutschland. Dein Wille ist wie Feuer unterm Hintern. Er lässt deinen Lieblingsstürmer schneller laufen und Schumi schneller fahren.“

Der gezielte Versuch, die mit der Nation verbundenen Inhalte und Assoziationen systematisch zu verändern, hat in der sportsoziologischen Debatte vor allem in Beiträgen zur Ausrichtung von internationalen Großereignissen ein breites Echo gefunden. Nahezu zu jedem Großereignis – ob Olympische Spiele, FIFA Weltmeisterschaften oder auch Großevents von nur nationaler oder regionaler Bedeutung – finden sich entsprechende Fallstudien. Und auch wenn ein Großteil dieser Studien in den Fokus nimmt, wie Ausrichterländer „nation branding" als Teil einer „soft power"-Strategie für diplomatische Zwecke einsetzen, um sich auf der Weltbühne zu präsentieren[51] – ob als Tourismusdestination oder Wirtschaftsmacht – so gibt es zumindest einige Beiträge, die explizit die Auswirkungen der Events auf die Aufladung der Nation mit Werten aufseiten der einheimischen Bevölkerung in den Blick nehmen. Wie Chalip (2006) argumentiert, können die Geselligkeit, Feierstimmung und „Liminalität" im Rahmen eines sportlichen Mega-Events ihrerseits nicht nur affektive Reaktionen erzeugen, sondern auch Symbole, Narrative und Sinninhalte produzieren und verstärken.

Ein kurzer Überblick über einige dieser Fallstudien zeigt, wie vielfältig die Werte sind, die in den Sport projiziert werden: Studien zum Rugby World Cup 1995, der in Südafrika nur rund ein Jahr nach den ersten freien Wahlen ausgetragen wurde, attestieren dem Turnier einen wesentlichen Beitrag zur Nationenbildung in der Post-Apartheid-Zeit in Südafrika. Das siegreiche südafrikanische Rugby-Team wurde im Vorfeld des Turniers von einem Symbol der Apartheit zu einem Symbol der neuen, nicht-rassistischen, demokratischen „rainbow nation" (Farquharson & Marjoribanks 2003). Und auch der Weltmeister-Titel der gastgebenden, multiethnischen französischen Fußballnationalmannschaft bei der WM 1998 trug nicht nur zu einer Steigerung des Nationalstolzes bei, sondern auch zu einer Stärkung von Multikulturalismus als Teil französischer Identität (Marks, 1998). Die olympischen Winterspiele in Sotschi wiederum wurden dafür genutzt die nationale und ökonomische Stärke des russischen Staates aber auch Inklusivität und Nachhaltigkeit zu demonstrieren (Alekseyeva 2014; Persson & Petersson 2014). Insbesondere stand, was die an die eigene Bevölkerung gerichtete Vermittlung von Images und Werten angeht, im Zentrum „to lend a forward-looking dimension to a traditionally backward-looking, nostalgic Soviet-era and imperialist-rooted national identity

---

51 Vgl. bspw. Panagiotopoulou (2012) für einen Vergleich der Olympischen Sommerspiele 2004 in Athen und 2008 in Beijing; Grix (2012) für die Fußball-WM 2006 in Deutschland; Grix & Houlihan (2014) für einen Vergleich der Fußball-WM 2006 in Deutschland und der Olympischen Spiele in London 2012; Preuss & Alfs (2011) sowie Manzenreiter, (2010) für die Sommerspiele 2008 in Beijing; Knott et al. (2017) für die Fußball-WM in Südafrika 2010; Penfold (2018) für die FIFA WM 2014 und die Olympischen Sommerspiele 2016 in Brasilien.

discourse" (Grix & Kramareva, 2017, S. 472). Und auch wenn diese Botschaften bei weiten Teilen des westlichen Publikums nicht geteilt wurden – Kritik an der Ausrichtung der Spiele in Sotschi bis hin zur Debatte um einen möglichen Boykott aufgrund der Menschenrechtssituation und dem Umgang mit politischer Opposition waren regelmäßige Themen in europäischen Medien vor Beginn der Spiele – so war der Rückhalt in der russischen Bevölkerung doch ungebrochen hoch: "while the international community chooses to focus on the Russian Government's broken Olympist promises of openness and inclusivity, the Russian public chooses to focus on Sochi 2014's promise of asserting Russia's great power status" (Alekseyeva 2014, S. 169). Externer Kritik zum Trotz waren die Winterspiele von Sotschi in der Kommunikation von auf die Nation bezogenen Bedeutungen und Werten nach Innen durchaus erfolgreich, was sich u. a. auch in einem starken Anstieg der Beliebtheit des Präsidenten in der eigenen Bevölkerung niederschlug (Grix & Kramareva, 2017).

Im deutschen Kontext war die Ausrichtung der FIFA WM 2006 ein wesentlicher Faktor darin, das Image eines toleranten, (gast-)freundlichen, weltoffenen und nicht zuletzt begeisterungsfähigen Deutschlands zu generieren und diese Assoziation bei Zuschauerinnen und Zuschauern aus anderen Nationen zu etablieren (Kersting, 2007; Schrag 2009). Flankiert wurde die WM 2006 dabei nicht nur durch die oben erwähnte „Du bist Deutschland"-Kampagne, sondern auch von der Standortinitiative „Deutschland – Land der Ideen." Diese Kampagne wurde von Bundesregierung und dem Bundesverband der deutschen Industrie ebenfalls 2005 und im Hinblick auf das anstehende Turnier mit dem erklärten Ziel, für Deutschland im In- und Ausland zu werben, gegründet (Wood, 2017). Auch wenn Feierstimmung, Gastfreundschaft, Geselligkeit und Ausgelassenheit während der WM 2006 in ihren Ausmaßen nicht absehbar waren und sicherlich überraschten, so waren diese nicht ausschließlich impulsiver und anarchischer Ausbruch von Ekstase und spontanem „Fußballpatriotismus". Im Gegenteil, wie Grix (2012) detailliert nachzeichnet, wurden im Vorfeld durch mediale Kampagnen, Volunteer-Schulungen, aber auch infrastrukturelle Maßnahmen (v. a. die Fan-Feste und Fan-Zonen) Bedingungen geschaffen, die die Bevölkerung über Monate hinweg kognitiv und emotional auf das Turnier – und auf einen positiven Deutschland-Bezug – vorbereiteten und die damit wesentlich zu einem für Deutschland beispiellosen *feelgood factor* während der WM beigetragen haben (Grix, 2012). Wie diese Fallstudien zeigen, bietet die Ausrichtung von sportlichen Mega-Events für Staaten also nicht nur die Möglichkeit eines nach Außen gewandten *nation branding*, das darauf abzielt, die eigene Nation für politische oder wirtschaftliche Zwecke auf der Weltbühne in Szene zu setzen, sondern auch Gelegenheiten, Einfluss darauf zu nehmen, welche Werte, Images und Assoziationen Bürgerinnen und Bürger der Ausrichternation mit „ihrem" Land verbinden.

Aber auch wenn es nicht um die Ausrichtung eines bedeutenden internationalen Sportereignisses im eigenen Land geht, sondern ‚nur' um die dort erzielten
sportlichen Erfolge, ist in abgeschwächter Form vorstellbar, dass sich die von den
Menschen mit der Nation assoziierten Inhalte durch das Miterleben dieser Erfolge
verändern können. Der jeweilige Gewinn des Weltmeistertitels der südafrikanischen
Rugby-Auswahl von 1995 sowie der französischen Fußballnationalmannschaft
von 1998 – und nicht nur die bloße Ausrichtung der Turniere im eigenen Land –
dürften wesentlich zur Aufladung der Nation mit veränderten Werten beigetragen
haben. Und auch die Begeisterung um das „Sommermärchen" 2006 in Deutschland
wäre in seiner Intensität kaum vorstellbar, wäre die deutsche Elf bereits in einer
frühen Phase des Turniers ausgeschieden. Erste Anhaltspunkte für den Einfluss des
sportlichen Erfolgs unabhängig von der lokalen Ausrichtung eines Mega-Events
haben wiederum die Studien von Billings und Kollegen herausgearbeitet, die wir
an anderer Stelle bereits ausführlicher besprochen haben (Angelini et al., 2017;
Billings et al., 2014). Hier konnte gezeigt werden, dass in der Sportberichterstattung
den erfolgreichen Athletinnen und Athleten des *eigenen* Landes häufiger Charaktereigenschaften und Persönlichkeitsmerkmale wie Fleiß, Willenskraft, Cleverness usw. zugeschrieben werden, nicht aber den erfolgreichen Sportlerinnen und
Sportlern anderer Nationen. Den Repräsentanten des eigenen Landes werden also
bestimmte Tugenden und Haltungen verstärkt zugeschrieben, so dass es naheliegt,
dass Rezipienten womöglich gleich die gesamte Nation entsprechend stärker mit
genau diesen Attributen verbinden (vgl. die Pilotstudie von Mutz & Gerke, 2018).

Die normativ aufgeladene Berichterstattung über Sport ist natürlich nicht als
Strategie zu begreifen, wie z. B. bei gezielten Kampagnen, weshalb wir im Folgenden
auch nicht den Begriff des „branding" benutzen. Wir gehen im Folgenden davon
aus, dass normative Images des Nationalen im Sport nebenbei, nicht intendiert, aber
dennoch regelmäßig mitproduziert werden. Unsere These ist im Folgenden also,
dass nicht nur die Ausrichtung eines Sportevents, sondern auch der internationale
Sport per se das Potenzial hat, die Kategorie Nation mit Werten anzureichern. Wir
betrachten dabei fünf Wertorientierungen: Leistung, Zusammenhalt, Gerechtigkeit
bzw. Fairness, Fleiß sowie Pflichterfüllung. Diese fünf Werte haben wir ausgesucht,
weil sie vermutlich im Kontext des Spitzensports besonders häufig adressiert werden.
Der Bezug des Spitzensports auf „Leistung" ist selbstevident, nicht umsonst wird
der Sport in der Systemtheorie als das gesellschaftliche Teilsystem beschrieben, das
sich durch die Bezugnahme auf körperliches Leisten konstituiert (Stichweh, 1990).
Entsprechende Höchstleistungen zu erbringen, setzt aber Fleiß, Disziplin oder auch
Pflichtbewusstsein voraus und nicht selten werden entsprechende Verweise in den
Medienberichten eingestreut. Darüber hinaus werden Bezüge auf Zusammenhalt,
Teamgeist oder mannschaftliche Geschlossenheit im Rahmen der Medienbericht-

erstattung oft gesetzt, so dass diese Eigenschaften ebenfalls als ‚typisch deutsch‘ inszeniert werden können (vgl. die Fallbeispiele zur Fußball-WM 2006 in Ismer, 2016). Schließlich lassen sich Gerechtigkeits- und Fairnessnormen auf den Sport projizieren, wenn Tore oder Siege als „verdient" beschrieben werden. Auf diese Weise können Werte salient gemacht werden, die dann nicht nur auf die spielende Mannschaft, sondern vielleicht auch auf den Nationalstaat, den sie repräsentiert, bezogen werden.

Wenn wir dies im Folgenden prüfen, ist dabei zu berücksichtigen, dass wir nicht die persönlichen oder auf die Gesellschaft bezogenen Wertorientierungen der Befragten erhoben haben und diese hier auch nicht analysiert werden. Solche Wertorientierungen werden als langfristig relativ stabile Vorstellungen des Wünschenswerten – „conceptions of the desirable" – verstanden (Kluckhohn, 1962) und ändern sich wohl kaum durch ein einzelnes Fußballspiel. Vielmehr geht es um die auf die Nation projizierten Werte. Die Menschen wurden gefragt, wie sehr sie bestimmte Werte *mit Deutschland* als Nation verbinden.

Veränderungen bei auf Deutschland bezogenen Werten während der EM

In einem ersten Schritt schauen wir auf den Anteil der Menschen, die Deutschland stark mit den fünf hier fokussierten Wertorientierungen – Leistung, Zusammenhalt, Gerechtigkeit, Fleiß sowie Pflichterfüllung – assoziieren. Dabei fallen im Vergleich der drei Erhebungszeitpunkte einmal mehr nur sehr geringe Veränderungen auf, die auf keine großen Verschiebungen in der *gesamten* Bevölkerung hindeuten (Tabelle 6.8). Während des EM-Turniers assoziierten 47 % der Befragten Deutschland mit „Leistung", sogar etwas weniger als vor bzw. nach der EM (49 %). Für 15 % der Befragten war Deutschland mit „Zusammenhalt" assoziiert, kaum mehr als einige Wochen zuvor (14 %) oder danach (13 %). „Gerechtigkeit" wurde zu allen drei Zeitpunkten unverändert von 14 % der Befragten stark mit Deutschland verbunden. Leichte Anstiege in der Assoziation mit der Nation im Vergleich zur ersten Erhebung sind für „Fleiß" mit 45 % (+2 Prozentpunkte) und „Pflichterfüllung" mit 28 % (+4 Prozentpunkte) zu erkennen. Gleichwohl haben viele Befragte ihre individuellen Antworten verändert und assoziieren Deutschland mal mehr mal weniger stark mit bestimmten Werten. Diese Schwankungen schauen wir uns später noch genauer an und führen sie auf die Rezeption der EM zurück.

Tab. 6.8   Assoziation Deutschlands mit fünf Wertorientierungen vor, während
und nach der EM

	Assoziation der Nation mit Wertorientierungen		
	vor EM	während EM	nach EM
Leistung	49 %	47 %	49 %
Zusammenhalt	14 %	15 %	13 %
Gerechtigkeit	14 %	14 %	14 %
Fleiß	43 %	45 %	40 %
Pflichterfüllung	24 %	28 %	28 %

Anmerkung: EM-Längsschnitt mit *t*3. Anteil der Befragten, die den Wert „stark" mit
Deutschland verbinden.

Zunächst sind die differenzierten Verläufe während der Fußball-EM von Interesse,
denn während der Fußball-EM sind kurzfristige Schwankungen in Abhängigkeit
vom genauen Erhebungszeitpunkt zu beobachten. Dabei zeigen sich unterschiedliche
Muster (Abb. 6.12 bis 6.16): In Bezug auf *Leistung* hätte man erwarten können, dass
es zu einem Anstieg im Verlauf der EM kommt, je länger das DFB-Team im Wettbewerb vertreten ist. Stattdessen assoziieren relativ stabil etwa 50 % der Befragten
Deutschland mit „Leistung" – außer nach nicht gewonnenen EM-Spielen. Nach
dem Remis gegen Polen und der Niederlage gegen Frankreich fällt der Anteil bis
auf etwa 40 % ab, um kurze Zeit später wieder zurück auf das Ausgangsniveau zu
klettern. Dieses Muster scheint vor allem vor dem Hintergrund einer hohen Erwar-
tungshaltung an die DFB-Elf, die ja als amtierender Weltmeister an den Start ging,
durchaus plausibel: Erfolge der DFB-Elf führen nicht (mehr) zu einem besonders
ausgeprägten Leistungsbezug auf die Nation, während Misserfolge „Leistung" als
nationalen Wert verstärkt in Frage stellen.

Bei den Werten *Zusammenhalt*, *Fleiß* und *Pflichtgefühl* ist der Tendenz nach ein
Anstieg im Verlauf des Turniers ersichtlich, wenngleich dieser nicht gleichmäßig,
sondern eher sprunghaft erfolgt. Die stärkste Assoziation mit der Nation wird jeweils
nach dem Halbfinale oder nach dem Finale erreicht, also zu einem Zeitpunkt, wo
das deutsche Team bereits aus dem Turnier ausgeschieden war. In Bezug auf die
Referenzpunkte einige Wochen vor bzw. einige Wochen nach dem Turnier lässt
sich erkennen, dass zumindest am Ende der Fußball-EM jeweils eine überdurch-
schnittliche Stärke dieser Wertebezüge vorliegt – besonders markant bei „Fleiß"
und „Pflichtgefühl" also den eher traditionellen bürgerlichen Sekundärtugenden.
Der Wert *Gerechtigkeit* wird im Verlauf der EM nicht stärker mit Deutschland
assoziiert als zu den Zeitpunkten vor bzw. nach dem Turnier. Allerdings gibt es
einen kurzeitigen Anstieg unmittelbar nach dem Viertelfinalspiel. Das Viertelfinale

gegen Italien – das Land, das jeweils das Halbfinal-Aus der Deutschen bei der WM 2006 und der EM 2012 besiegelte – ging nach einem hochdramatischen Elfmeter-schießen diesmal zugunsten der DFB-Elf aus. Gerade vor dem Hintergrund des ‚Italien-Traumas' erschien das Ergebnis vielen Zuschauerinnen und Zuschauern vielleicht als besonders gerecht, sodass in den Tagen danach der entsprechende Wert besonders eng mit Deutschland als Nation assoziiert wurde.

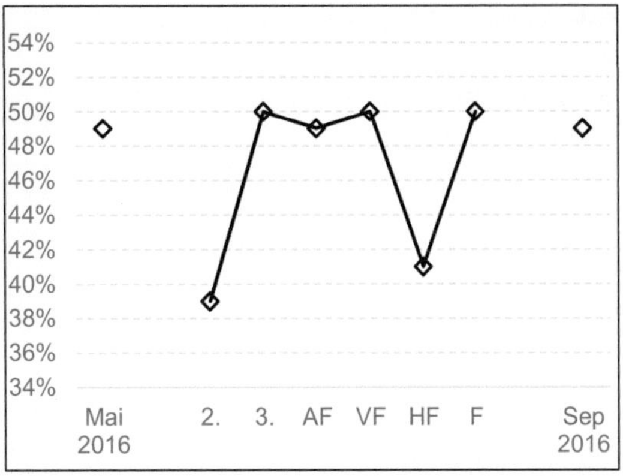

Abb. 6.12

Assoziation der Nation mit „Leistung" vor, während und nach der EM

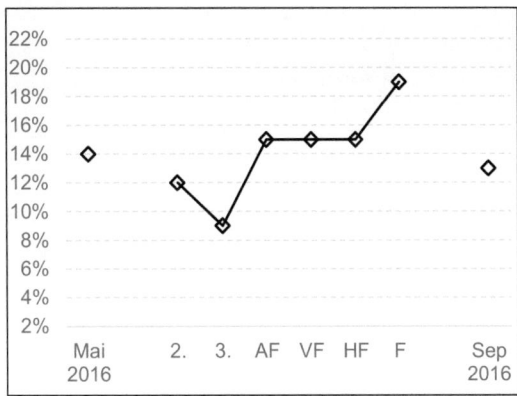

Abb. 6.13

Assoziation der Nation mit „Zusammenhalt" vor, während und nach der EM

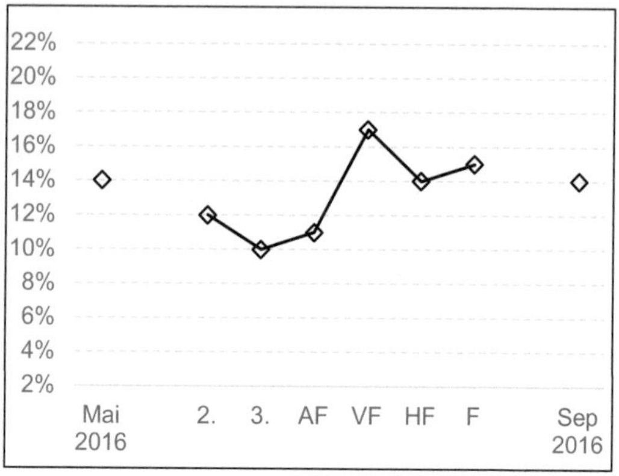

Abb. 6.14

Assoziation der Nation mit „Gerechtigkeit" vor, während und nach der EM

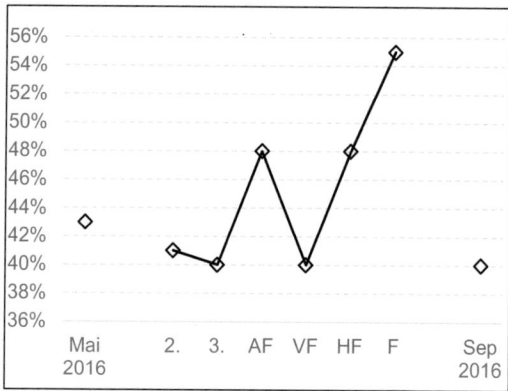

Abb. 6.15

Assoziation der Nation mit „Fleiß" vor, während und nach der EM

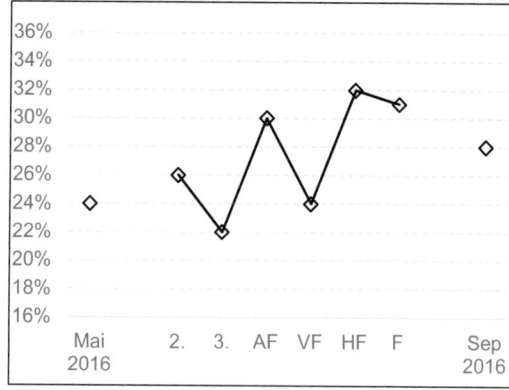

Abb. 6.16

Assoziation der Nation mit „Pflichtgefühl" vor, während und nach der EM

Wertebezüge auf die Nation in fußballaffinen und -nichtaffinen Gruppen

Für die weiteren Analysen betrachten wir nun nicht mehr die fünf Einzelwerte, sondern stattdessen einen Index, der für jede befragte Person aus der Summe der fünf Einschätzungen berechnet wurde. Das ermöglicht nicht nur eine übersichtliche Darstellung der Befunde ohne unnötige Redundanzen, sondern entspricht überdies auch unserer eigentlichen Vorgehensweise bzw. unseren Vorüberlegungen stärker: Zwar hatten wir vorab die Annahme formuliert, dass durch das Fußballereignis eine normative Aufladung des Nationalen stattfinden könne, jedoch ohne dabei bereits *spezifische* Werte im Blick zu haben. Vielmehr wird es wohl von einzelnen Ereignissen bzw. Schlüsselmomenten und ihrer medialen Aufbereitung abhängen, ob das Fußballpublikum die deutsche Elf als besonders fair, fleißig, geschlossen, leistungsstark, diszipliniert usw. wahrnimmt. Hypothesen über einzelne Werte im Vorfeld aufzustellen, erscheint deshalb eher wie ein Glücksspiel. Ein entsprechender Index kann über die grundsätzliche Möglichkeit der normativen Aufladung des Nationalen besser informieren.

Insgesamt lässt sich in der Panelstichprobe keine signifikante Veränderung von $t1$ zu $t2$ in der Stärke erkennen, mit der Deutschland mit den fünf Werten Leistung, Zusammenhalt, Gerechtigkeit, Fleiß und Pflichterfüllung assoziiert wird (M_{t1}=3.81, M_{t2}=3.83, *Diff.*=0.02, *d*=0.03, *p*=.22) (Tabelle 6.9). Bevölkerungsweit gibt es nur eine äußerst geringe, nicht signifikante Verschiebung. Anders sieht das aus, wenn zwischen Fußballpublikum und den am Fußball weniger interessierten Personen unterschieden wird: Die Nicht-Interessierten, d. h. alle, die die Spiele der DFB-Auswahl nicht live im Fernsehen gesehen haben, assoziieren die Nation während der EM tendenziell weniger stark mit diesen Werten als im Mai zu $t1$ (M_{t1}=3.69, M_{t2}=3.65, *Diff.*=-0.04, *d*=-0.06, *p*=.25). Beim TV-Publikum der Live-Übertragungen der deutschen EM-Spiele ist allerdings eine statistisch signifikante Veränderung zu sehen: Die Zuschauerinnen und Zuschauer verbinden Deutschland stärker als im Mai mit positiven Werten (M_{t1}=3.88, M_{t2}=3.93, *Diff.*=0.05, *d*=0.09, *p*=.01). Das Anschauen der Spielübertragungen hat also dazu geführt, dass Deutschland eher mit den Werten Fleiß, Leistung, Zusammenhalt, Gerechtigkeit und Pflichtbewusstsein in Verbindung gebracht wird.

Noch größer fällt der Effekt aus, wenn nur Personen betrachtet werden, die nach einem live mitverfolgten *Sieg* der DFB-Elf befragt wurden (M_{t1}=3.89, M_{t2}=3.96, *Diff.*=0.06, *d*=0.12, *p*=.02). Wer nach einem Remis oder einer Niederlage befragt wurde, assoziiert Deutschland nur ein wenig stärker mit Werten im Vergleich zu $t1$, so dass der Anstieg nicht signifikant ausfällt (M_{t1}=3.86, M_{t2}=3.91, *Diff.*=0.05, *d*=0.07, *p*=.19). Bei anderen Teilgruppen des Fußballpublikums sind die Effekte noch etwas stärker ausgeprägt: Wer das letzte Spiel der DFB-Auswahl in der

Tab. 6.9   Mittelwertvergleich: Assoziation der Nation mit Werten bzw. Idealen vor und während der EM, differenziert für spezielle Teilgruppen des Fußballpublikums

	Veränderung in der Assoziation der Nation mit Werten						
	N	$t1$	$t2$	M_{diff}	SD_{diff}	d	p
Gesamtstichprobe							
alle	1078	3.81	3.83	0.02	0.60	0.03	.22
Rezeption DFB-Spiel							
nicht live gesehen	379	3.69	3.65	-0.04	0.63	-0.06	.25
live gesehen	699	3.88	3.93	0.05	0.59	0.09	.01
+ Ergebnis d. Spiels							
Sieg der DFB-Elf	366	3.89	3.96	0.06	0.52	0.12	.02
Remis/Niederlage	333	3.86	3.91	0.05	0.65	0.07	.19
+ Sozialer Kontext							
>5 Pers./öffentlich	148	3.85	3.94	0.09	0.58	0.16	.05
<5 Personen	551	3.89	3.93	0.04	0.59	0.07	.08
+ ‚Fußball-Patriot'							
ja	140	3.94	4.07	0.13	0.51	0.25	<.01
nein	536	3.87	3.90	0.03	0.58	0.05	.24

Anmerkungen: EM-Längsschnitt. t-Tests für verbundene Stichproben. *M*=Mittelwert. *Diff*=mittlere Veränderung (*t1* zu *t2*). *SD*$_{diff}$=Standardabweichung der Differenz. *d*=Cohens d. *p*=Signifikanz.

Öffentlichkeit oder in einer größeren Gruppe sah, sieht die Nation mit noch stärkeren Wertebezügen als einige Wochen zuvor (M_{t1}=3.85, M_{t2}=3.94, *Diff.*=0.09, *d*=0.16, *p*=.05). Ganz besonders stechen aber die ‚Fußball-Patrioten' hervor. In keiner anderen Teilgruppe rückt Deutschland in ein derart positives Licht. Wer zum engeren Kreis der ‚Fußball-Patrioten' gehört, assoziiert mit der Nation in deutlich stärkerem Maße Werte und Ideale als noch wenige Wochen vor der EM (M_{t1}=3.94, M_{t2}=4.07, *Diff.*=0.13, *d*=0.25, *p*<.01). Bei den Teilen des Live-Publikums, die die Spiele des DFB-Teams nicht in einer größeren Gruppe sahen bzw. die wir nicht zu den ‚Fußball-Patrioten' rechnen, fallen die Veränderungen weniger stark ausgeprägt und nicht signifikant aus.

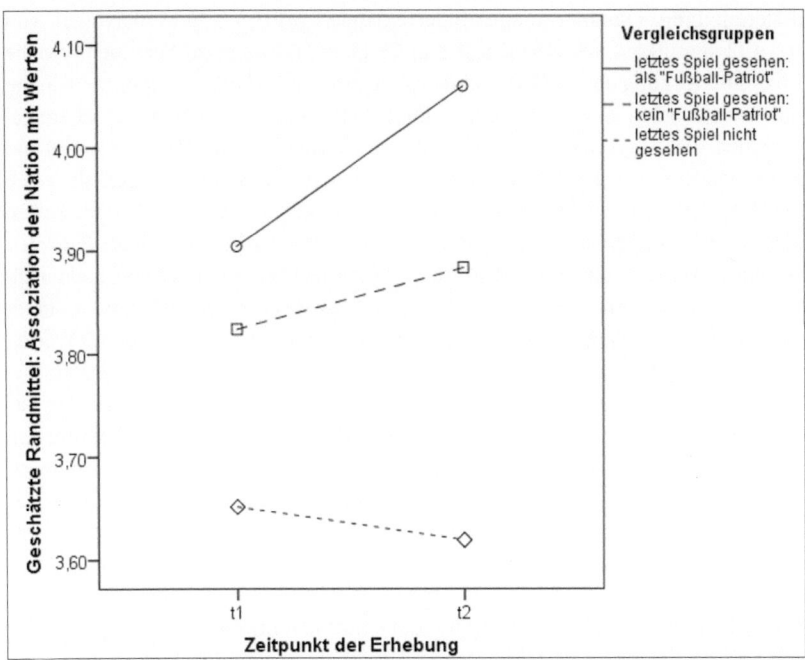

Abb. 6.17 Zeit*Gruppe-Interaktion: Assoziation der Nation mit Werten in Abhängigkeit von der Rezeption des letzten Spiels und fußballpatriotischem Verhalten

Anmerkung: GLM-Modell. Geschätzte Randmittel. Haupteffekt Gruppe: F=20.20, p<.01; Haupteffekt Zeit: F=2.84, n. s.; Interaktion Gruppe*Zeit: F=5.62, p<.01.

Weiterführende Analysen für einzelne Werte zeigen, dass die Assoziation Deutschlands mit „Zusammenhalt" besonders stark bei denen ansteigt, die in größeren Gruppen die Spiele verfolgten (d=.20, p=.02) sowie bei den ‚Fußball-Patrioten' (d=.22, p=.01). Bei der Zuschreibung von „Gerechtigkeit" und „Leistung" an die Nation hebt sich die Gruppe der Fußball-Patrioten auch durch einen besonders starken Anstieg vom Rest ab. Zudem ist zu erkennen, dass Zuschauer, die nach deutschen Siegen befragt wurden die Nation verstärkt mit „Pflichtgefühl" assoziieren.

Signifikante Gruppe*Zeit-Interaktionen zwischen Fußballpublikum und Nicht-Interessierten werden in GLM-Analysen ausnahmslos bestätigt, in denen der Einfluss von Alter, Geschlecht, Bildungsabschluss, Migrationshintergrund und Wohnregion statistisch kontrolliert wird. Das Fernsehpublikum selbst lässt sich dabei am markantesten nochmals nach der Involvierung in fußballpatriotische Handlungen differenzieren. Das hierzu spezifizierte Modell prüft, ob Veränderungen von $t1$ zu $t2$ signifikant verschieden in drei Gruppen ausfallen: a) Personen, die die Live-Übertragung der DFB-Partien nicht angeschaut haben, b) Personen, sich die Spiele anschauen, aber nicht zu den ‚Fußball-Patrioten' gerechnet werden und c) Personen, die in verschiedene fußballpatriotische Handlungen involviert waren und den engen Kern der ‚Fußball-Patrioten' ausmachen. Die Befunde zeigen, dass sich die Veränderung vom Mai bis zum Zeitpunkt der Fußball-EM signifikant zwischen diesen drei Gruppen unterscheiden ($F=5.62$, $\eta^2=.01$, $p<.01$): Die Fußball-Patrioten verbinden Deutschland zur EM deutlich stärker mit Werten und Idealen als noch wenige Wochen vorher; der Anstieg fällt beim Rest des Fernsehpublikums moderat aus, während die Nicht-Interessierten die Nation nicht stärker als vorher mit Werten in Verbindung bringen (vgl. Abbildung 6.17).

Insgesamt legen unsere Analysen damit nahe, dass der Sport in der Tat das Potenzial hat, die Kategorie Nation auch inhaltlich zu füllen und zu beeinflussen, in dem die Assoziationen und Wertebezüge verändert werden und – unterm Strich – positive Werte wie Fleiß, Zusammenhalt oder Gerechtigkeit verstärkt an die Nation angebunden werden. Gleichwohl geschieht dies nicht automatisch und nicht flächendeckend: Es sind bestimmte Werte und es sind auch – einmal mehr – nur bestimmte Gruppen, in denen sich entsprechende Effekte demonstrieren lassen. Das öffentliche, patriotisch gerahmte und emotional mitreißende Rezipieren der EM-Spiele hat den Gehalt der Kategorie ‚Deutschland' verändert und mit Normativität aufgeladen. Sicher muss an dieser Stelle noch offenbleiben, unter welchen Bedingungen welche Werte und Tugenden an die Nation angebunden werden. Dazu müssten die medial versendeten und vom Publikum ‚empfangenen' Botschaften noch genauer analysiert und noch dichter aufeinander bezogen werden. Hierfür sind Surveys sicher nicht die Methode der Wahl. Nichtsdestotrotz eröffnet aber allein der Nachweis, dass durch internationale Sport-Events – und zwar nicht nur im ausrichtenden Land – messbar die Inhalte des Nationalen in Bewegung geraten, interessante Forschungsperspektiven.

6.5   Was bleibt? Zu den Nachwirkungen der Fußball-EM

Eine der viel diskutierten Fragen im Zusammenhang mit internationalen Sportgroßereignissen ist die der Nachhaltigkeit von Wirkungen. Insbesondere sind solche Fragen mit Blick auf die ökonomischen Effekte von Sportevents intensiv diskutiert worden (Baade & Matheson, 2016; Manzenreiter, 2008; Malfas, Theodoraki & Houlihan, 2004; Preuss, 2015; Whitson & Horne, 2006). So sollen die oftmals immensen Kosten und Investitionen, die mit der Austragung verbunden sind, in der Regel nicht nur durch den kurzfristigen, sondern durch den langfristigen Nutzen kompensiert und damit legitimiert werden. Gleichwohl bleiben im Hinblick auf wirtschaftliche Impulse, Arbeitsplätze oder Touristenströme die langfristigen Effekte häufig hinter den anfänglichen Erwartungen zurück (Baade & Matheson, 2016; Scandizzo & Pierleoni, 2018). Im Hinblick auf ‚weiche' Kriterien wie Lebenszufriedenheit, Stolz oder Imageeffekte ist die Frage, wie lange die eventbezogenen Veränderungen anhalten, eher selten gestellt worden (als Ausnahmen z. B. Dolan et al., 2016; Mutz, 2018, Elling et al., 2014). Aufgrund der großen Relevanz dieser Frage, wollen wir abschließend nochmals den dritten Messzeitpunkt in den Mittelpunkt rücken: Lassen sich im September, also zwei Monate nach der Fußball-EM, noch Nachwirkungen des Turniers auf die Identifikation mit dem DFB-Team oder mit der Nation aufzeigen oder haben sich dann – auch bei den größten Fans – alle Effekte verflüchtigt?

Die (späte) Terminierung der dritten Welle

Um die Nachhaltigkeit möglicher EM-bezogener Effekte einschätzen zu können, wurde eine dritte Erhebungswelle im September 2016, acht bis zehn Wochen nach Ende des Turniers, durchgeführt. Dieser Abstand von mehr als zwei Monaten mag zunächst lang erscheinen: Die kollektive Euphorie eines großen Fußballturniers ist ‚gefühlt' für viele Menschen schon früher vorbei. Und frühere Studien mit Längsschnitt-Design haben einen Follow-up in der Regel zwei bis vier Wochen nach dem Turnier terminiert. Gleichwohl konnte die Erhebungswelle nicht früher starten, weil mit den Olympischen Sommerspielen in Rio de Janeiro, die vom 5. bis 21. August 2016 ausgetragen wurden, ein weiteres sportliches Großereignis deutsche Athletinnen und Athleten in den Fokus der Öffentlichkeit gerückt hat. Bei der Interpretation der September-Welle ist also zu berücksichtigen, dass möglicherweise positive Deutschland-Bezüge nochmals im August im Zuge der olympischen Berichterstattung medial erzeugt und verstärkt worden sein können. Eine länger anhaltende Nachwirkung der EM, falls diese feststellbar sein sollte, könnte sich also mit einer kürzer anhaltenden Nachwirkung der Olympischen Sommerspiele überlagern. Dieses Problem lässt sich nur bedingt kontrollieren: Eine Möglichkeit besteht aber darin, die Befunde abermals differenziert nach Befragten, die die EM-Spiele live im Fernsehen angeschaut haben bzw. in fußballpatriotische Handlungen involviert waren, auszuweisen.[52]

---

52 Bei den nachfolgend vorgestellten Befunden ist zu berücksichtigen, dass diese auf einer etwas kleineren Stichprobe basieren als die Befunde im bisherigen Ergebnisteil, weil sie

Der Nachhall der EM in der September-Befragung

Die *Identifikation mit der Fußballnationalmannschaft*, die während der EM in vielen fußballinteressierten Gruppen messbar angestiegen war, ist zwei Monate nach dem EM-Turnier wieder nahezu exakt auf das Ausgangsniveau vom Mai abgesunken. Das zur EM leicht erhöhte Niveau bei den TV-Zuschauern insgesamt ist ebenso zurückgegangen (M_{t2}=3.18, M_{t3}=3.07, *Diff.*=-0.11, *d*=-0.17, *p*<.01) wie der markante Anstieg zu *t2* bei der Teilgruppe der stärker involvierten ‚Fußball-Patrioten' (M_{t2}=3.61, M_{t3}=3.42, *Diff.*=-0.19, *d*=-0.33, *p*<.01). Bei den Desinteressierten, die keine EM-Spiele live im Fernsehen verfolgten, ist in der September-Welle keine Veränderung ersichtlich (M_{t2}=2.08, M_{t3}=2.07, *Diff.*=-0.01, *d*=-0.01, *p*=.88), aber hier hatte sich ja auch keine stärkere Bindung zur DFB-Elf während der EM zeigen lassen.

Der *sportbezogene Nationalstolz* war ebenfalls im Verlauf der EM bei fußballaffinen Befragten angestiegen: beim TV-Publikum der Live-Übertragungen etwas und bei Fußball-Patrioten deutlich. Zwei Monate nach der EM ist aber auch hier kein bleibender Effekt mehr zu erkennen. Betrachtet man das TV-Publikum insgesamt, sank der Stolz auf Deutschlands Leistungen im Sport signifikant von der EM bis zum September 2016, und zwar ziemlich genau auf das Ausgangsniveau vom Mai (M_{t2}=3.33, M_{t3}=3.20, *Diff.*=-0.12, *d*=-0.21, *p*<.01). Vom steileren Anstieg bei den ‚Fußball-Patrioten' zur EM ist auch nichts geblieben; der Rückgang fällt auch hier signifikant aus (M_{t2}=3.58, M_{t3}=3.38, *Diff.*=-0.20, *d*=-0.33, *p*<.01). Und auch bei den Befragten, die sich nicht für die EM interessierten, liegt der sportbezogene Nationalstolz in etwa auf dem Niveau der Erstbefragung (M_{t2}=2.74, M_{t3}=2.81, *Diff.*=0.07, *d*=0.10, *p*=.10). Beim sportbezogenen Nationalstolz hat die EM offenbar keine bleibenden Spuren hinterlassen.

Die *Patriotismus-Werte* waren während der EM in Deutschland insgesamt leicht gesunken. Wir hatten dies mit der allgemeinen gesellschaftspolitischen Stimmung in Deutschland begründet. Bei den fußballinteressierten Gruppen gab es dieses Absinken im Patriotismus nicht, tendenziell war sogar ein leichter Anstieg zu beobachten. Zwei Monate nach dem EM-Turnier scheint es fast, als reagierten die fußballinteressierten Befragten erst mit einer kurzen Verzögerung auf diese allgemeine Tendenz, denn in der September-Welle ist es nun das fußballinteressierte Fernsehpublikum, bei denen die Patriotismus-Werte leicht, aber statistisch signifikant, zurückgegangen sind (M_{t2}=4.13, M_{t3}=4.05, *Diff.*=-0.07, *d*=-0.17, *p*<.01). Diese Tendenz zeigt sich auch bei den ‚Fußball-Patrioten', die im September etwas weniger stark ausgeprägte patriotische Haltungen haben als zur EM-Welle (M_{t2}=4.37, M_{t3}=4.31, *Diff.*=-0.05, *d*=-0.12, *p*=.17). Bei den Personen, die

---

auf dem Paneldatensatz inkl. der dritten Erhebungswelle basieren und nicht nur auf den ersten zwei Wellen (vgl. dazu auch den Methodenteil im Kap. 4).

sich für die Live-Sendungen der EM-Spiele nicht interessierten, ist im September keine Veränderung im Vergleich zur EM festzustellen (M_{t2}=3.80, M_{t3}=3.78, Diff.=-0.02, d=-0.04, p=.56). Dies ist aber auch die Gruppe, bei der sich bereits zur EM ein niedrigeres Patriotismus-Niveau als im Mai 2016 gezeigt hatte.

Ganz ähnliche Effekte sind zu erkennen, wenn *nationalistische Einstellungen* betrachtet werden: Hier war besonders deutlich der allgemeine Stimmungswandel hin zu einer stärkeren Ablehnung nationalistischer Aussagen seit Mai 2016 zu erkennen gewesen. In der September-Befragung zeigen sich nun im Vergleich zum Juni/Juli kaum nennenswerte Veränderungen: Die Befragten, die sich die EM-Spiele der deutschen Auswahl im Fernsehen ansahen, geben im September eine in etwa vergleichbare Zustimmung zu nationalistischen Statements an wie zur EM (M_{t2}=3.03, M_{t3}=3.07, Diff.=0.04, d=0.07, p=.12). Auch für die kleine Gruppe der Fußball-Patrioten ergeben sich keine signifikanten Veränderungen, wenngleich die Tendenz hier auf einen leichten Anstieg hindeutet (M_{t2}=3.24, M_{t3}=3.29, Diff.=0.05, d=0.09, p=.31). Bei den nicht am Fußball interessierten Befragten sind keine Veränderungen in den Nationalismus-Werten zu erkennen (M_{t2}=2.91, M_{t3}=2.92, Diff.=0.01, d=0.02, p=.84).

Die *Verbindung der Nation mit Werten* wie Leistung, Fleiß oder Gerechtigkeit war während der EM bei den fußballinteressierten Personen im Durchschnitt stärker. Vor allem die Fußball-Patrioten gaben eine engere Assoziation der Nation mit Werten an. Im September sind auch diese Effekte nicht mehr allzu stark ausgeprägt. Die Zuschauerinnen und Zuschauer der TV-Übertragungen verbinden Deutschland etwas weniger stark mit besagten Werten. Der Rückgang fällt aber nicht signifikant aus (M_{t2}=3.96, M_{t3}=3.92, Diff.=-0.04, d=-0.08, p=.08), d. h. im Vergleich zum Mai 2016 sind die Werte noch immer leicht erhöht. Dies gilt ebenfalls für die Gruppe der Fußball-Patrioten: Hier hat sich die normative Aufladung der Nation vom Zeitpunkt der EM bis zum September kaum abgeschwächt (M_{t2}=4.07, M_{t3}=4.04, Diff.=-0.03, d=-0.06, p=.61). Bei den Desinteressierten, die keine EM-Spiele live im Fernsehen verfolgten, ist in der September-Welle keine Veränderung ersichtlich (M_{t2}=3.68, M_{t3}=3.71, Diff.=0.03, d=0.05, p=.53), aber in dieser Gruppe gab es zur EM ja auch keinen Ausschlag nach oben.

Insgesamt kann festgehalten werden, dass die Veränderungen nicht von Dauer sind und nach acht bis zehn Wochen fast über alle Indikatoren hinweg eine Tendenz zurück zu den Ausgangswerten vom Mai festgehalten werden kann. Dies ist in den folgenden Abbildungen (6.18 bis 6.21) nochmals illustriert, wobei die dargestellten Mittelwerte um die Einflüsse von Alter, Geschlecht, Bildungsabschluss, Migrationshintergrund und Wohnregion bereinigt sind. In allen GLM-Modellen, die den Abbildungen zugrunde liegen, ist die dargestellte Gruppe*Zeit-Interaktion signi-

fikant, was v. a. darauf zurückzuführen ist, dass die Fußball-EM in den jeweiligen
Teilgruppen unterschiedlich starke Ausschläge verursacht hat.[53]

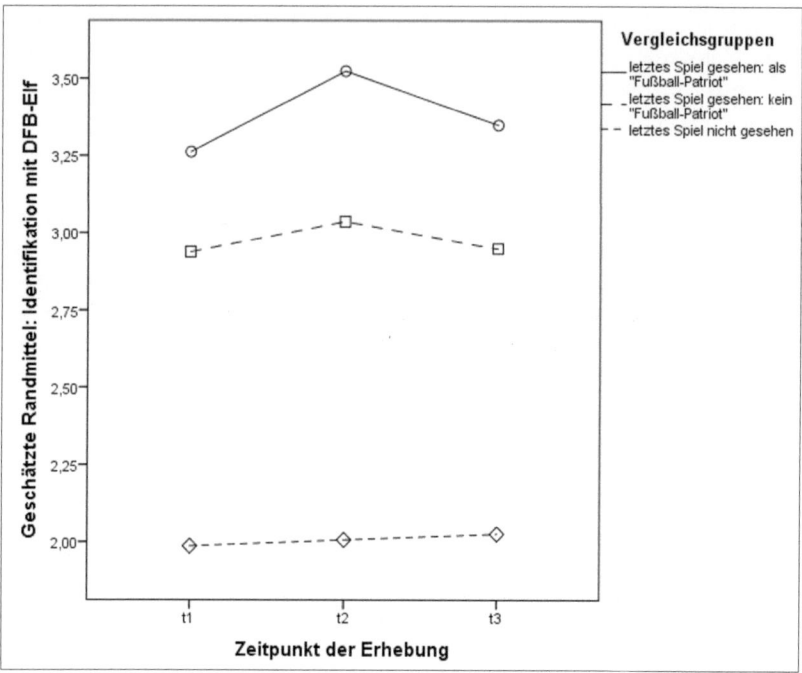

Abb. 6.18 Veränderungen (t1–t3): Identifikation mit der DFB-Elf in Abhängigkeit von
der Rezeption des letzten Spiels und fußballpatriotischem Verhalten

Anmerkung: GLM-Modell. Geschätzte Randmittel. Haupteffekt Gruppe: F=148.50, p<.01;
Haupteffekt Zeit: F=0.89, n.s.; Interaktion Gruppe*Zeit: F=5.37, p<.01.

---

53 Aufgrund der nichtlinearen Verläufe beziehen sich die Signifikanztests hier auf die
    quadratische Funktion.

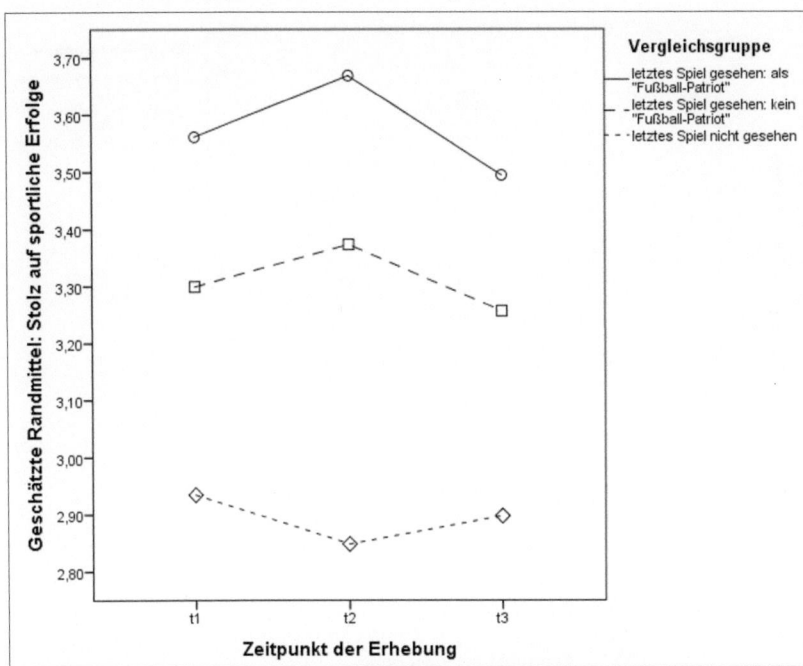

Abb. 6.19 Veränderungen (*t1–t3*): Sportbezogener Nationalstolz in Abhängigkeit von der Rezeption des letzten Spiels und fußballpatriotischem Verhalten

Anmerkung: GLM-Modell. Geschätzte Randmittel. Haupteffekt Gruppe: $F=54.15$, $p<.01$; Haupteffekt Zeit: $F=1.04$, n. s.; Interaktion Gruppe*Zeit: $F=7.98$, $p<.01$.

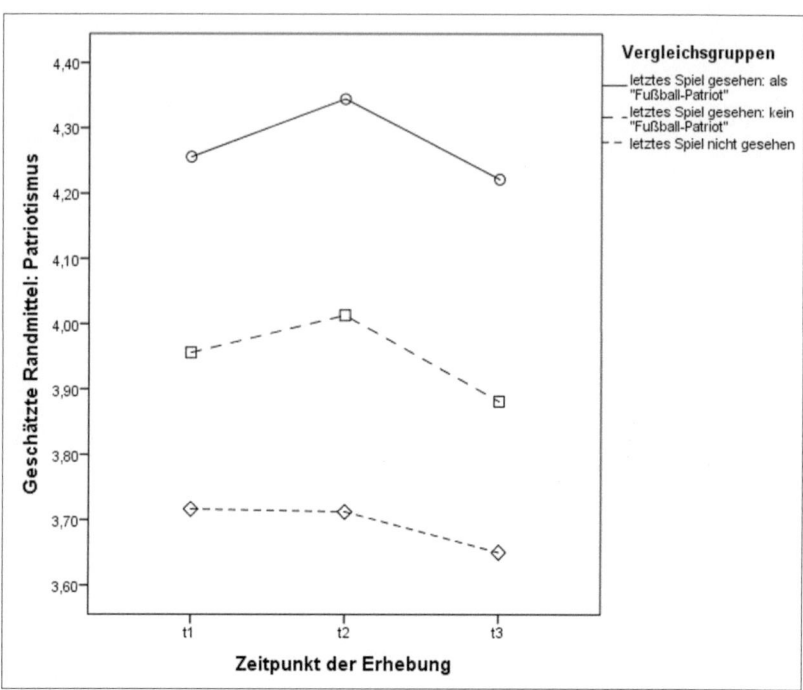

Abb. 6.20 Veränderungen (*t1–t3*): Patriotismus in Abhängigkeit von der Rezeption des letzten Spiels und fußballpatriotischem Verhalten

Anmerkung: GLM-Modell. Geschätzte Randmittel. Haupteffekt Gruppe: F=29.93, p<.01; Haupteffekt Zeit: F=3.18, n. s.; Interaktion Gruppe*Zeit: F=2.97, p=.05.

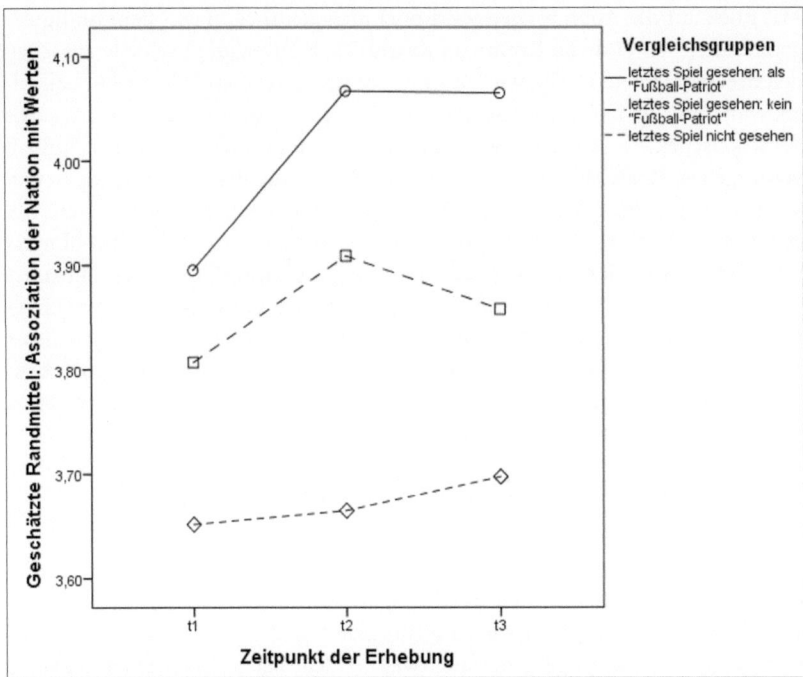

Abb. 6.21 Veränderungen (*t1–t3*): Assoziation der Nation mit Werten in Abhängigkeit von der Rezeption des letzten Spiels und fußballpatriotischem Verhalten

Anmerkung: GLM-Modell. Geschätzte Randmittel. Haupteffekt Gruppe: F=13.96, p<.01; Haupteffekt Zeit: F=5.32, p<.05; Interaktion Gruppe*Zeit: F=3.02, p<.05.

Mit Blick auf die Abbildungen wird nochmals deutlich, dass offenkundig die grundsätzlichen und von Beginn an ersichtlichen Niveauunterschiede zwischen den drei betrachteten Gruppen von größerer Bedeutung sind als die Fußball-Effekte im Juni/Juli. Üblicherweise werden diese Differenzen im Ausgangsniveau als Selektionseffekte beschrieben, die dem Interesse am medialen Sport bzw. Fußball vorausgehen. Zugleich wird die spezifische Bedeutung des EM-Turniers an den kurzen Ausschlägen deutlich, die im Vergleich zu den ‚Selektionseffekten‘ viel geringer erscheinen. Diese Interpretation ist zweifellos korrekt, gleichwohl muss man dabei berücksichtigen, dass der Ausschlag im Juni/Juli nicht den Effekt *des Sports* oder den Effekt *des Fußballs* einfängt, sondern nur den eines *einzelnen* Ereignisses. Deshalb soll abschließend noch einmal die Frage nach den Ursachen dieser Ausgangsunterschiede diskutiert werden: Ist die enge Kopplung von Sport- bzw. Fußballinteresse und entsprechendem Medienkonsum und erhöhter Identifikation mit dem Nationalstaat wirklich *nur* ein reiner Selektionseffekt?

Nach dem Turnier ist vor dem (nächsten) Turnier: Habitualisierung von Nationalstolz?

Die empirischen Befunde dieser Studie mögen ernüchternd erscheinen für alle diejenigen, die angenommen haben, dass der Spitzensport dauerhaft Einstellungen und Werte beeinflussen kann. Dies scheint zumindest im Fall der Fußball-EM 2016 so nicht nachweisbar zu sein. Irgendwann zwischen dem Tag nach dem Finale und dem Messzeitpunkt im September verflüchtigen sich die EM-Effekte, bei den typischen TV-Zuschauerinnen und Zuschauern sowieso, aber auch bei den hartgesottensten Fußball-Patrioten. Die im Verlauf der EM verstärkten Einstellungsmuster tendieren zurück zum Ausgangspunkt, vermutlich bis sie beim nächsten Großereignis wieder reaktiviert werden. Vor diesem Hintergrund sind aber dennoch mehrere Einschränkungen und Anmerkungen wichtig, mit denen wir zum Schluss aufzeigen wollen, dass die Befunde dennoch keinesfalls irrelevant sind.

Erstens kann davon ausgegangen werden, dass die amplifizierten Einstellungen während der Europameisterschaft latent über diese hinauswirken, auch wenn sie einige Monate nach Ende des Turniers nicht mehr manifest geäußert werden. Die verstärkte Identifikation mit der Fußballnationalmannschaft und stärkere Zustimmung zu Patriotismus und Nationalismus aufseiten des Fußballpublikums – im Vergleich zu den Desinteressierten – während der EM und insbesondere die affektive Aufladung der Nation durch gemeinsam in der Gruppe verfolgte und erlebte Spiele der Mannschaft im Fernsehen gehen vermutlich nicht gänzlich spurlos an den Zuschauerinnen und Zuschauern vorbei, sondern dürften gewisse latente Sedimente hinterlassen, welche langfristig eine (Re-)Aktivierung der Einstellungen – im Kontext des Nationalmannschaftsfußballs, des „Nationensports", aber eventuell auch darüber hinaus – erleichtern. So zeigen beispielsweise experimentelle Studien, dass emotional aufgeladene Fernsehübertragungen siegreicher deutscher Olympioniken von nur wenigen Minuten Länge bereits ausreichen, um höhere Patriotismus-Werte bei Studienteilnehmern (im Vergleich zu einer Kontrollgruppe) zu evozieren sowie stärkere Assoziationen zwischen Deutschland und positiv besetzten Wertvorstellungen hervorzurufen (Mutz & Gerke, 2018). Diese Effekte können nicht nur als Resultat dieser einzelnen Medienübertragung verstanden werden, sondern vielmehr als Anzeichen dafür, dass latent vorhandene Affekt- und Einstellungsmuster im Kontext des (Wieder-)Erlebens emotional-aufgeladener sportlicher Erfolge deutscher Athleten reaktiviert werden.[54] Die Effekte der Fußballeuropameisterschaft sind damit also keineswegs ausschließlich kurzfristig oder gesellschaftlich irrelevant, sondern bleiben als latente Strukturen und Muster erhalten, die zu zukünftigen Anlässen wieder manifest werden können.

Zweitens ist anzunehmen, dass das Ausgangsniveau an Patriotismus und nationaler Identifikation, auf das die Befragten ja wenige Wochen nach der EM wieder zurückfallen, vermutlich bereits durch vorangegangene sportliche Großevents, die genau diese latenten Einstellungsstrukturen und affektiven Aufladungen aktiviert und strukturiert haben, geprägt ist. Die Fußballeuropameisterschaft 2016 ist ja gerade nicht als das ursprüngliche und originäre Sportereignis zu verstehen, das eine Assoziation von Fußballnationalmannschaft und Nation erst hergestellt hat, sondern nur *ein Datenpunkt* in einer Reihung regelmäßig übertragener Sportgroßereignisse des „Nationensports". Allein zwischen der Fußball-WM in Deutschland 2006 – die zumindest der Intensität nach als Zäsur eines offen zur Schau gestellten Patriotismus in Deutschland gelten mag – und der hier betrachteten Europameisterschaft 2016 liegen vier weitere internationale Herrenfußballturniere, ein Weltmeistertitel, mehrere emotionale Halbfinalniederlagen, Dokumentar- und Kinofilme zur Nationalmannschaft („Deutschland: Ein Sommermärchen" von 2006; „Die Mannschaft" von 2014), ein Welt- und zwei Europameistertitel der Frauenfußballnationalmannschaft, eine gewonnene Weltmeisterschaft der deutschen Handballer im eigenen Land mit dazugehörigem Dokumentarfilm („Projekt Gold" von 2007) sowie eine Reihe olympischer Winter- und Sommerspiele, die alle zu unterschiedlichen Graden die Verknüpfung von Sport und Nationalstolz (re-)aktiviert haben. Folglich muss man wohl eher einen kumulativen Effekt des Sports auf die Einstellungen zur Nation annehmen, der im hier gemessenen Ausgangsniveau vor der EM bereits eingepreist ist. Solche langfristigen und kumulierenden Effekte lassen sich im vergleichsweise

---

54 Diese Ergebnisse sind umso relevanter, als die Teilnehmerinnen und Teilnehmer an dieser Studie die Videoclips individuell und gerade nicht im Gruppenkontext anschauten und sich trotzdem eine größere Identifikation mit dem (nationalen) Kollektiv einstellte.

kurzen Zeitrahmen unserer Längsschnittstudie nicht abbilden. Das heißt aber natürlich nicht, dass sie nicht existieren. Auch wenn sich also in unseren Daten keine
manifesten Effekte im unmittelbaren Nachgang der EM 2016 zeigen lassen, so ist
es dennoch plausibel davon auszugehen, dass die regelmäßige Reaktivierung von
nationaler Identifikation im Rahmen der großen Fußballturniere – und anderer
national-aufgeladener Sportevents – langfristige Auswirkungen auf den Patriotismus und die affektive Besetzung des Nationalen in der Bevölkerung hat. Der
wiederholte Konsum von emotional aufgeladenem „Nationensport" könnte eben
doch Habitualisierungseffekte im Sinne dauerhafter Disposition zum Nationalstolz
und zum Patriotismus bzw. Nationalismus hervorbringen.

Drittens ist davon auszugehen, dass die Effekte sportlicher Mega-Events auf die
nationale Identifikation sich nicht nur auf die Einstellungsebene beschränken, sondern sie auch handlungsorientierend wirken. Dies haben wir im Rahmen der Studie
nicht überprüft. Gleichwohl ist es evident, dass Einstellungen mit entsprechenden
Verhaltensweisen korreliert sind. In anderen Forschungsfeldern, wie z. B. der Ge-
sundheitspsychologie, wird von mittleren positiven Korrelationen ausgegangen,
die etwa bei .40 liegen (Milne, Sheeran & Orbell, 2000). Das heißt, selbst wenn die
gemessenen Effekte nach zwei Monaten wieder vollständig verschwunden sind, sind
sie dennoch – so lange sie anhalten – handlungsorientierend. Diese Handlungs-
orientierungen manifestieren sich nicht nur in Form von expressiv-patriotischen
Selbstinszenierungen, wie das im Kontext des Fußballs inzwischen üblich ist und
wir in dieser Studie am Beispiel der ‚Fußball-Patrioten' aufgezeigt haben, sondern
möglicherweise auch in Form von mehr Hilfsbereitschaft gegenüber eigenen Gruppen, diskriminierendem Verhalten gegenüber Fremdgruppen, konservativeren
politischen Orientierungen oder Wahlabsichten, dem verstärkten Kauf deutscher
Produkte und in vielen weiteren Handlungsfeldern. Ob das wirklich so ist, müssen
weitere Untersuchungen zeigen, da hierzu bislang keine Daten vorliegen. Zukünftige
Studien sollten deshalb klären, inwieweit und in welchen Bereichen sportinduzierter
Nationalstolz tatsächlich handlungswirksam wird.

Resümee, Schlussfolgerungen und Ausblick 7

Nach der EM ist vor der (nächsten) EM: Nach dem Abschminken und dem Verstauen der Fähnchen flaut der „Fußball-Patriotismus" genauso schnell wieder ab, wie er entstanden ist.

Bildquelle: Michael Mutz/Markus Gerke

Die Ergebnisse unserer Studie bestätigen zunächst, dass internationale Fußballgroßereignisse mit Beteiligung der deutschen Nationalmannschaft weit in die Gesellschaft hineinwirken: Dies spiegelt sich in der hohen medialen Reichweite als auch

© Springer Fachmedien Wiesbaden GmbH, ein Teil von Springer Nature 2019
M. Mutz und M. Gerke, *Fußball und Nationalstolz in Deutschland*,
https://doi.org/10.1007/978-3-658-22386-1_7

der Beteiligung der Menschen an „fußballpatriotischen" Handlungen wider. Die Europameisterschaft und ihre mediale Inszenierung hatte aber auch Auswirkungen auf Identifikation(en) aufseiten der Zusehenden, welche aber für verschiedene Identifikationsobjekte (DFB-Elf, deutsche Sportler, Nationalstaat) differenziert werden müssen und nicht pauschal als Steigerungen *für alle* missverstanden werden dürfen.

Die wichtigsten Befunde zusammengefasst

1) Die Spiele der Fußballeuropameisterschaft insgesamt und die Spiele mit deutscher Beteiligung im Speziellen erzielten Einschaltquoten, an die kein anderes Fernsehformat auch nur annährend heranreichen kann. Während die Vorrundenspiele der deutschen Fußballnationalmannschaft von etwas mehr als der Hälfte der deutschen Bevölkerung live gesehen wurden, waren es zum Viertel- und Halbfinale fast zwei Drittel – hochgerechnet zwischen 40 und 47 Millionen Zuschauer. Ob männlich oder weiblich, alt oder jung, und auch unabhängig von Bildung und Einkommen, saßen die Menschen vor dem Fernseher, wenn das DFB-Team spielte. Soziologisch relevant ist diese Reichweite der Live-Übertragungen auch deshalb, weil die Spiele damit zu Paradebeispielen für *mediale Events* werden (Dayan & Katz, 2009), auf die sich die Aufmerksamkeit großer Teile der Bevölkerung gleichzeitig richtet und die ähnlich wie kollektive Rituale wirken können.

2) Die Gemeinschaftlichkeit beim Anschauen der EM-Spiele der deutschen Elf ist allerdings nicht ausschließlich eine virtuelle, die im gemeinsamen Fokus der TV-Zuschauerinnen und -Zuschauer besteht. Unsere Daten zeigen, dass zum einen zwischen 4 % (hochgerechnet: 1.6 Millionen) und 15 % (7.1 Millionen) der Zusehenden – vor allem der Jüngeren – die Spiele in öffentlichen Settings wie Kneipen, ‚Public Viewing'-Partys oder Biergärten verfolgt haben. Aber auch jenseits von öffentlichen Übertragungsorten war die Europameisterschaft für große Teile der Bevölkerung ein sozialer Anlass, um mit der Familie, Freunden und Bekannten die Spiele zu schauen. Je nach Spiel sahen zwischen einem Fünftel und einem Drittel der Zuschauer die Spiele der DFB-Elf gemeinsam mit drei oder mehr anderen Personen. Die EM ist insofern auch ein *soziales Event*.

3) Die TV-Übertragungen der Spiele waren schließlich auch *emotionale Events*, denn die Zuschauerinnen und Zuschauer berichteten in weiten Teilen von starken Emotionen. Neben der Wichtigkeit des jeweiligen Spiels im Turnierkontext und dem Spielergebnis waren es insbesondere wiederum der soziale Kontext des Zuschauens sowie die Identifikation mit dem DFB-Team, die das Emotionserleben zentral beeinflussten. So gaben im Falle der siegreichen Spiele der deutschen Elf diejenigen, die sich stark mit der Nationalmannschaft identifizierten, aber auch diejenigen,

die das Spiel an öffentlichen Orten oder gemeinsam in Gruppen anschauten, ein höheres Ausmaß an Freude und Spannung an als Personen mit geringem Bezug zur Nationalelf und Zuschauer, die das Spiel allein verfolgt hatten. Die Ergebnisse stimmen sowohl mit dem Argument überein, dass bestehende Dispositionen gegenüber den antretenden Sportmannschaften zentral für das Erleben von Emotionen sind (Raney, 2009), als auch mit Modellen, die der emotionalen Ansteckung in Gruppen (Hatfield, Cacioppo & Rapson, 1994) einen hohen Stellenwert beimessen.

4) Seit der FIFA WM in Deutschland 2006 ist der offen zur Schau gestellte Fußballpatriotismus im Fokus von Medien und Öffentlichkeit. Wir haben u. a. danach gefragt, wer eigentlich Flaggen aufhängt, die Hymne mitsingt, sich schwarz-rot-gold kleidet oder schminkt. Rund 15 % der erwachsenen Bevölkerung lassen sich als engerer Kreis der ‚Fußball-Patrioten' abgrenzen. Sie waren während der EM in mindestens drei verschiedene fußballpatriotische Aktionen involviert. Dabei finden sich in dieser Gruppe ähnlich viele Frauen wie Männer. Etwas mehr ‚Fußball-Patrioten' gibt es unter den Jüngeren und in Haushalten mit jüngeren Kindern, etwas geringer ist der Anteil bei Einwanderern und Ostdeutschen. ‚Fußball-Patrioten' positionieren sich etwas weiter rechts im politischen Links-Rechts-Spektrum. Insgesamt gibt es nur eine kleine Minderheit (<10 %) unter den Deutschen, die Fußballpatriotismus als „störend" oder „gefährlich" bewerten.

5) Viele Beobachter würden wahrscheinlich davon ausgehen, dass die Identifikation mit dem Nationalteam während einer EM eine enorme Rolle spielt und bei erfolgreichem Turnierverlauf ansteigt. Basierend auf den Analysen können wir diese Annahme präzisieren: Wer die EM und die Spiele der deutschen Elf *nicht* mitverfolgte, identifizierte sich nicht nur bereits vor dem Turnier wesentlich weniger mit dem Team, sondern die Identifikation blieb auch während der EM konstant auf dem Ausgangsniveau. Diejenigen, die die Spiele live im TV verfolgten, hatten hingegen nicht nur einen wesentlich höheren Ausgangswert, sondern bei ihnen war auch ein signifikanter Anstieg der Identifikation mit der Mannschaft während des Turniers nachweisbar. Insbesondere einige Subgruppen spielen hierbei eine zentrale Rolle. Erstens war bei denjenigen, die die Spiele an öffentlichen Orten oder mit fünf und mehr anderen Person ansahen ein signifikant höherer Anstieg zu verzeichnen als bei anderen Zuschauern. Zweitens sind es erwartungsgemäß die ‚Fußball-Patrioten' – also jene, die während der EM drei und mehr fußballpatriotische Aktionen ausführten – die sich bereits vor der EM am stärksten mit der deutschen Elf identifizierten und bei denen im Verlaufe des Turniers wiederum die Identifikation nochmals stärker zunahm. Und drittens hatte der Ausgang der

jeweiligen Spiele einen Einfluss auf die Bindung an die Nationalelf. Wer nach einem Sieg befragt wurde, gab eine höhere Identifikation mit der deutschen Auswahl an.

6) Ganz ähnliche Muster zeigten sich auch für sportbezogenen Nationalstolz und allgemeinen Patriotismus: So gaben die Zuschauerinnen und Zuschauer zur EM ein höheres Level an Stolz auf Deutschlands Leistungen und Erfolge im Sport an als vor der EM. Vor allem bei Personen, die nach Siegen der Nationalmannschaft befragt wurden, sowie bei ‚Fußball-Patrioten' stieg der Stolz beträchtlich, während sich umgekehrt bei den an der EM Uninteressierten auch kein höherer sportbezogener Nationalstolz erkennen ließ. Die patriotischen Einstellungen sanken insgesamt vom Mai 2016 bis zur EM, was wir auf tagespolitische Debatten über Fremdenfeindlichkeit, Rassismus und Intoleranz zurückführen. Gleichwohl finden wir in den genaueren Analysen, dass das Fußballpublikum – und vor allem die ‚Fußball-Patrioten' – zur EM keineswegs weniger patriotisch gestimmt sind als vor der EM, während bei allen anderen der Patriotismus im gleichen Zeitraum deutlich abflaute. Im Kontrast zu den am Fußball desinteressierten Gruppen lässt sich auch hier ein EM-Effekt erkennen. Schließlich finden wir eine Tendenz, nationalistische Aussagen weniger stark zu befürworten. Diese Tendenz finden wir bei allen Befragten, wenngleich etwas weniger prononciert wiederum bei den ‚Fußball-Patrioten'. Die Befunde geben stichhaltige Hinweise dafür, dass die Fußball-EM sportbezogenen Nationalstolz und Patriotismus, nicht aber nationalistische Einstellungen verstärkt bzw. erzeugt hat. Von Dauer sind diese Ausschläge aber nicht: Zwei Monate nach der EM haben sich die Werte nahezu auf das Ausgangsniveau zurückbewegt. Das *einzelne* Fußballereignis wirkt nicht allzu lange nach.

7) Die präsentierten Befunde konnten darüber hinaus erstmals aufzeigen, dass der medial inszenierte Sport auch mit einer normativen Aufladung des Konstrukts Nation einhergeht. Konkret ließ sich zeigen, dass das fußballinteressierte Publikum, vor allem aber die in fußballpatriotische Handlungen involvierten Menschen, während der EM die deutsche Nation stärker mit Werten und Idealen wie Fleiß, Leistung, Zusammenhalt oder Pflichtgefühl in Verbindung brachten. Was sich also veränderte, war der Gehalt des Nationalen – die fußballaffinen Befragten haben auf die Nation verstärkt positive Werte und Tugenden projiziert. Auch diese Effekte sind aber im September, zwei Monate nach Turnierende, weitestgehend wieder verpufft.

Einordnung der Befunde in den Forschungsstand und die theoretische Diskussion

Diese Befunde erweitern das wissenschaftliche Verständnis über den Zusammenhang zwischen internationalen Fußballgroßereignissen und den Einstellungen zum Nationalstaat und ergänzen den Forschungsstand. Auf einer übergeordneten Ebene sind folgende Punkte herauszustellen: Große Fußballereignisse können die Einstellungen der Bürgerinnen und Bürger beeinflussen, und zwar in Richtung eines verstärkten Nationalstolzes und einer höheren patriotischen Bindung. Dabei muss man aber die pauschale Annahme, dies gelte für fast ausnahmslos alle Menschen eines Landes, für verschiedene Ebenen der Identifikation gleichermaßen und halte für eine substantielle Dauer nach dem Turnier an, zurückweisen. Vielmehr lässt sich präzisierend festhalten, dass Veränderungen *erstens* auf diejenigen beschränkt bleiben, die den Wettkampf mit Interesse verfolgen. Bei der Fußball-EM sind dies bis zu zwei Dritteln der erwachsenen Deutschen, die sich anstecken und affizieren lassen, weshalb es hier (noch relativ) naheliegt, einen Effekt im ganzen Land zu unterstellen. De facto gibt es aber auch noch viele Nicht-Interessierte und Nicht-Involvierte – wahrscheinlich sogar mehr als der Sportfan, für den das Mitfiebern zur Selbstverständlichkeit geworden ist, gemeinhin vermutet –, die das Turnier im wahrsten Sinne ‚kalt‘ lässt und für deren Einstellungen zum Nationalstaat die EM entsprechend irrelevant ist. *Zweitens* sind die hier betrachteten Identifikationsobjekte unterschiedlich dicht am Fußball gelagert, weshalb sie auch verschieden stark beeinflusst werden sollten: Die Identifikation mit der Nationalelf sollte ‚nah‘ am Fußballereignis liegen, der allgemeine Patriotismus relativ weit weg und der sportbezogene Nationalstolz irgendwo dazwischen. Entsprechend zeigen die Befunde, dass u. a. der sportbezogene Nationalstolz stärker von der EM verändert wird als der allgemeine Patriotismus. Dies ist u. a. deshalb wichtig, weil es hilft, Inkonsistenzen im Forschungsstand zu verstehen: So wird man einen höheren Effekt eines Sportereignisses vorfinden, wenn man bereichsspezifisch nach Nationalstolz im Sport anstatt nach allgemeinen Einstellungen zur Nation fragt. *Drittens* wird in den empirischen Daten deutlich, dass Einstellungen und Identifikationen schneller in Bewegung sind und größeren Schwankungen unterliegen als man dies üblicherweise annimmt. So finden wir durchaus beachtliche Schwankungen während der EM, also von Spiel zu Spiel, die z. T. auch systematisch mit einzelnen Spielen und deren Ergebnis zusammenhängen. Zugleich ist zu erkennen, dass eine Konservierung der EM-indizierten Effekte über zwei Monate nicht stattgefunden hat. Im September 2016 waren die Einstellungen der Deutschen wieder auf dem Ausgangsniveau. Ein einzelnes Sportereignis wirkt also nicht allzu lange nach. *Viertens* sind die Befunde für die Debatte über die Wirkungsrichtung relevant. Bisherige Studien über den Einfluss von internationalen Sportveranstaltungen auf Einstellungen und Identifikationen konnten oft nur über die Richtung der Kausalität spekulieren. Dabei ist die Wirkungsannahme ‚Fußballgroßereignisse verstärken die Bindung zur Nation‘ in etwa ähnlich plausibel wie die Wirkungsannahme ‚Personen mit höherer Bindung zur Nation interessieren sich verstärkt für den Nationensport‘.

Unsere Daten legen nun nahe, dass die Ausgangsunterschiede im Nationalstolz und Patriotismus zwischen Fußballinteressierten und Nicht-Interessierten bedeutsamer sind als die Veränderungen, die im Verlauf des EM-Turniers neu entstanden sind. Die Wirkmächtigkeit eines *einzelnen* Sportereignisses erscheint insofern begrenzt. Gleichwohl muss es offenbleiben, woraus die hohen Ausgangsunterschiede in der Identifikation mit der Nation zwischen Desinteressierten, Zuschauern und „Fußball-Patrioten" resultieren: Sind diese Ausdruck gewachsener politischer Haltungen, deren Ursache jenseits des Sports liegt, oder bildet sich darin nicht auch der kumulierte Effekt einer Vielzahl vorausgegangener Sportevents ab, die eine Person miterlebt hat und die ihre Haltungen zur bzw. ihren Stolz auf die Nation entsprechend geprägt haben? Beide Vermutungen schließen sich nicht aus, lassen sich aber zugegebenermaßen auch nur mit erheblichem Aufwand überprüfen, weil dies entsprechend langfristige Paneldaten erfordern würde.

Rückblickend auf die theoretische Rahmung der Studie lässt sich nun unter Kenntnis der Daten festhalten, dass viele theoretische Annahmen gut vereinbar mit den Ergebnissen sind. Konsistent mit sozialpsychologischen Identitätstheorien und der Annahme des „basking in reflected glory" stieg die Identifikation mit dem Team und der Nationalstolz unter denjenigen stärker an, die zuvor einen Sieg der deutschen Elf live verfolgt hatten, während nach den sieglosen Spielen des ‚eigenen' Teams keine besonders markanten Veränderungen zu beobachten waren. Dies verdeutlicht einmal mehr die Bedeutung von sportlichem Erfolg: Bleibt dieser aus, macht die Annahme einer Wirkung vom Fußballereignis auf Einstellungen zur Nation nicht mehr viel Sinn. Gleichwohl bleibt offen, was in den Augen der Befragten eigentlich ein „Erfolg" ist: Inwieweit dieser simpel am Ergebnis von Spielen, dem Zeitpunkt des Ausscheidens oder an der Art und Weise des Auftretens und Spielens festgemacht wird, lässt sich nicht klären. Unsere Daten geben aber durchaus Anhaltspunkte dafür, dass die Mehrheit das verlorene Halbfinale gegen Frankreich nicht als Misserfolg bewertet haben dürfte, zumindest lässt sich für den sportbezogenen Nationalstolz und den Patriotismus nach diesem Zeitpunkt kein abrupter Abfall feststellen.

Darüber hinaus zeigen die Befunde aber auch, dass eine Erklärung, die sportbezogenen Nationalstolz ausschließlich als Funktion des Erfolgs betrachtet, deutlich zu kurz greift. So haben die Personen, die die Spiele gemeinsam mit größeren Gruppen angeschaut haben, über intensivere Emotionen berichtet und zugleich weisen sie stärkere Anstiege im sportbezogenen Nationalstolz auf als Personen, die in kleineren Gruppen oder allein vor dem Fernseher saßen. Die wechselseitige emotionale Ansteckung scheint für das Zuschauen im Gruppenkontext charakteristisch, was wiederum zur emotionalen Aufladung nationaler Symbole und einer stärkeren Bindung an die Nation als imaginierte Gemeinschaft führen dürfte.

Diese emotionale Involvierung in das EM-Turnier ist ebenfalls eine notwendige Voraussetzung für größere Veränderungen im Nationalstolz und in der Verbundenheit zum Nationalstaat. Belege für diesen auf kollektiven Emotionen fußenden Mechanismus, der die sozialpsychologische Perspektive erweitert und ergänzt, haben wir nicht nur in den Bevölkerungsdaten gefunden, sondern auch in flankierenden Experimenten. Dort konnten wir zeigen, dass der Anstieg im Patriotismus bei den Personen, die emotional aufgeladene und affirmative Berichte eines sportlichen Erfolgs deutscher Athleten sahen, danach deutlich höhere Patriotismus-Werte aufwiesen als eine Vergleichsgruppe, denen eine sachlich-nüchterne Darstellung desselben Sportereignisses präsentiert wurde (Mutz & Gerke, 2018).

Implikationen für Sportpolitik und Medien

Neben den wissenschaftlichen Erkenntnisgewinnen aus dem Forschungsprojekt, ergeben sich auch einige Implikationen und Denkanstöße für Sportpolitik und Medien. Für die Sportpolitik ist die verbreitete Annahme einer Identifikationsfunktion des Spitzensports nun genauer bestimmbar. Sportliche Erfolge etablieren temporär, für eine kürzere Episode von bestenfalls wenigen Wochen, einen höheren Nationalstolz, der nicht nur auf den Bereich des Sports beschränkt bleibt, sondern zumindest leicht auf allgemeinen Patriotismus und Nationalismus abfärbt und die Nation als Kategorie normativ und affektiv aufwertet. Insofern ein solcher Transfer vom Stolz auf den Sport zum Stolz auf die Nation existiert, ist der Spitzensport zumindest ein Stück weit politisch im Rahmen sportbezogener Identitätspolitik instrumentalisierbar.

Aus zwei Gründen halten wir eine politische Instrumentalisierung des Sports dennoch für wenig sinnvoll: Angesichts der hohen Kosten die mit der Etablierung international konkurrenzfähiger Leistungssportsysteme und Förderprogramme einhergehen, und in Anbetracht der Schnelligkeit, mit der sich sportinduzierte Bindungen an den Nationalstaat nach einem Event auch wieder verflüchtigen, scheint dies keine besonders effiziente Strategie zu sein. Zudem zeigen ländervergleichende Untersuchungen, dass sich Bevölkerungen erfolgreicher Sportnationen offenbar an ein hohes Level an Erfolg im Sport gewöhnen, so dass *einzelne* Erfolge insgesamt weniger bedeutsam für Nationalstolz sind (Meier & Mutz, 2018). Darüber hinaus zeigen unsere Daten – einschließlich der flankierenden Experimente –, dass Patriotismus und Nationalismus benachbarte, eng korrelierte Einstellungen sind, sodass jede Verstärkung patriotischer Bindungen immer auch mit nationalistischen Ressentiments assoziiert ist. Von der Liebe zum eigenen Land zur Überzeugung, das eigene Land sei besser und mehr wert als alle anderen, ist es kein langer Weg, sondern nur ein kurzer Schritt. Zudem haben andere Studien zeigen können, dass sportbezogener Nationalstolz mit einer ethnisch-kulturell fundierten Vorstellung

des Nationalen stärker korrespondiert als mit der Idee der zivilen Staatsnation
(Meier & Mutz, 2016).

Eine zweite Implikation ergibt sich für den Sportjournalismus. Internationale
Fußballturniere sind in Deutschland mediale Events par excellence. Daraus sollte
sich eine besondere Sorgfaltspflicht für Journalistinnen und Journalisten, Sendean-
stalten und Medienproduzierende ergeben – insbesondere im öffentlich-rechtlichen
Rundfunk. Jenseits von Sachkompetenz beinhaltet eine solche journalistische
Professionalität unseres Erachtens, dass Medienvertreter die Darstellungs- und
Inszenierungsweise von Sportübertragungen und deren Auswirkungen auf Zuschauerinnen und Zuschauer einordnen und reflektieren können. Wie in verschiedenen
anderen Studien belegt (u. a. Ismer, 2016), sind Übertragungen von internationalen
Sportwettbewerben regelmäßig geprägt von national-aufgeladenen Narrativen, die
‚eigene‘ Athletinnen und Athleten in positive Erzählungen einbetten, aber auch
‚die anderen‘ abwerten oder als generische Gegner gleichsam anonymisieren. Me-
dienproduzierenden kommt somit eine besondere Verantwortung zu, potenziell
negative Auswirkungen von Berichterstattung über Sportevents zu reflektieren
und gegebenenfalls diesen entgegenzuwirken. Dies bedeutet z. B. konkret, auf
feine Nuancierungen in Kommentaren und Vorberichten zu achten und diese
zu vermeiden, wenn sie als abwertend interpretiert werden können; Erfolge von
Sportlerinnen und Sportlern anderer Nationen positiv und nicht nur beiläufig zu
würdigen; Emotionalisierung als Stilmittel durchaus dosiert einzusetzen, ohne
allerdings eine professionelle Distanz zu den deutschen Athleten zu verlieren.
Journalistinnen und Journalisten haben insofern ein Stück weit Definitionshoheit
über die „feeling rules" und „display rules" (Hochschild, 1979). Sie leben vor, wie
und wie stark nationaler Stolz öffentlich gezeigt werden *sollte* und das Publikum
orientiert sich, wie wir annehmen, zumindest ein Stück weit an den medial dargestellten Normalitätsmustern. Zugleich bestimmen Medien damit die Grenze dessen
mit, welche Darstellungsweisen nicht (mehr) erwünscht sind.

Ausblick: Neue und weiterführende Forschungsperspektiven

Forschungsprojekte erschließen bestehende Forschungslücken, zugleich bleiben immer auch Fragen offen bzw. die Befunde führen zu neuen Perspektiven und Fragen,
die so vorher nicht im Blick waren. Wir sehen vor allem drei Punkte, die sich aus
dem Projekt ergeben haben und die zukünftige Studien verstärkt fokussieren sollten:

1) Die Generalisierbarkeit der Befunde auf andere Sportarten und Sportereignisse
ist zu klären. Dieses Buch fokussierte den Fußball – die Sportart Nummer Eins in
Deutschland, die alle anderen Sportarten weit in den Schatten stellt. Insofern stellt
sich die Frage, ob die Befunde fußballspezifisch oder verallgemeinerbar auf andere

Sportarten sind. Fußballspezifisch sind sicher die hohe Reichweite und das große gesellschaftliche Interesse, das eine Europameisterschaft generiert. Eine so starke Breitenwirkung ist für kleinere Events wohl nicht zu erwarten. Gleichwohl stellt sich aber die Frage, ob die Mechanismen, durch die Nationalstolz erzeugt wird, bei anderen Sportarten ähnlich oder sogar identisch sind. Hierzu werden wir in Zukunft auf der Basis der Berichterstattung der Olympischen Spiele noch weitere Befunde vorlegen. Zumindest aus den experimentellen Studien des Projekts lässt sich aber berichten, dass auch das emotionale Miterleben von sportlichem Erfolg deutscher Sportler in marginalisierten Randsportarten einen Effekt auf die Identifikation mit der Nation hat (Mutz & Gerke, 2018). Vergleichende Untersuchungen mehrerer Sportarten wären sinnvoll, um Gemeinsamkeiten und Unterschiede in der Wirkung und Wirkungsweise noch besser zu verstehen.

2) Zwischen dem Sportereignis und der Veränderung einer Einstellung im Rezipienten steht ein medialer Vermittlungs- und Konstruktionsprozess, der das sportliche Ereignis filtert, rahmt, in ein Narrativ einbettet und zugleich affektiv einfärbt. Dieser mediale Konstruktionsprozess sollte noch besser verstanden werden, denn er ist für die Wirkung zentral. Mitunter ist es die dem Sport inhärente Dramatik die die Zuschauerinnen und Zuschauer mitreißt, nicht selten entsteht die Dramaturgie aber auch erst durch die Inszenierung. In jedem Fall ist Affizierung – das Mitempfinden und Mitfiebern – aber eine grundlegende Bedingung für einen Effekt auf die Einstellungen und Haltungen zur Nation. Welche Aspekte der TV-Berichte werden vom Betrachter wahrgenommen, affizieren diesen und lösen bestimmte Wirkungen aus? Wie wird das emotionale Miterleben eines sportlichen Erfolgs durch die mediale Inszenierungsweise moderiert? An dieser Schnittstelle von Inszenierung und Rezeption sehen wir weiteren Forschungsbedarf.

3) Drittens stellt sich die Frage nach dem Ursprung der beträchtlichen Ausgangsunterschiede im Patriotismus und Nationalismus, die wir zwischen fußballinteressierten und nicht-interessierten Bevölkerungsgruppen gefunden und aufgezeigt haben. Dies haben wir am Schluss von Kapitel 6 bereits diskutiert. Wenn die Fußballinteressierten von Anbeginn größeren Nationalstolz aufweisen, ist zu fragen, ob bzw. inwieweit dieser Ausgangsunterschied mit vorangegangenem Sportkonsum erklärt werden kann. Denkbar wäre es, dass die Regelmäßigkeit, mit der national aufgeladene Sportberichte rezipiert werden, langfristig eben doch die Normalitätsmuster derart verändert, dass der Nationalstaat ein stärkeres Identifikationsobjekt wird und der „*mental overlap*" zwischen Selbst und Nation ansteigt. Diese bedeutsame Frage lag außerhalb der Untersuchung, die wir hier präsentiert haben, sollte aber in Zukunft genauer untersucht werden.

Literaturverzeichnis

Abrams, D., Pelletier, J., Van de Vyer, J., Cameron, L. & Lee, E. (2015). Children's prosocial behavioural intentions toward outgroup members: The effects of intergroup competition, empathy and social perspective taking. *British Journal of Developmental Psychology*, 33(3), 277–294.

Adorno, T. W., Frenkel-Brunswik, E., Levinson, D. J., & Sanford, R. N. (1950). *The authoritarian personality*. New York: Harper & Brothers.

Ahlheim, K. & Heger, B. (2008). *Nation und Exklusion: Der Stolz der Deutschen und seine Nebenwirkungen*. Schwalbach: Wochenschau Verlag.

Alavy, K., Gaskell, A., Leach, S., & Szymanski, S. (2010). On the edge of your seat: Demand for football on television and the uncertainty of outcome hypothesis. *International Journal of Sport Finance*, 5, 75–95.

Alekseyeva, A. (2014). Sochi 2014 and the Rhetoric of a New Russia: Image Construction through Mega-Events. *East European Politics*, 30, 158–174.

Anderson, B. (1983). *Imagined communities. Reflections on the origin and spread of nationalism*. London: Verso.

Angelini, J.R., MacArthur, P.J., Reichart Smith, L., & Billings, A.C. (2017). Nationalism in the United States and Canadian primetime broadcast coverage of the 2014 Winter Olympics. *International Review for the Sociology of Sport*, 52(7), 779–800.

Angelini, J.R., Billings, A.C., & MacArthur, P.J. (2012). The nationalistic revolution will be televised: The 2010 Vancouver Olympic Games on NBC. *International Journal of Sport Communication*, 5(2), 193–209.

ARD (2016). *ARD DeutschlandTREND Januar 2016*. Online verfügbar: www.tagesschau.de/inland/deutschlandtrend-469.pdf (30.11.2018).

Baade, R. & Matheson, V. (2016). Going for the Gold: The Economics of the Olympics. *Journal of Economic Perspectives*, 30, 201–218.

Balbier, U. (2006). *Kalter Krieg auf der Aschenbahn: Der deutsch-deutsche Sport, 1950–1972: Eine politische Geschichte*. Paderborn: Schöningh.

Barsade, S.G. (2002). The Ripple Effect: Emotional Contagion and Its Influence on Group Behavior. *Administrative Science Quarterly*, 47, 644–675.

Bartsch, A. (2014). Emotionales Erleben. In C. Wünsch, H. Schramm, V. Gehrau & H. Bilandzic (Hrsg.), *Handbuch Medienrezeption* (S. 207–221). Baden-Baden: Nomos.

© Springer Fachmedien Wiesbaden GmbH, ein Teil von Springer Nature 2019
M. Mutz und M. Gerke, *Fußball und Nationalstolz in Deutschland*,
https://doi.org/10.1007/978-3-658-22386-1

Becker, J., Christ, O. Wagner, U. & Schmidt, P. (2009). Deutschland einig Vaterland? Riskante regionale und nationale Identifikationen in Ost- und Westdeutschland. In W. Heitmeyer (Hrsg.), *Deutsche Zustände* (S. 113–151). Frankfurt am Main: Suhrkamp.

Bee, C. & Madrigal, R. (2012). Outcomes Are in the Eye of the Beholder. The Influence of Affective Dispositions on Disconfirmation Emotions, Outcome Satisfaction, and Enjoyment. *Journal of Media Psychology*, 24, 143–153.

Berghoff, P. (1997). *Der Tod des politischen Kollektivs: Politische Religion und das Sterben und Töten für Volk, Nation und Rasse*. Berlin: Akademie Verlag.

Bernache-Assolant, I., Laurin, R., Bouchet, P., Bodet, G. & Lacassagne, M.-F. (2010). Refining the relationship between ingroup identification and identity management strategies in the sport context: The moderating role of gender and the mediating role of negative mood. *Group Processes and Intergroup Relations*, 13(5), 639–652.

Bilandzic, H., Schramm., H. & Matthes, J. (2015). *Medienrezeptionsforschung. Ein Lehrbuch*. Konstanz: UVK.

Billig, M. (1995). *Banal Nationalism*. London: Sage Publications.

Billig, M. (2009). Reflecting on a critical engagement with banal nationalism – Reply to Skey. *The Sociological Review*, 57(2), 347–352.

Billings, A.C. & Angelini, J.R. (2007). Packaging the Games for Viewer Consumption: Gender, Ethnicity, and Nationality in NBC's Coverage of the 2004 Summer Olympics. *Communication Quarterly*, 55(1), 95–111.

Billings, A.C., Angelini, J.R., MacArthur, P.J., Smith, L.R., & Vincent, J. (2014). Fanfare for the American: NBC's primetime telecast of the 2012 London Olympiad. *Electronic News*, 8(2), 101–119.

Billings, A.C., Brown, N.A., Brown, K.A., Guoqing, Leeman, M.A., Ličen, S., Novak, D.R. & Rowe, D. (2013). From Pride to Smugness and the Nationalism between: Olympic Media Consumption Effects on Nationalism across the Globe. *Mass Communication and Society*, 16(6), 910–932.

Billings, A.C., Brown, K.A. & Brown, N.A. (2013). 5,535 Hours of Impact: Effects of Olympic Media on Nationalism Attitudes. *Journal of Broadcasting and Electronic Media*, 57(4), 579–595.

Blank, T. & Schmidt, P. (2003). National identity in a united Germany: Nationalism or patriotism? *Political Psychology*, 24(2), 289–312.

Blecking, D. (2015). Das „Wunder von Bern" 1954 – Zur politischen Instrumentalisierung eines Mythos. *Historical Social Research*, 40(4), 197–208.

Boen, F., Vanbeselaere, N. & Feys, J. (2002). Behavioral Consequences of Fluctuating Group Success: An Internet Study of Soccer-Team Fans. *Journal of Social Psychology*, 142(6), 769–781.

Borland, J. & MacDonald, R. (2003). Demand for sport. *Oxford Review of Economic Policy*, 19, 478–502.

Browning, C.S. (2015). Nation Branding, National Self-Esteem, and the Constitution of Subjectivity in Late Modernity. *Foreign Policy Analysis*, 11, 195–214.

Calhoun, C. (2005). Constitutional Patriotism and the Public Sphere: Interests, Identity, and Solidarity in the Integration of Europe. *International Journal of Politics, Culture, and Society*, 18, 257–280.

Cameron, J.E. (2004). A Three-Factor Model of Social Identity. *Self and Identity*, 3, 239–262.

Chalip, L. (2006). Towards Social Leverage of Sport Events. *Journal of Sport and Tourism*, 11(2), 109–127.

Chartrand, T.L. & Bargh, J.A. (1999). The chameleon effect: the perception-behavior link and social interaction. *Journal of Personality and Social Psychology*, 76, 893–910.

Cialdini, R. B., Borden, R. J., Thorne, A., Walker, M. R., Freeman, S., Sloan, L. R. (1976). Basking in reflected glory. Three (football) field studies. *Journal of Personality and Social Psychology*, 34, 481–494.

Collins, R. (2004). *Interaction ritual chains*. Princeton: Princeton University Press.

Dayan, D. & Katz, E. (2009). *Media Events: The Live Broadcasting of History*. Cambridge: Harvard University Press.

Dembowski, G. (2009). Wie weich ist Nationalismus im deutschen Fußball? In Projektgruppe Nationalismuskritik (Hrsg.), *Irrsinn der Normalität. Aspekte der Reartikulation des deutschen Nationalismus* (S. 182–205). Münster: Westfälisches Dampfboot.

Depenheuer, O. (1995). Integration durch Verfassung? Zum Identitätskonzept des Verfassungspatriotismus. *German American Law Journal*, 5, 95–114.

Dimberg, U., Thunberg, M., & Elmehed, K. (2000). Unconscious facial reactions to emotional facial expressions. *Psychological Science*, 11, 86–89.

Dolan, P., Kavetsos, G., Krekel, C., Mavridis, D., Metcalfe, R., Senik, C., Szymanski, S. & Ziebarth, N.R. (2016). The Host with the Most? The Effects of the Olympic Games on Happiness. *CEPREMAC Working Paper* Nr. 1607. Paris.

Dunham, Y., Baron, A. S. & Carey, S. (2011). Consequences of "Minimal" Group Affiliations in Children. *Child Development*, 82(3), 793–811.

Durkheim, E. (1981). *Die elementaren Formen des religiösen Lebens*. Frankfurt a. M.: Suhrkamp.

Ekman, P. & Friesen, W.V. (1969). The repertoire of nonverbal behavior: Categories, origins, usage, and coding. *Semiotica*, 1, 49–98.

Elias, N. & Dunning, E. (1993). Die Suche nach Erregung in der Freizeit. In Dies., *Sport und Spannung im Prozess der Zivilisation* (S. 121–168). Frankfurt a. M.: Suhrkamp.

Elling, A., van Hilvoorde, I. & van den Dool, R. (2014). Creating or Awakening National Pride through Sporting Success: A Longitudinal Study on Macro Effects in the Netherlands. *International Review for the Sociology of Sport*, 49, 129–151.

Evans, M.D.R. & Kelley, K. (2002). National Pride in the Developed World. Survey Data from 24 Nations. *International Journal of Public Opinion Research,* 14, 303–338.

Farquharson, K. & Marjoribanks, T. (2003). Transforming the Springboks: Re-imagining the South African Nation Through Sport. *Social Dynamics*, 29, 27–48.

Fitzgerald, J., Gottschalk, P. & Moffitt, R. (1998). An analysis of sample attrition in panel data: The Michigan panel study of income dynamics. *Journal of Human Resources*, 33, 251–299.

Fleiner, R., Ritzi, C. & Schaal, G. (2010). Zwischen Liebe und Vernunft. Drei Modelle von Patriotismus in Theorie und Praxis. *Österreichische Zeitschrift für Politikwissenschaft*, 39, 187–204.

Fleiß, J., Höllinger, F. & Kuzmicz, H. (2009). Nationalstolz zwischen Patriotismus und Nationalismus? *Berliner Journal für Soziologie*, 3, 409–434.

Forrest, D., Simmons, R., & Buraimo, B. (2005). Outcome uncertainty and the couch potato audience. *Scottish Journal of Political Economy*, 52, 641–661

Gebauer, G. (1996). Der neue Nationalismus im Sport. In G. Gebauer (Hrsg.), *Olympische Spiele - die andere Utopie der Moderne* (S. 264–269). Frankfurt am Main: Suhrkamp.

Geese, S., Zeughardt, C. & Gerhard, H. (2006). Die Fußball-Weltmeisterschaft 2006 im Fernsehen. *Media Perspektiven*, 9/2006, 454–464.

Gellner, E. (1971). *Thought and Change*. London: Weidenfeld and Nicholson.

Gellner, E. (1983). *Nations and Nationalism*. Oxford: Basil Blackwell.

Gerhard, H. & Zubayr, C. (2014). Die Fußball-Weltmeisterschaft 2014 im Fernsehen. *Media Perspektiven*, 9/2014, 447–455.

Grieve, P.G. & Hogg, M.A. (1999). Subjective uncertainty and intergroup discrimination in the minimal group situation. *Personality and Social Psychology Bulletin*, 25(8), 926–940.

Grix, J. (2012). 'Image' leveraging and sports mega-events: Germany and the 2006 FIFA World Cup. *Journal of Sport and Tourism*, 17(4), 289–312.

Grix, J. & Houlihan, B. (2014). Sports Mega-Events as Part of a Nation's Soft Power Strategy: The Cases of Germany (2006) and the UK (2012). *British Journal of Politics and International Relations*, 16(3), 572–596.

Grix, J. & Kramareva, N. (2017). The Sochi Winter Olympics and Russia's unique soft power strategy. *Sport in Society*, 20(4), 461–475.

Guttman, A. (2006). Berlin 1936: The Most Controversial Olympics. In A. Tomlinson & C. Young (Eds.), *National Identity and Global Sports Events* (S.65–82). Albany: State University of New York Press.

Hallmann, K., Breuer, C. & Kühnreich, B. (2013). Happiness, pride and elite sporting success: What population segments gain most from national athletic achievements? *Sport Management Review*, 16, 226–235.

Harmon-Jones, E., Greenberg, J., Solomon, S. & Simon, L. (1996). The effects of mortality salience on intergroup bias between minimal groups. *European Journal of Social Psychology*, 26(4), 677–681.

Harney, K. & Jütting, D.h. (2006). Massenhaftes Zuschauen, FIFA-WM und Projekt Klinsmann. Beobachtungen zur FIFA-Weltmeisterschaft 2006. In D. Kirchhöfer & G. Steffens (Hrsg.), *Jahrbuch für Pädagogik 2006* (S.301–315). Frankfurt: Peter Lang.

Hartmann, T., Stuke, D. & Daschmann, G. (2008). Positive Parasocial Relationships with Drivers Affect Suspense in Racing Sport Spectators. *Journal of Media Psychology*, 20 (1), 24–34.

Hatfield, E., Cacioppo, J. T. & Rapson, R. L. (1994). *Emotional Contagion*. Cambridge: Cambridge University Press.

Haut, J., Prohl, R. & Emrich, E. (2016). Nothing but medals? Attitudes towards the importance of Olympic success. *International Review for the Sociology of Sport*, 51, 332–348.

Heinemann, K. (1995). *Einführung in die Ökonomie des Sports*. Schorndorf: Hofmann.

Hess, U. & Fischer, A. (2013). Emotional mimicry as social regulation. *Personality and Social Psychology Review*, 17, 142–157.

Hewstone, M., Rubin, M. & Willis, H. (2002) Intergroupbias. *Annual Review of Psychology*, 53, 575–604.

Higgins, J. (2004). Putting the Nation in the News: the role of location formulation in a selection of Scottish newspaper. *Discourse and Society*, 15(5), 633–648.

Hobsbawm, E. (1983). Introduction: Inventing Traditions. In E. Hobsbawm & T. Ranger (Hrsg.), *The Invention of Tradition* (S.1–14). Cambridge: Cambridge University Press.

Hobsbawm, E. (1990). *Nations and Nationalism since 1780. Programme, Myth, Reality*. Cambridge: Cambridge University Press.

Hochschild, A.R. (1979). Emotion work, feeling rules, and social structure. *American Journal of Sociology*, 85(3), 551–575.

Hogan, P.C. (2009). *Understanding Nationalism: On Narrative, Cognitive Science, and Identity*. Columbus: Ohio State University Press.

Houlihan, B. (1997). Sport, national identity and public policy. *Nations and Nationalism*, 3(1), 113–137.

Ismer, S. (2011). Embodying the nation: football, emotions, and the construction of collective identity. *Nationalities Papers*, 39(4), 547–565.

Ismer, S. (2016). *Wie der Fußball Deutsche macht. Die Fußballweltmeisterschaft 2006 in der Fernsehberichterstattung*. Frankfurt am Main: Campus.

Jetten, J., Spears, R. & Manstead, A.S.R. (1996). Intergroup norms and intergroup discrimination: Distinctive self-categorization and social identity effects. *Journal of Personality and Social Psychology*, 71(6), 1222–1233.

Jones, M.V., Coffee, P., Sheffield, D., Yangüez, M. & Barker, J.B. (2012). Just a game? Changes in English and Spanish soccer fans' emotions in the 2010 World Cup. *Psychology of Sport and Exercise*, 13(2), 162–169.

Jordan, S. (2005). Der deutsche Sieg bei der Weltmeisterschaft 1954: Mythos und Wunder oder historisches Ereignis? *Historical Social Research*, 30(4), 263–287.

Juruena, M.F., Giampietro, V.P., Smith, S.D., Surguladze, S.A., Dalton, J.A., Benson, P.J., Cleare, A.J. & Fu, C.H.Y. (2010). Amygdala activation to masked happy facial expressions. *Journal of the International Neuropsychological Society*, 16, 383–387.

Kaelberer, M. (2017). From Bern to Rio: Soccer and National Identity Discourses in Germany. *International Journal of Politics, Culture, and Society*, 30(3), 275–294.

Kalton, G. & Kasprzyk, D. (1986). The treatment of missing survey data. *Survey Methodology*, 12, 1–16.

Karolewski, I.P. & Suszycki, A.M. (2011). *The nation and nationalism in Europe*. Edinburgh: Edinburgh University Press.

Kerr, J.H., Wilson, G.V., Nakamura, I. & Sudo, Y. (2005). Emotional dynamics of soccer fans at winning and losing games. *Personality and Individual Differences*, 38(8), 1855–1866.

Kersting, N. (2007). Sport and National Identity: A Comparison of the 2006 and 2010 FIFA World Cups. *Politicon – South African Journal of Political Studies*, 34, 277–293.

Kitschelt, H. (1994). *The transformation of European social democracy*. Cambridge: Cambridge University Press.

Kluckhohn, C. (1962). *Culture and behavior*. Oxford: Free Press Glencoe.

Knott, B., Fyall, A. & Jones, I. (2017). Sport mega-events and nation branding: Unique characteristics of the 2010 FIFA World Cup, South Africa. *International Journal of Contemporary Hospitality Management*, 29(3), 900–923.

Koch, N., & Paasi, A. (2016). Banal Nationalism 20 years on: Re-Thinking, Re-Formulating and Re-Contextualizing the Concept. *Political Geography*, 54, 1–6.

Kosterman, R. & Feshbach, S. (1989). Toward a measure of patriotic and nationalistic attitudes. *Political Psychology*, 10(2), 257–274.

Leepson, M. (2006). *Flag: An American Biography*. New York: Thomas Dunne Books.

Lepsius, M.R. (1982). Nation und Nationalismus in Deutschland. In H.A. Winkler (Hrsg.), *Nationalismus in der Welt von heute. Geschichte und Gesellschaft, Sonderheft 8* (S. 12–27). Göttingen: Vandenhoeck & Ruprecht.

Levinson, D. J. (1950). The study of ethnocentric ideology. In T. W. Adorno, E. Frenkel-Brunswik, D. J. Levinson, & R. N. Sanford, *The authoritarian personality* (S. 102–150). New York: Harper & Brothers.

Levy, D. & Sznaider, N. (2002). Memory Unbound: The Holocaust and the Formation of Cosmopolitan Memory. *European Journal of Social Theory*, 5, 87–106.

Lundqvist, L. & Dimberg, U. (1995). Facial Expressions are contagious. *Journal of Psychophysiology*, 9(3), 203–211.

Mader, M. (2016). Stabilität und Wandel der nationalen Identität in der deutschen Bevölkerung. *Kölner Zeitschrift für Soziologie und Sozialpsychologie,* 6, 435–456.

Malfas, M., Theodoraki, E. & Houlihan, B. (2004). Impacts of Olympic Games as mega-events. *Municipal Engineer,* 157, 209–220.

Manzenreiter, W. (2008). The 'benefits' of hosting: Japanese experiences from the 2002 Football World Cup. *Asian Business and Management,* 7(2), 201–224.

Manzenreiter, W. (2010). The Beijing games in the Western imagination of China: The weak power of soft power. *Journal of Sport and Social Issues,* 34(1), 29–48.

Marks, J. (1998). The French national team and national identity: 'Cette France d'un "bleu métis"'. *Culture, Sport, Society,* 1, 41–57.

Meier, H.E. & Mutz, M. (2016). Sport-Related National Pride in East and West Germany, 1992–2008: Persistent Differences or Trends Toward Convergence? *SAGE open,* 6, 2158244016665893.

Meier, H.E. & Mutz, M. (2018). Political regimes and sport-related national pride: a cross-national analysis. *International Journal of Sport Policy and Politics,* 10, 525–548.

Meier, H.E., Reinhart, K., Konjer, M. & Leinwather, M. (2016). Deutschland, einig Fußballland? Ost-West-Unterschiede in der Nachfrage nach Nationalmannschaftsspielen. *Leviathan,* 44, 247–279.

Miller, C.B. (2009). Yes We Did! Basking in Reflected Glory and Cutting Off Reflected Failure in the 2008 Presidential Election. *Analyses of Social Issues and Public Policy,* 9(1), 283–296.

Milne, S., Sheeran, P. & Orbell, S. (2000). Prediction and intervention in health-related behavior: A meta-analytic review of protection motivation theory. *Journal of Applied Social Psychology,* 30(1), 106–143.

Mummendey, A., Klink, A. & Brown, R. (2001). Nationalism and patriotism: National identification and out-group rejection. *British Journal of Social Psychology,* 40, 159–172.

Mutz, M. (2013). Patrioten für drei Wochen. Nationale Identifikation und die Fußball-EM 2012. *Berliner Journal für Soziologie,* 22, 517–538.

Mutz, M. (2018). Life satisfaction and the UEFA EURO 2016: Findings from a nation-wide longitudinal study in Germany. *Applied Research in Quality of Life.* Online First: https://doi.org/10.1007/s11482-018-9599-y.

Mutz, M. & Gerke, M. (2018). Major Sporting Events and National Identification: The Moderating Effect of Emotional Involvement and the Role of the Media. *Communication and Sport,* 6, 605–626.

Mutz, M. & Wahnschaffe, K. (2016). The television viewer's quest for excitement – Does the course of a soccer game affect TV ratings? *European Journal for Sport and Society,* 13(4), 325–341.

Paez, D., Rime, B., Basabe, N., Wlodarczyk, A. & Zumeta, L. (2015). Psychosocial effects of perceived emotional synchrony in collective gatherings. *Journal of Personality and Social Psychology,* 108(5), 711–729.

Panagiotopoulou, R. (2012). Nation Branding and the Olympic Games: New Media Images for Greece and China. *The International Journal of the History of Sport,* 29(16), 2337–2348.

Penfold, T. (2018). National identity and sporting mega-events in Brazil, *Sport in Society.* Online First: https://doi.org/10.1080/17430437.2018.1490266.

Perelberg, R.J. (1999). The interplay between identifications and identity in the analysis of a violent young man: issues of technique. *The International Journal of Psychoanalysis,* 80, 31–45.

Persson, E. & Petersson, B. (2014). Political Mythmaking and the 2014 Winter Olympics in Sochi: Olympism and the Russian Great Power Myth. *East European Politics*, 30, 158–174.

Petersoo, P. (2007). What does "We" Mean? National Deixis in the Media. *Journal of Language and Politics*, 6(3), 419–436.

Piwoni, E. (2013). Latent but not less Significant. The Holocaust as an Argumentative Resource in German National Identity Discourse. *German Politics and Society*, 31, 1–26.

Plötner, M., Over, H., Carpenter, M. & Tomasello, M. (2015). The effects of collaboration and minimal-group membership on children's prosocial behavior, liking, affiliation, and trust. *Journal of Experimental Child Psychology*, 139, 161–173.

Preuss, H. (2015). A framework for identifying the legacies of a mega sport event. *Leisure Studies*, 34(6), 643–664.

Preuss, H. & Alfs, C. (2011). Signaling through the 2008 Beijing Olympics – using mega sport events to change the perception and image of the host. *European Sport Management Quarterly* 11(1), 55–71.

Raney, A.A. (2009). Why we watch and enjoy mediated sports. In A.A. Raney & J. Bryant (Eds.), *Handbook of Sports and Media* (S. 339–357). Hillsdale: Lawrence Erlbaum.

Raney, A.A. (2012). Reflections on Communication and Sport: On Enjoyment and Disposition. *Communication and Sport*, 1 (1/2), 164–175.

Reicher, D. (2013). *Nationensport und Mediennation: Zur Transformation von Nation und Nationalismus im Zeitalter elektronischer Massenmedien*. Göttingen: V&R unipress.

Rittner, V. & Breuer, C. (2004). *Gemeinwohlorientierung und soziale Bedeutung des Sports*. Köln: Sport und Buch Strauß.

Rorty, R. (1998). *Achieving our country. Leftist thought in twentieth-century America*. Cambridge: Harvard University Press.

Rubin, D.B. (1976). Inference and missing data. *Biometrika*, 63, 581–592.

Russell, J. (1980). A Circumplex Model of Affect. *Journal of Personality and Social Psychology*, 39, 1161–1178.

Salzborn, S. (2011). Nation und Nationalismus im 21. Jahrhundert. In S. Salzborn (Hrsg.), *Staat und Nation. Die Theorien der Nationalismusforschung in der Diskussion* (S. 9–16). Stuttgart: Franz Steiner Verlag.

Scandizzo, P.L. & Pierleoni, M.R. (2018). Assessing the Olympic Games: The economic impact and beyond. *Journal of Economic Surveys*, 32(3), 649–682.

Schatz, R.T., Staub, E. & Lavine, H. (1999). On the Varieties of National Attachment: Blind versus Constructive Patriotism. *Political Psychology*, 20(1), 151–174.

Schediwy, D. (2008). *Sommermärchen im Blätterwald: Die Fußball-WM 2006 im Spiegel der Presse*. Marburg: Tectum.

Schediwy, D. (2012). *Ganz entspannt in Schwarz-Rot-Gold? Der neue deutsche Fußballpatriotismus aus sozialpsychologischer Perspektive*. Münster: LIT.

Schiller, K. (2015). „Siegen für Deutschland?" Patriotism, Nationalism and the German National Football Team, 1954–2014. *Historical Social Research*, 40(4), 176–196.

Schrag, D. (2009). "Flagging the Nation" in International Sport: A Chinese Olympics and a German World Cup. *The International Journal of the History of Sport, 26,* 1084–1104.

Schützenmeister, F. (2002). Die Bereitschaft, sich wieder befragen zu lassen, in postalischen Erhebungen. *Zeitschrift für Soziologie*, 31, 138–154.

Seippel, Ø. (2017). Sports and Nationalism in a Globalized World. *International Journal of Sociology*, 47, 43–61.

Seitz, N. (2006). Eine Art ozeanisches Gefühl. Nachbetrachtung zum neuen Fußball-Patriotismus. *Forschungsjournal Soziale Bewegungen,* 19, 8–12.

Skey, M. (2006). 'Carnivals of Surplus Emotion?' Towards an Understanding of the Significance of Ecstatic Nationalism in a Globalising World. *Studies in Ethnicity and Nationalism,* 6(2), 143–161.

Skey, M. (2009). The national in everyday life: A critical engagement with Michael Billig's thesis of Banal Nationalism. *Sociological Review,* 58(2), 331–364.

Smith, A.D. (1981). *The Ethnic Revival in the Modern World.* Cambridge: Cambridge University Press.

Smith, A.D. (1991). *National Identity.* London: Penguin Books.

Smith, T. W., & Jarkko, L. (1998). National pride: A cross-national analysis. *GSS Cross-national Report Nr. 19.* Chicago: National Opinion Research Center.

Smith, T. & Kim, S. (2006). National Pride in Comparative Perspective: 1995/96 and 2003/04. *International Journal of Public Opinion Research,* 18(1), 127–136.

Snyder, C.R., Lassegard, M. & Ford, C.E. (1986). Distancing after Group Success and Failure: Basking in Reflected Glory and Cutting off Reflected Failure. *Journal of Personality and Social Psychology,* 51(2), 382–388.

Stichweh, R. (1990). Sport – Ausdifferenzierung, Funktion, Code. *Sportwissenschaft,* 20, 373–389.

Sukalla, F., Bilandzic, H., Bolls, P.D. & Busselle, R.W. (2016). Embodiment of Narrative Engagement. Connecting Self-Reported Narrative Engagement to Psychophysiological Measures. *Journal of Media Psychology,* 28(4), 175–186.

Taddicken, M. (2009). Methodeneffekte von Web-Befragungen: Soziale Erwünschtheit vs. Soziale Entkontextualisierung. In M. Weichbold, J. Bacher & C. Wolf (Hrsg.), *Umfrageforschung* (S. 85–106). Wiesbaden: VS Verlag.

Tajfel, H. (1970). Experiments in intergroup discrimination. *Scientific American,* 223(5), 96–102.

Tajfel, H. (1982). Social psychology of intergroup relations. *Annual Review of Psychology,* 33, 1–39.

Tajfel, H. & Turner, J.C. (1979). An integrative theory of intergroup conflict. In W.G. Austin & S. Worchel (Hrsg.), *The social psychology of intergroup relations* (S. 33–47). Monterey: Brooks/Cole Publishing.

Turner, J.C. (1982). Towards a cognitive redefinition of the social group. In H. Tajfel (Hrsg.), *Social identity and intergroup relations* (S. 15–40). Cambridge: Cambridge University Press.

Van Hilvoorde, I., Elling, A. & Stokvis, R. (2010). How to Influence National Pride? The Olympic Medal Index as a Unifying Narrative. *International Review for the Sociology of Sport,* 45(1), 87–102.

Van Veelen, R., Otten, S., Cadinu, M. & Hansen, N. (2016). An Integrative Model of Social Identification: Self-Stereotyping and Self-Anchoring as Two Cognitive Pathways. *Personality and Social Psychology Review,* 20(1), 3–26.

Von Beyme, K. (1998). *Kulturpolitik und nationale Identität.* Wiesbaden: Westdeutscher Verlag.

Von Scheve, C. (2009). *Emotionen und soziale Strukturen. Die affektiven Grundlagen sozialer Ordnung.* Frankfurt a. M.: Campus.

Von Scheve, C., Beyer, M., Ismer, S., Kozlowska, M., & Morawetz, C. (2014). Emotional entrainment, national symbols, and identification: A naturalistic study around the men's football World Cup. *Current Sociology,* 62(1), 3–23.

Von Scheve, C., Ismer, S., Kozłowska, M. & Solms-Baruth, C. (2017). Rituals, Emotional Entrainment and National Identification. *Comparative Sociology*, 16, 585–612.

Wagner, U., Becker, J., Christ, O., Pettigrew, T. & Schmidt, P. (2012). A Longitudinal Test of the Relation between German Nationalism, Patriotism, and Outgroup Derogation. *European Sociological Review*, 28, 319–332.

Wann, D.L. (1995). Preliminary validation of the sport fan motivation scale. *Journal of Sport and Social Issues*, 19, 377–396.

Wann, D.L., Grieve, F.G., Zapalac, R.K. & Pease, D. (2008). Motivational profiles of sport fans of different sports. *Sport Marketing Quarterly*, 17, 6–19.

Wann, D., Hamlet, M., Wilson, T. & Hodges, J. (1995). Basking in reflected glory, cutting off reflected failure, and cutting off future failure: The importance of group identification. *Social Behavior and Personality: An international journal*, 23(4), 377–388.

Wicker, P., Prinz, J., & von Hanau, T. (2012). Estimating the value of national sporting success. *Sport Management Review*, 15, 200–210.

Weber, M. (1980/1921). *Wirtschaft und Gesellschaft. Grundriss der verstehenden Soziologie*. Tübingen: Mohr.

Weiss, H. & Reinprecht, C. (1998). *Demokratischer Patriotismus oder ethnischer Nationalismus in Ost-Mitteleuropa? Empirische Analysen zur nationalen Identität in Ungarn, Tschechien, Slowakei und Polen*. Wien: Böhlau.

Whitson, D. & Horne, J. (2006). Underestimated costs and overestimated benefits? Comparing the outcomes of sports mega-events in Canada and Japan. *The Sociological Review*, 54, 73–89.

Winkler, J.R., & Falter, J.W. (2002). Fragestellungen, Probleme und Resultate der politikwissenschaftlichen Forschung über Rechtsextremismus und Fremdenfeindlichkeit in Deutschland. In F. Büchel, J. Glück, U. Hoffrage, P. Stanat, J. Wirth (Hrsg.), *Fremdenfeindlichkeit und Rechtsextremismus* (153-178). Opladen: Leske & Budrich.

Winterhoff-Spurk, P. (2004). *Medienpsychologie: Eine Einführung*. Stuttgart: Kohlhammer.

Wood, S. (2017). Rebranding the Nation: Germany's Image Politics. *International Politics*, 54(2), 161–181.

Yumul, A. & Özkirimli, U. (2000). Reproducing the nation: 'banal nationalism' in the Turkish press. *Media, Culture and Society*, 22(6), 787–804.

Yuval-Davis, N. (2010). Theorizing identity: beyond the 'us' and 'them' dichotomy. *Patterns of Prejudice*, 44, 261–280.

Zeman, J. & Garber, J. (1996). Display Rules for Anger, Sadness, and Pain: It Depends on Who Is Watching. *Child Development*, 67, 957–973.

Zillman, D., Bryant, J. & Sapolsky, B. (1989). Enjoyment of watching sport contests. In J.H. Goldstein (Ed.), *Sports, Games, and play: Social and Psychological Viewpoints* (pp. 241–278). Hillsdale: Lawrence Erlbaum Associates.

Zivin, G. (1985). Separating the Issues in the Study of Expressive Development: A Framing Chapter. In Ders. (Ed.), *The Development of Expressive Behavior* (pp. 3–25). Orlando: Academic Press.

Zumeta, L., Basabe, N., Wlodarczyk, A., Bobowik, M. & Paez, D. (2016). Shared flow and positive collective gatherings. *Anales de Psicología*, 32(3), 717–727.